Eugène GUÉNIN

La
RUSSIE

Histoire, Géographie, Littérature

PARIS

NOUVELLE LIBRAIRIE PARISIENNE

ALBERT SAVINE, ÉDITEUR

12, rue des Pyramides, 12

LA RUSSIE

Eugène GUÉNIN

LA
RUSSIE

Histoire, Géographie, Littérature

PARIS
NOUVELLE LIBRAIRIE PARISIENNE
ALBERT SAVINE, ÉDITEUR
12, RUE DES PYRAMIDES, 12

1891

A

Monsieur le baron de MOHRENHEIM

Ambassadeur de Russie, Ami de la France

CE LIVRE EST RESPECTUEUSEMENT DÉDIÉ

PAR L'AUTEUR,

Eugène Guénin.

PRÉFACE

On parle beaucoup en France, depuis un certain
nombre d'années, de la Russie, de ses tendances, de
ses coutumes, de ses conquêtes si étonnantes dans
cette Asie hier encore mystérieuse et fermée ; des
légendes souvent étranges, parfois aussi créées et
colportées par la malveillance, circulent parmi nos
populations sur cet immense empire où les Français
qui le parcourent rencontrent partout des amis et un
accueil dont l'écho lointain mais fidèle nous touche
profondément.

N'est-il pas temps de connaître plus complètement notre ami d'aujourd'hui, notre allié de demain,
le pays avec lequel nous sommes en si vivace et si
profonde communauté de vues et d'espérances ? Les
livres spéciaux, les histoires bien faites et remontant aux sources, les relations de voyages ne manquent pas sur la Russie, et cependant aucun de ces
ouvrages n'a pénétré dans le grand public, dans ces
masses profondes où la sympathie pour les Slaves
est la plus ardente, parce qu'elle est basée sur un
instinct juste de l'avenir, parce que dans ces foules
on devine l'ami comme on sent l'ennemi, parce
qu'enfin, nous pouvons le dire en traduisant la pensée

de tous, c'est le compagnon des luttes futures auquel nous nous intéressons d'autant plus que nos pères ont éprouvé la valeur, apprécié la solidité de résistance, l'admirable patience à supporter les plus dures épreuves et le courage véritablement chevaleresque de ces braves soldats dont un grand capitaine a dit : « Il ne suffit pas de les tuer, il faut encore les renverser. »

C'est cette lacune que nous espérons combler en publiant ce volume où l'on trouvera résumée, en vue des nombreux lecteurs à qui le temps et la fortune ne laissent ni loisirs pour de longues recherches, ni superflu pour l'acquisition d'ouvrages d'un prix souvent élevé, toute l'histoire de la Russie et de ses agrandissements successifs. Nous y avons joint quelques notions géographiques et ethnographiques, des détails utiles à connaître sur l'armée, ainsi qu'une étude, que nous aurions voulu étendre davantage, sur la littérature slave et ses tendances. La liste des ouvrages les plus essentiels à consulter pour les personnes qui désireront remonter elles-mêmes aux sources termine le volume.

Il nous paraît difficile que l'on ne soit pas vivement intéressé, comme nous l'avons été nous-même, par les développements en Europe d'abord, en Asie ensuite de la race slave, de la nation aux cinq capitales dont le choix successif marque les étapes : Novgorod, la cité commerçante, avec la domination des Varègues, ces intrépides aventuriers qui accomplissent à travers la Russie, en descendant la Dniéper vers la mer Noire et Constantinople, les mêmes incursions que les Normands sur les côtes de l'Europe occidentale du temps de Charlemagne et de ses successeurs ; Kief, la cité des plaines du Midi, que les invasions Mongoles devaient saccager et ruiner ; Vladimir, la ville des forêts et des bois, refuge de la race slave contre les envahisseurs couvrant les steppes méridionales ; Moscou, la ville sainte, la cité russe par excellence, où les tsars viennent toujours recevoir la couronne ; Saint-Pétersbourg, enfin, l'étonnante création de Pierre le Grand, la ville cosmopolite, le port de l'occident.

Et dans cette histoire si tourmentée, quelles étranges et gigantesques figures que celles de cet Ivan le Terrible qui, le premier, par le fer et le feu, réunit les membres épars de la nation ; de Pierre le Grand, ce civilisateur d'un peuple dont il force les habitudes, les préjugés, les coutumes à se plier à la civilisation qu'il a lui-même étudiée depuis les plus humbles sphères jusque dans les palais des rois ; de Catherine II, cette femme étrange qui a continué, agrandi et affermi l'œuvre de Pierre le Grand ; de Paul Ier, dont la fin tragique a été si bien retracée par un de nos grands historiens, l'auteur illustre du *Consulat et de l'Empire ;* d'Alexandre Ier, l'allié puis l'adversaire de Napoléon Ier, resté malgré tout l'admirateur et l'ami de la France ; de Nicolas, cet empereur tout-puissant, vaincu à Sébastopol et annonçant lui-même sa fin à ses peuples ; d'Alexandre II, le libérateur de millions d'hommes, assassiné au moment où il préparait les réformes les plus libérales en faveur des masses populaires ; d'Alexandre III, le souverain actuel, qui voit s'achever sous son règne la conquête de l'Asie centrale et la revanche de la civilisation sur la barbarie !

Quelle curiosité ne serait pas éveillée par la description que nous a laissée Hérodote des peuples primitifs de la Russie ; par le récit de ces effroyables in-

1.

vasions des Mongols anéantissant tout sur leur passage, massacrant des populations entières, élevant,
comme Tamerlan à Samarcande, des pyramides de
100,000 têtes coupées ; par le caractère si particulier
du rôle de la Russie placée entre l'Europe et l'Asie
comme un bouclier d'abord et comme l'épée de la
civilisation ensuite ? Le flot des barbares se ruant
sur l'Europe a failli l'anéantir ; réfugiée dans les
forêts du Nord, elle a fini par en sortir en chassant
peu à peu les hordes asiatiques, par reconquérir
son sol et reporter ensuite la lutte en Asie où l'heure
du triomphe vient enfin de sonner pour elle.

L'auteur a fait tous ses efforts pour rendre vivante
cette histoire si profondément attrayante ; il espère
en tout cas contribuer pour sa faible part, en publiant
ce volume, à faire mieux connaître et estimer à sa
juste valeur une nation amie dont le passé étonne,
dont l'avenir mystérieux et grandiose laisse rêveurs
le philosophe et le penseur.

LA RUSSIE

LES SCYTHES

Les premières notions qui nous soient parven ues su
les populations ayant occupé autrefois le sol de la Russie
actuelle remontent aux âges les plus anciens. Les Grecs,
notamment, nous ont laissé d'assez nombreux détails
sur les colonies qu'ils ont fondées à l'embouchure du Danube, du Dniester, du Dniéper, dans la Crimée alors appelée Chersonèse, ainsi qu'à l'embouchure du Don et sur
la côte de la Colchide, au pied du Caucase. Des recherches
faites sur l'emplacement de ces anciennes colonies ont
mis au jour de nombreux objets, inscriptions, statues,
bas-reliefs permettant de reconstituer cette ancienne civilisation.

Au nord de ces colonies, dans les immenses plaines du
sud et du centre de la Russie, vivaient des tribus barbares,
quelques-unes se livrant à la culture du sol, la plus grande
partie errant dans les steppes; les Grecs les désignaient
sous le nom commun de Scythes. Hérodote nous fournit
sur la vie et les mœurs de ces peuplades des renseignements qui méritent de retenir l'attention, car il en résulte
que dès la plus haute antiquité des invasions se sont pro-
duites de l'Asie sur l'Europe et que les Scythes ont pré-
cédé dans cette voie les Huns et les Mongols.

« Il y a un propos, dit le père de l'histoire dans son
livre IV, auquel j'accorde une grande foi, c'est que les
Scythes nomades habitant en Asie et se trouvant fort af-

faiblis de la guerre que leur faisaient les Massagètes, passèrent au delà du fleuve Araxe en la terre des Cimmériens, car on dit que le pays qu'habitent aujourd'hui les
Scythes était jadis aux Cimmériens, lesquels voyant
qu'une grosse armée venait les assaillir, tinrent conseil
et quittèrent le pays où entrèrent les Scythes qui le trouvèrent désert. »

Hérodote abonde en détails sur la vie et les mœurs des
anciens Scythes, ainsi que sur les traitements qu'ils faisaient subir à leurs prisonniers.

« Ils crèvent les yeux, dit-il, à tous leurs prisonniers
de guerre, qu'ils emploient à battre le lait tiré des ju-
ments et mis dans des vases de terre très creux, car ils
sont tous pâtres et éleveurs de bétail. »

Il cite entre autres peuplades les Scythes laboureurs,
voisins du Borysthène ou Dniéper, qui semaient le blé
non pour s'en nourrir, mais pour le vendre, et les Scythes
royaux occupant les plaines du Tanaïs, chez lesquels
des sacrifices humains avaient lieu dans des conditions
vraiment étranges.

« Au sommet d'une éminence est plantée une lame
d'épée fort vieille ; ils font des sacrifices à cette lame avec
des chevaux et autres bêtes, et en outre de tous les prisonniers qu'ils font sur leurs ennemis, ils sacrifient le
centième. Après avoir versé du vin sur la tête du patient,
ils lui coupent la gorge et reçoivent dans un vase le sang
qu'ils répandent sur l'épée. Ils coupent ensuite le bras
droit de la victime et le jettent en l'air au pied du talus.

« Quant à la guerre, le Scythe boit le sang du premier
homme qu'il renverse et apporte au chef les têtes de tous
ceux qu'il tue ; en effectuant cet apport, tout le butin qu'il
fait demeure sien. Il écorche les têtes de la manière suivante : il trace avec son glaive un cercle autour des
oreilles, puis retrousse la peau, et en la secouant, il la
lève. Quand il l'a bien mégissée comme si c'était le dos
d'un cuir de vache, il l'amollit et la tire avec les mains,
puis il l'attache aux rènes des son cheval et il s'en tient
fort réjoui, car plus le Scythe attache de telles faveurs à

son cheval plus il est tenu pour vaillant. De même ils
coupent le bras droit des ennemis morts, l'écorchent, en
tirent et étendent la peau avec les ongles pour en couvrir
leur carquois, parce que la peau de l'homme est épaisse,
blanche et luisante entre toutes. Plusieurs écorchent entièrement les cadavres, étendent les peaux sur des bois e
en font des caparaçons pour leurs chevaux.

« Pour les crânes, les pauvres, après avoir raclé et nettoyé le dessous des sourcils, étoffent ces têtes en dehors
avec du cuir de bœuf et s'en servent ainsi; quant aux
riches, après les avoir revêtues de cuir, ils dorent l'intérieur et boivent dedans en guise de hanap.

« Parmi cette nation se trouvent des devins en grand
nombre, qui font leurs divinations avec des branches de
saule. S'ils sont convaincus d'imposture, ils sont mis à
mort. On remplit de bruyères un chariot auquel des
bœufs sont attelés, on couche en travers les devins bail-
lonnés, les pieds et les mains liés; puis les Scythes
mettent le feu aux herbes et se retirent par crainte des
bœufs qui parfois brûlent avec les devins, mais le plus
souvent, leurs attelages brûlés, fuient fort échaudés.

« Les sépultures de leurs chefs, dit encore le vieil his
torien, sont en un lieu nommé Gerrhes, à quarante journées de navigation sur le Borysthène. Le roi mourant,
ils fouissent là une grande fosse carrée. Ils chargent le
corps du mort dans un chariot après avoir vidé le ventre
et l'avoir rempli de cyprès réduit en poudre, d'encens,
de graines de persil et d'anis, puis recousu. Ils se coupent
alors le bout de l'oreille, se font raser la tête, s'entaillent
les bras, se navrent front et nez et finalement se traversent
la main gauche de flèches. Le corps est ensuite promené
dans tout le pays et les sujets sont tenus d'accompagner
le corps d'une province à l'autre. Arrivés au lieu de sépulture, ils fichent en terre des javelines de chaque côté
du mort et placent dessus d'autres perches qui servent
de plancher. Dans le vide qui reste, ils enferment une
des femmes du chef qu'ils ont étranglée, son échanson,
son cuisinier, des chevaux, des meubles, des vases d'or,

puis ils couvrent le tout de terre et élèvent ainsi au-dessus un grand tertre.

« L'année révolue, ils prennent cinquante jeunes serviteurs du chef, les étranglent ainsi que cinquante chevaux, remplacent les entrailles par de la paille, installent leurs chevaux embrochés de perches jusqu'à la tête sur des traverses de bois, les brident, les attachent à des pieux plantés en terre, puis mettent dessus les serviteurs empalés par l'échine du dos jusqu'au gosier. Ces cavaliers ainsi équipés et rangés autour de la tombe, ils se retirent. »

Les Scythes avaient pour voisins d'autres peuplades aussi sauvages. Hérodote cite parmi elles les Taures, voisins de la mer Noire qui, ne vivant que de pillage et de guerre, sacrifiaient les naufragés et tous les Grecs qu'ils pouvaient prendre; ils les assommaient d'un coup de massue, leur coupaient la tête, précipitaient le corps d'un rocher, puis ils fichaient la tête au bout d'une longue perche; les Androphages occupant les forêts du nord de la Russie, ayant les mœurs les plus farouches, ne connaissant ni équité ni justice, nomades, vêtus comme les Scythes et se repaissant de chair humaine; les Sauromates nomades vivant comme les Scythes dans les plaines du Tanaïs, que l'on disait descendre des Amazones et chez lesquels les femmes montaient à cheval comme les hommes et prenaient part aux chasses et aux combats; les Thyssagètes, vivant de chasse; les Issédons auxquels on prêtait cette étrange coutume : « Lorsque le père d'un homme meurt, tous ses proches parents lui amènent quantité de bétail qu'ils immolent et taillent en pièces avec le défunt; puis du tout mêlé ils dressent un banquet. Quant à la tête, après qu'ils l'ont bien pelée et nettoyée, ils l'enchassent en or pour leur servir de joyau. »

C'est à ces peuplades barbares que remontent les Lithuaniens, les Slaves, les Finnois, les Esthoniens, et d'autres peuples de race germanique ou gothique qui, sous la poussée des invasions successives des Goths et des Huns, ont émigré vers l'Occident.

LES INVASIONS

Dans les premiers siècles de notre ère, les nombreuses tribus barbares parcourant le sol de l'Europe au nord du Danube formaient trois groupes qui, aujourd'hui encore, occupent en grande partie les mêmes contrées : c'étaient les Germains, répandus dans la presqu'île scandinave et l'Allemagne actuelle; les Slaves, occupant le sol de la Prusse orientale, la Pologne, les plaines du centre de la Russie; et enfin les Finnois, peu nombreux dans le nord de la Russie, mais réunis en groupes plus compacts entre le Volga et les monts Ourals.

Au troisième siècle, les Goths ayant, à la suite de guerres intestines, quitté leur pays d'origine, la Scandinavie, avaient traversé la Baltique et s'étaient répandus dans les plaines occupées par les Slaves. Ils finirent par conquérir toute la Russie centrale et se divisèrent en deux grands groupes séparés par le Dniéper, les Goths orientaux ou Ostrogoths, les Goths occidentaux ou Visigoths. Pendant que ces derniers soumettaient les autres peuplades jusqu'au Danube et se mêlaient aux affaires romaines, soit comme adversaires redoutables, soit comme auxiliaires presque aussi dangereux, les Ostrogoths gagnaient de proche en proche les plaines de la Scythie jusqu'au Volga. Un de leurs rois, Ermanaric, après avoir asservi toutes ces contrées, se retourna contre les Germains et les Visigoths, qu'il soumit à leur tour. Il créa ainsi un vaste empire, mais sa domination ne se

maintint que par la terreur. Un des peuples sujets mani-
festait-il quelque insubordination, les traitements les plus
cruels le rappelaient bien vite à l'obéissance. Tantôt de
grandes croix étaient dressées en nombre égal à celui des
membres de la tribu royale qui gouvernait ce peuple, et
on les y clouait tous sans miséricorde ; tantôt ces malheureux étaient attachés à des chevaux fougueux que les
Goths chargeaient de leur vengeance ; les femmes elles-
mêmes n'échappaient pas à ces affreux supplices. Un
chef d'une des hordes vassales, qui campait près du Volga,
ayant noué des intelligences avec les Huns dont les tribus
formaient une sorte de confédération sur les limites de
l'Europe et de l'Asie, cet accord fut découvert, mais le chef
coupable eut le temps de fuir. Ermanaric fit saisir sa
femme, qui fut liée à quatre chevaux sauvages et écar-
telée. Ses frères blessèrent Ermanaric dans un guet-apens
qu'ils lui tendirent et leur peuple appela les Huns à son
secours.

Les Huns, dont le géographe Ptolémée signale la présence en Europe dès le deuxième siècle, occupaient de
vastes territoires entre la mer Caspienne et le Caucase et
avaient peu à peu asservi autour d'eux de nombreuses
tribus de races turque et finnoise. Ils vivaient de
chasse, de pillage et du produit de leurs nombreux troupeaux ; leur laideur était repoussante, l'effroi qu'ils répandaient était extrême ; tout fuyait devant ces innombrables cavaliers à la face plate, au crâne pointu, au teint
livide, aux petits yeux enfermés dans la tête, au nez
écrasé, qui vivaient de viande crue et de lait aigre et qui
buvaient le sang de leurs chevaux quand les vivres leur
manquaient. L'historien latin Jornandès, Goth d'origine,
les dépeint comme « une espèce d'hommes éclose dans
les marais, ayant pour mères des sorcières, petite, grêle,
affreuse à voir et ne tenant au genre humain que par la
faculté de la parole. »

Un autre historien, Ammien Marcellin, qui était en
même temps un soldat et qui décrivait les scènes qu'il
avait sous les yeux, dit de son côté :

« Les Huns dépassent en férocité et en barbarie tout
ce qu'on peut imaginer de barbare et de sauvage. Ils sillonnent profondément avec le fer le visage de leurs enfants nouveau-nés, afin que les poils de la barbe soient
étouffés sous les cicatrices ; aussi ont-ils jusque dans leur
vieillesse le menton lisse et dégarni comme des eunuques.
Leur corps trapu, avec des membres supérieurs énormes
et une tête démesurément grosse, leur donne une apparence monstrueuse ; vous diriez des bêtes à deux pieds
ou une de ces figures en bois grossièrement charpentées
dont on orne les parapets des ponts. Au demeurant ce
sont des êtres qui, sous une forme humaine, vivent dans
l'état des animaux. Ils ne connaissent pour leurs ali-
ments ni les assaisonnements ni le feu ; des racines de
plantes sauvages, de la viande mortifiée entre leurs
cuisses et le dos de leurs chevaux, voilà ce qui fait leur
nourriture. Jamais ils ne manient la charrue ; ils n'habitent ni maisons ni cabanes, car toute enceinte de murailles leur paraît un sépulcre et ils ne se croiraient pas
en sûreté sous un toit. Toujours errants par les montagnes et les forêts, changeant perpétuellement de demeure,
ou plutôt n'en ayant point, ils sont rompus dès l'enfance
à tous les maux, au froid, à la faim, à la soif. Leurs
troupeaux les suivent dans leurs migrations, traînant des
chariots où leur famille est enfermée. Demandez à ces
hommes d'où ils viennent, où ils sont nés, ils ne vous le
diront pas, ils l'ignorent. Leur habillement consiste en
une tunique de lin et une casaque de peaux de rats sauvages cousues ensemble. La tunique est de couleur
sombre et leur pourrit sur le corps ; ils ne la changent
point qu'elle ne les quitte. Un casque ou un bonnet dé-
jeté en arrière et des peaux de bouc roulées autour de
leurs jambes velues complètent leur équipage. Leur
chaussure, taillée sans forme ni mesure, les gêne à ce point
qu'ils ne peuvent marcher, et ils sont tout à fait impropres à combattre comme fantassins, tandis qu'on les dirait
cloués sur leurs petits chevaux, laids, mais infatigables
et rapides comme l'éclair. C'est à cheval qu'ils passent

leur vie, tantôt à califourchon, tantôt assis de côté à la manière des femmes ; ils y tiennent leurs assemblées, ils y achètent, y vendent, y mangent, y boivent et y dorment même, inclinés sur le cou de leurs montures. Dans les batailles, ils se précipitent sans ordre et sans plan sous l'impulsion de leurs différents chefs et fondent sur l'ennemi en poussant des cris affreux. Trouvent-ils de la résistance, ils se dispersent, mais pour revenir avec la même rapidité, enfonçant et renversant ce qui se trouve sur leur passage. Toutefois ils ne savent ni escalader une place forte ni assaillir un camp retranché. Rien n'égale l'adresse avec laquelle ils lancent à des distances prodigieuses leurs flèches armées d'os pointus aussi durs et aussi meurtriers que le fer. Ils combattent de près avec une épée qu'ils tiennent d'une main et un filet qu'ils ont dans l'autre, et dont ils enveloppent leur ennnemi tandis qu'il est occupé à parer leurs coups. Les Huns sont inconstants, sans foi, mobiles à tous les vents, tout à la furie du moment ; ils savent aussi peu que les animaux ce qui est honnête et ce qui ne l'est pas. »

Appelés comme nous l'avons vu par les sujets révoltés des Goths, les Huns, réunis en masse sous les ordres d'un chef nommé Balamir, se jetèrent d'abord en 374 sur les Alains qui occupaient les steppes entre le Volga et le Don. Ceux-ci, se voyant les plus faibles, se réunirent à leurs ennemis, suivant ainsi l'usage des nomades de l'Asie, et tous se précipitèrent sur les Goths qui ne purent résister au choc de cette effroyable invasion. Ermanaric, battu, se tua de désespoir ; son successeur, Vithimir, périt dans une nouvelle rencontre et les Ostrogoths durent se soumettre.

Les Visigoths, sous les ordres d'Athanaric, le premier de leurs chefs, s'attendant à être attaqués à leur tour, se retranchèrent derrière le Dniester ; mais les Huns découvrirent un gué au delà des lignes de leurs adversaires, franchirent le fleuve et surprirent les quartiers d'Athanaric qui n'eut que le temps de prendre la fuite. Il se réfugia, suivi de son peuple, dans les plaines du Danube, et obtint de passer le fleuve pour entrer sur le territoire romain, où bientôt les exactions de l'administration impériale amenèrent une sanglante révolte de ces barbares, la défaite et la mort de l'empereur Valens et la mise au pillage de l'empire d'Orient.

Les Ostrogoths incorporés à leurs hordes et les Visigoths mis en fuite, les Huns couvrirent toutes les plaines de la Russie et arrivèrent jusqu'au Danube. La contrée envahie changea bientôt d'aspect, les cultures auxquelles avaient commencé à se livrer les Goths furent abandonnées, la vie sédentaire disparut, la vie nomade revint dans toute son âpreté, et les immenses plaines allant du Danube à la mer Caspienne, le long de la mer Noire, ne furent plus qu'un passage perpétuellement sillonné de hordes et de troupeaux.

Les Huns, devenus voisins de l'empire romain par la vallée du Danube, avaient bientôt épuisé les ressources des pays envahis par eux ; n'étant plus retenus sous la main d'un chef puissant, ils vécurent longtemps en tribus séparées, tantôt pillant les terres de l'empire, tantôt se mettant à sa solde pour le défendre contre d'autres barbares ; pendant cinquante ans, le monde civilisé fut à peu près respecté par eux et les armées romaines en comptèrent jusqu'à 60.000 dans leurs rangs. Mais si l'empire évita d'abord le choc direct des Huns, il subit rudement le contre-coup de leur invasion en Europe. Les peuples, depuis l'Oural jusqu'à la Germanie, menacés par les Huns, se choquaient, se poussaient les uns les autres et se pressaient sur les frontières de l'Italie et de la Gaule où ils pénétrèrent, écrasant les légions sur leur passage. En Italie, l'invasion de Radagaise, en 405, fut repoussée après une lutte sauvage ; en Gaule, les Alains, les Vandales, les Suèves mêlés de Germains et de Francs ramassés sur leur route, parcoururent toute la contrée qu'ils mirent à feu et à sang pendant quatre ans, pour passer ensuite en Espagne et en Afrique qu'ils ravagèrent de même.

Pendant ce temps les Huns qui s'étaient divisés en

nombreuses tribus n'ayant plus entre elles qu'un lien à peu près nominal, étaient rassemblés sous la direction d'Attila, fils de Moundzoukh, qui commença par faire tuer son frère Bleda et soumit ensuite à son autorité toutes les hordes depuis le Danube jusqu'au delà de l'Oural. Se tournant alors vers les Slaves, il poussa ses conquêtes jusqu'à la Baltique. Au milieu de ces luttes, un incident propre à frapper les imaginations vint donner à son autorité une sorte de sanction surnaturelle. Les anciens Scythes avaient, comme nous l'avons vu, pour idole une épée enfouie dans la terre et que l'on arrosait du sang des victimes qui lui étaient offertes. Les peuplades se succédant et se chassant les unes les autres, l'idole, dont la pointe seule dépassait le sol, avait été oubliée depuis des siècles. Une génisse d'un troupeau hun, passant à cet endroit, se blessa profondément au pied, et son maître, guidé par les traces de sang, découvrit un fer aigu en saillie parmi les hautes herbes. Il creusa le sol, dégagea l'épée et la remit à Attila qui la reçut comme un présent du ciel et un signe de souveraineté sur tous les peuples.

Ses luttes contre l'empire romain sont connues et nous n'en donnerons pas ici le détail; il suffit de rappeler qu'il mena ses hordes jusqu'en Gaule et qu'ayant rencontré à Orléans les armées romaines auxquelles s'étaient joints les Visigoths, occupant alors le sud de la Gaule, et les Francs, il fut contraint de reculer jusqu'aux champs Catalauniques où il éprouva une sanglante défaite; revenu dans la vallée du Danube, il y mourut l'année suivante, après une invasion en Italie. L'histoire nous a laissé le dénombrement de l'immense armée qu'il traîna en Gaule; on n'y comptait pas moins de 500,000 guerriers. « L'Asie y figurait par ses plus hideux et ses plus féroces représentants, les Huns noirs, les Khazars, qui venaient des steppes du Don, les Alains avec leurs énormes lances et leurs cuirasses en lames de corne, les Gélons qui, peints et tatoués, avaient pour arme une faux et des casaques de peau humaine. Des plaines Sarmatiques étaient venus sur leurs chariots les tribus Basternes, moitié slaves, moitié asiatiques, semblables aux Germains par l'armement, aux Scythes par les mœurs ; puis les Ruges, venant des bords de l'Oder et de la Vistule, les Scyres et les Turcilinges, voisins du Niémen et de la Duna, les Hérules, les Ostrogoths, les Gépides qui sortis autrefois de la Scandinavie avec les Goths, les avaient suivis dans les plaines du Dniéper et avaient subi comme eux le joug des Huns. » (Am. Thierry, *Histoire d'Attila*.)

Le déplacement de tant de peuples fit le vide dans les grandes plaines de la Russie ; ceux des Slaves qui s'étaient réfugiés dans les forêts du Nord à l'approche des hordes asiatiques redescendirent vers le sud et réoccupèrent les campagnes abandonnées par les Ostrogoths. En même temps, les autres hordes des Huns restées en arrière, les Avares, les Bulgares, les Hungares, les Turcs s'avancèrent à leur tour vers l'Occident.

Attila laissait de nombreux fils entre lesquels la discorde éclata, et un partage fut décidé. Chez les nations sédentaires, c'est la terre qui forme la propriété que l'on partage entre les familles comme entre souverains ; chez les nomades, au contraire, ce qu'il y a à partager, c'est la horde avec ses guerriers, ses troupeaux et ses chariots ; la division, hommes et bêtes, a lieu par tête. Ce procédé, conforme aux coutumes asiatiques, ne choquait pas les chefs des hordes soumises aux Huns, mais il indigna les Germains qui se révoltèrent et se jetèrent sur les Huns et leurs alliés. 40,000 de ces derniers restèrent sur le champ de bataille de Nérad avec le fils aîné d'Attila. Les Huns épouvantés s'enfuirent et regagnèrent les steppes du Dniéper et du Don qu'ils considéraient comme leur domaine depuis qu'ils en avaient chassé les Goths. Ils s'y réunirent sous le commandement de Dengizich, un des fils d'Attila, et revinrent en 456 sur le Danube dans le but, disaient-ils, de reprendre des esclaves et des déserteurs, c'est ainsi qu'ils qualifiaient les Ostrogoths ; mais ceux-ci, après avoir entraîné à leur suite la cavalerie des

Huns dans les marais de la Save, leur firent essuyer une défaite complète.

Forcés de reconnaître leur impuissance à maintenir unies les hordes hunniques, les fils d'Attila se séparèrent; la plupart continuèrent leur vie nomade dans les plaines au nord de la mer Noire, d'autres firent leur soumission à l'empire romain et furent cantonnés le long du Danube. En 466 et 467, deux autres invasions du territoire de l'empire par le Danube eurent lieu sous la direction de Dengizich resté chef des nomades, mais elles échouèrent et le chef Hun, attiré dans des défilés, s'échappa à grand peine avec un petit nombre des siens. Il fut pris l'année suivante, et sa tête envoyée à Constantinople y fut promenée au bout d'une pique. Les Huns nomades, n'ayant plus de chef, retombèrent dans leurs anciennes discordes; du Danube au Volga et au Caucase leurs campements n'offrirent plus qu'un vaste champ de bataille où leurs tribus s'entretuèrent.

Dans les dernières années du cinquième siècle, plusieurs des hordes hunniques avaient disparu, d'autres s'étaient déplacées, des peuplades jusqu'alors éloignées s'étaient rapprochées, des groupes nouveaux s'organisaient, et sous des noms jusqu'alors inconnus se constituaient des dominations déjà dangereuses. Entre le Danube et le Dniéper habitaient toujours des Huns descendants des bandes d'Attila ; d'autres sous le nom de Coutrigours et d'Outrigours s'étaient installés dans les plaines au delà du Dniéper jusqu'au Caucase. Ces hordes étaient formées par la fusion des anciens Huns avec les peuplades finnoises errant dans les plaines entre le Volga, la mer Caspienne et les Monts Oural; plus loin, en Asie, venaient les Turcs et derrière eux les Tartares Mongols. Au nord des Coutrigours et des Outrigours, sur le moyen Volga, apparaissait un autre peuple de race hunno-finnoise, les Bulgares, descendus des plateaux de la Sibérie.

Toute modification dans l'état des peuples nomades est suivie, comme le constate fort justement Amédée Thierry, d'une inévitable expansion au dehors. Les Huns du Da-

nube, comme pour échapper à leurs agitations intérieures,
se rejetèrent sur leurs voisins, et trouvant l'empire romain bien gardé, se reportèrent vers l'Est dans les grandes
plaines parcourues par le Bug, le Dniester et le Dniéper.
Ils y rencontrèrent les Antes, qui formaient un rameau
oriental des nations slaves, aussi guerriers et plus
pauvres encore qu'eux. N'ayant rien à gagner à les combattre, ils leur proposèrent de se réunir et d'aller piller
ensemble les riches provinces du Danube. Ne se trouvant pas sans doute encore assez forts, ils appelèrent
avec eux au pillage les Bulgares du Volga. C'est alors
pour la première fois qu'apparaît dans l'histoire le nom
de Slave, de cette race qui va faire l'objet de notre étude
dans le cours des siècles.

Les Slaves se divisaient en trois branches : les Antes,
à l'est, dans le voisinage des Finnois, les Vendes à
l'ouest du côté de la Baltique, les Slovènes au centre.
Longtemps asservis sous des conquérants Sarmates,
Goths ou Huns, pour lesquels ils travaillaient, les Slaves
avaient contracté des habitudes de vie sédentaires, mais
leur industrie se bornait aux objets de première nécessité.

Leurs villes n'étaient qu'un amas de cabanes disséminées sur de grands espaces et cachées dans la profondeur
des bois ou au milieu des marais. Ils se couvraient à
peine de la dépouille des bêtes ou des lambeaux d'une
étoffe noirâtre que leurs femmes tissaient. Quelques tribus se barbouillaient de suie des pieds à la tête. Ils man-
geaient de la chair de toute sorte d'animaux, mais vivaient surtout de millet et de lait. Le Slave était hospi-
talier : « Il recherchait les étrangers et les traitait bien,
on vantait aussi la fidélité de sa parole; mais ces bonnes
qualités avaient de terribles retours. A son état habituel
d'apathie succédaient des accès de violence féroce; alors il
devenait sans pitié, et son imagination exaltée par l'enivrement du carnage lui fit inventer des supplices qu'on
n'oublia plus, et qui sont demeurés jusqu'à nous comme
une triste conquête de la cruauté humaine. Le guerrier

slave marchant tête et poitrine nues, un long coutelas au
côté et dans la main un paquet de javelots dont le fer
était empoisonné, ressemblait à un chasseur d'hommes.
Pour lui, en effet, la guerre n'était qu'une chasse. Se battre en ligne, se former en rangs serrés, coordonner ses
mouvements sur des combinaisons d'ensemble, était un
art que son intelligence n'atteignait pas encore : sa tactique, à lui, était celle des embuscades. Il excellait à se
tapir derrière une pierre, à ramper sur le ventre parmi
les herbes, à passer des journées entières dans une rivière ou un marais, plongé dans l'eau jusqu'aux yeux et
ne respirant qu'à l'aide d'un roseau; de là il guettait patiemment son ennemi, pour s'élancer ensuite sur lui avec
la souplesse et la vigueur des animaux qu'il semblait
avoir pris pour modèle. » (AM. THIERRY, *Histoire
d'Attila.*)

Le Bulgare, ce nouveau venu dans l'histoire des invasions, a, plus encore que tous les autres barbares, épouvanté le monde civilisé. Sa laideur, la férocité de ses
instincts, dépassaient tout ce que l'on avait vu jusque
là et en faisaient aux yeux du monde romain un véritable monstre.

Les bandes réunies des Huns, des Slaves et des Bulgares choisirent l'hiver de l'année 498 pour leur expédition; le Danube gelé permettait le passage de la cavalerie
et des chariots; les Romains, surpris et acculés à un cours
d'eau aux berges élevées, furent mis en déroute; 4.000
d'entre eux furent égorgés ou noyés, et les barbares re-
tournèrent dans leurs cantonnements avec un immense
butin. D'autres expéditions du même genre eurent encore lieu pendant les dernières années du cinquième siècle
et les premières du sixième; les provinces voisines du
Danube purent étudier à leurs dépens toutes les variétés
de la férocité humaine.

Le Slave, ennemi invisible et toujours présent, caché
derrière toute les broussailles, et jusque dans les rivières,
attendait la nuit pour faire ses surprises; il fondait alors
sur une ville, sur un village, sur une troupe en marche,

et là où il avait passé il ne restait pas une âme vivante. Pendant longtemps il ne sut pas faire de prisonniers. Il apprit par expérience qu'il y avait souvent profit à épargner un être humain qui pouvait être racheté et qu'une mère, un enfant de famille riche ou le magistrat d'une ville avaient leur valeur en argent. Alors, au lieu de tuer tout, il emmena tout en captivité, et les malheureux prisonniers mouraient de fatigue et de misère sur les routes. Les Antes commettaient ces horreurs dans lesquelles ils furent encore dépassés par les Slovènes quand ceux-ci se joignirent à leurs expéditions. C'est aux Slovènes que les contemporains attribuent le supplice du pal. La civilisation romaine frémit à la vue de ces longues files de pieux garnis de corps agonisants qui restaient étalés sur les chemins comme les trophées de la barbarie. Avec les Bulgares, autres souffrances, autres terreurs; sur leur passage les moissons étaient brûlées, les vergers détruits, les maisons rasées. Les ennemis pris dans le filet de guerre que le Bulgare tenait de la main gauche, celui-ci lançait son cheval au galop et traînait le filet contre terre au moyen d'une courroie attachée à l'arçon de sa selle jusqu'à ce que le malheureux prisonnier fut en morceaux. (Am. Thierry.) Ces horreurs se produisaient jusque dans la campagne de Constantinople, que les contemporains dépeignaient comme la plus délicieuse contrée du monde, où les merveilles des arts et du luxe étaient réunies à celles de la nature. L'empereur Anastase entreprit alors de protéger sa capitale et sa banlieue par une immense muraille allant de la mer Noire à la Propontide et qui fut exécutée en 507, mais les provinces restaient découvertes, et en 517 les chroniques byzantines mentionnent une autre invasion qui ravagea la Grèce jusqu'aux Thermopyles et l'Illyrie jusqu'à l'Adriatique.

Sous Justinien, pendant les guerres de Bélisaire en Italie, les Slaves, les Huns et les Bulgares passèrent encore plusieurs fois sur le territoire de l'empire; en 538, notamment, ils ravagèrent l'Illyrie, la Chersonèse de Thrace, l'Asie Mineure et la Grèce. Comme une inondation qui se retire des ruines qu'elle a faites, les barbares regagnèrent ensuite leur pays, repus de carnage, chargés de dépouilles et traînant à leur suite 120,000 prisonniers romains qui étaient pour eux un butin vivant.

Justinien désespéré reprit alors le grand travail de défense des bords du Danube, fit réparer les enceintes des villes, reconstruire les fortifications élevées précédemment sur la rive gauche du fleuve et abandonnées depuis deux siècles, bâtir de nombreux ouvrages de défense, des enceintes crénelées propres à recevoir en cas d'invasion les paysans avec leurs familles et leurs meubles. Jusqu'en 557, grâce à cette sage prévoyance, les invasions cessèrent et l'empire respira, mais alors la peste et des tremblements de terre le ravagèrent, et les Huns-Coutrigours se réunissant aux Bulgares et aux Slaves arrivèrent au mur d'Anastase, renversé à certaines places, le franchirent et poussèrent jusqu'à Constantinople, que l'arrivée inopinée de 300 vétérans et le génie de Bélisaire sauvèrent d'un désastre. Les barbares se retirèrent avec une multitude de captifs que l'empire dût racheter à prix d'argent.

A ce moment un nouveau mouvement se produit du côté de l'Asie; une masse de tribus de race tartare y fait son apparition, et leur chef, prenant le titre de grand kha-kan, installe le siège de sa domination dans les vallées des monts Altaï. Une première invasion en Europe les amène sur les bords du Volga; les peuplades qui veulent leur résister sont massacrées ou asservies; 300,000 hommes couvrent de leurs cadavres une étendue de quatre journées de chemin. Une des tribus soumises et emmenées dans les déserts de l'Asie, celle des Avares, de la famille des Huns, parvint à s'échapper et à revenir en Europe; cette horde comptait 200,000 têtes. Culbutant tout sur son passage, elle arriva dans les plaines du sud de la Russie, entraînant avec elle les Huns-Ougours, les Khazars et les Alains. Chaque horde en mouvement en déplaçait d'autres qui se jetaient sur les voisines. Les Avares soumirent les Antes, les Slovènes et les Vendes, et parvinrent jusqu'aux montagnes de Thuringe où ils se heurtèrent en 562 aux Francs Austrasiens qui les défirent près de l'Elbe et les obligèrent à reculer. Ils se rabattirent alors sur la vallée du Danube, sous la direction d'un chef, Baïan, dont la puissance rappelle celle d'Attila. A son appel, tous les peuples nomades se précipitèrent sur l'empire romain ; une nombreuse armée de Slovènes, traversant le bas Danube, se jeta sur la Mésie et la Thrace et détruisit tout sur son passage.

Les Bulgares et les Slaves, devenus tributaires des Avares, furent pour eux d'utiles éléments de conquête par les soldats qu'ils fournirent et par les colonies qu'ils fondèrent le long du Danube. « Les Avares prenaient 10 ou 15,000 Slaves, les poussaient devant eux sur un point du territoire romain où ils devaient se défendre et s'établir sous peine d'extermination. Ce premier noyau grossissait successivement et devenait une colonie dépendante des Avares qui lui donnaient des chefs. Les Romains reculaient devant l'idée d'anéantir tant d'êtres humains souvent sans armes, ils les toléraient sur des terres incultes qu'ils finissaient par leur abandonner, puis les Avares les réclamaient comme leurs sujets et le territoire comme leur domaine. » (AM. THIERRY.)

Pendant les admirables campagnes de l'empereur Héraclius contre les Perses, les Avares vinrent assiéger Constantinople en 626, mais ils furent repoussés et leurs auxiliaires Slaves y éprouvèrent des pertes considérables. Ils avaient amené un grand nombre de béliers, de tortues, de machines de trait ; c'étaient les Slaves qui les avaient construits à l'imitation des Romains et qui avaient préparé une flotte destinée à une attaque par mer, mais elle fût détruite dans un combat de nuit par les galères romaines.

De retour à Constantinople, Héraclius voulant préserver l'empire de nouvelles incursions, organisa sur les bords du Danube une véritable barrière de petits Etats, appelant à les peupler des tribus Slaves auxquelles le dur joug des Avares était intolérable, et qui finirent par s'en affranchir. C'est ainsi que, vers 630, une des tribus Vendes des bords de la Vistule, formant une confédération sous le nom de Croates, vint à son appel occuper la Dalmatie dont elle chassa les Avares ; qu'un autre confédération slave, celle des Serbes, quitta les bords de l'Elbe pour peupler la Serbie et la Bosnie actuelles ; que d'autres slaves orientaux furent installés sur le bas Danube. Soutenues à l'occasion par les troupes de l'empire, toutes ces tribus formèrent comme une ceinture autour des Avares dont elles arrêtèrent l'expansion et qu'elles aidèrent à détruire lorsque leur domination fut renversée par Charlemagne.

LES VARÈGUES

Pendant que tout le sud de la Russie servait de pas-
.sage aux immenses invasions qui traversaient l'Europe
par la vallée du Danube, il s'était produit naturellement
vers le nord un reflux des nombreux Slaves qui n'avaient
pas été entraînés par ces hordes asiatiques ou qui avaient
pu leur échapper. Les forêts qui couvraient la Russie
centrale et les bords du haut Volga avaient été pour eux
un refuge impénétrable.

Restés libres dans toute cette contrée, aux alentours
du plateau de Valdai, ils s'étaient divisés en petites
tribus guerroyant sans cesse entre elles et s'épuisant
dans des luttes stériles. Pour y mettre un terme et avoir
des chefs capables de les défendre et de les diriger contre
leurs ennemis, ils appelèrent, dit-on, pour les com-
mander les Varègues, aventuriers de race scandinave
qui occupaient alors les rivages de la Baltique.

A leur appel, trois frères varègues, après avoir réuni
leurs familles et leurs compagnons d'armes et d'aventures, vinrent s'installer dans le pays dont la défense
leur était confiée. L'aîné, Rourik, s'établit à Novgorod
qui devint ainsi la première capitale des Slaves. C'était
alors, comme toutes les autres villes, une sorte de grande
.bourgade, d'oppidum entouré de monticules de terre
sur lesquels étaient plantés des pieux formant palissade.
Deux autres Varègues, Askold et Dir, poussèrent plus
loin vers le sud et descendirent jusqu'à Kief où ils s'éta-

blirent et d'où ils partirent pour entreprendre des expéditions contre l'empire grec et Constantinople.

Rourik eut pour successeur son frère Oleg qui, à la tête d'une bande composée de Varègues, de Slaves et de Finnois, poussa jusqu'à Kief qu'il enleva à Askold et Dir; ceux-ci furent pris et tués. Oleg, frappé de la situation de Kief, y installa sa résidence. En 907, ayant soumis à son autorité presque toutes les peuplades de la Russie centrale, il entreprit à son tour une expédition sur Constantinople et imposa aux Grecs une lourde contribution.

Il eut pour successeur le fils de Rourik, son neveu Igor. Celui-ci résolut comme son père et son oncle d'aller avec ses bandes piller les provinces grecques et essayer de surprendre Constantinople; le butin rapporté chaque fois de ces courses aventureuses était un puissant encouragement à les recommencer. Après avoir remporté quelques succès, Oleg finit par être battu et ses troupes furent détruites. Il fut surpris à son retour en Russie par les Drevlianes, peuplades sauvages occupant les territoires du haut Dniéper, chez lesquelles il était venu réclamer un tribut, et qui l'écartelèrent en l'attachant à deux arbres courbés jusqu'à terre puis lâchés brusquement.

Sa veuve, Olga, gouverna au nom de son fils Sviatoslaf. Elle se vengea d'abord des Drevlianes dont elle fit saisir les envoyés venus pour essayer de l'apaiser; les uns furent enterrés vifs, les autres étouffés. Elle assiégea ensuite leur ville, Korostène, qu'elle livra aux flammes et détruisit, puis elle se rendit à Constantinople auprès de l'empereur Constantin Porphyrogénète; elle y fut baptisée sous le nom d'Hélène, l'empereur lui servant de parrain.

Le gouvernement de Sviatoslaf, devenu majeur et mettant fin à la régence de sa mère, dura de 964 à 972 et fut signalé par la défaite des Khazars qui occupaient les plaines du Don, aux abords de la mer d'Azow, et la guerre contre les Grecs pour la conquête de la Bulgarie,

où il voulait transporter sa capitale. S'il avait donné
suite à son projet, le voisinage de son empire aurait pu
être singulièrement dangereux pour Constantinople, car
les Slaves s'étendaient déjà presque sans interruption de
la Grèce et la Macédoine à la mer Baltique. Jusque-là, le
danger de leurs incursions était diminué par les distances à parcourir. Les aventuriers dirigés par Rourik
et Oleg étaient obligés de descendre le Dniéper dans des
barques informes creusées dans des troncs d'arbres ; ils
ne pouvaient passer les cataractes du fleuve qu'en traînant leurs bateaux sur la rive et en livrant à partir de là
de fréquents combats aux tribus Petchénègues, les plus
farouches de tous les barbares, véritables bêtes féroces
dévorant les cadavres. Parvenus à l'embouchure du
fleuve, il leur fallait longer les bords de la mer Noire si
fertile en tempêtes, braver les galères romaines et le feu
grégeois qui les épouvantait. La voie de terre était pour
eux bien plus sûre, et Sviatoslaf résolut de la prendre
pour marcher sur Constantinople, mais il rencontra chez
les Grecs un adversaire digne de lui, l'empereur Jean
Zimiscès, qui surprit les Slaves à Perciaslaf, les enferma
dans cette place et la prit d'assaut. 8,000 Slaves refusèrent
toute capitulation et furent massacrés.

Une seconde rencontre encore plus meurtrière eut lieu
à Dorostol, en Silistrie, où les Slaves perdirent 15,000 hommes. Sviatoslaf, obligé de traiter, obtint de quitter librement la Bulgarie et jura de ne plus rien entreprendre
contre les Grecs. En retournant à Kief, les débris de ses
troupes retrouvèrent au passage des cataractes du Dniéper les Petchénègues embusqués qui les surprirent et
tuèrent Sviatoslaf lui-même dont ils coupèrent la tête.
Son crâne servit de coupe à leur chef.

Sviatoslaf laissait trois fils, Oleg, Iaropolk et Vladimir, qui se partagèrent le pouvoir et les peuplades soumises par leur père ; mais bientôt des guerres survinrent
entre eux, Oleg fut tué par Iaropolk, qui périt à son
tour sous les coups de Vladimir. Celui-ci, resté seul,
reconquit bientôt la Russie Rouge, la Lithuanie et la

Livonie. Revenant alors sur l'empire grec, il assiégea et prit Cherson, en Tauride, et informa les empereurs Basile et Constantin qu'il marcherait sur Constantinople s'ils ne lui accordaient pas leur sœur Anne en mariage. Toutes leurs forces étant occupées à réprimer des révoltes intérieures, ils ne crurent pas devoir repousser cette proposition, mais ils mirent pour condition à leur acceptation que Vladimir adopterait la religion grecque et se ferait baptiser. Il y consentit, reçut le baptème et rentra à Kief avec la sœur des empereurs. Devenu à son tour un véritable apôtre de sa nouvelle religion, il fit jeter dans le fleuve les anciennes idoles et baptiser en masse dans le Dniéper tous les habitants de Kief, puis ceux de Novgorod. Il termina sa carrière dans des guerres contre les sauvages Petchénègues, et laissa à sa mort de nombreux enfants qui se partagèrent ses États.

Iaroslaf, qui avait d'abord eu Novgorod, vit plusieurs de ses frères assassinés par un neveu de Vladimir qui s'était emparé de Kief. Après une guerre sanglante, il le chassa de cette ville et finit par rester seul maître de la Russie. Il la défendit énergiquement contre les incursions des Petchénègues qu'il anéantit, et contre de nombreuses hordes venues de l'Asie jusqu'aux plaines du Don. Il entreprit aussi une expédition contre Constantinople, mais les tempêtes de la mer Noire et le feu grégeois dispersèrent ses troupes. 800 Slaves prisonniers furent conduits à Constantinople où ils eurent les yeux arrachés.

Sous Iaroslaf, Kief arriva à l'apogée de sa grandeur. Ce prince avait le goût des constructions et aimait les lettres ; il voulait faire de sa capitale une rivale de la résidence des empereurs d'Orient. Il y fit bâtir la cathédrale de Sainte-Sophie, des temples et des monastères ; une autre église de Sainte-Sophie était élevée par ses ordres à Novgorod. Il fit venir de Constantinople des chantres grecs qu'il chargea d'instruire le clergé russe. Il faisait frapper des monnaies avec son nom chrétien « Georgios » inscrit en grec sur une des faces. Il créait

des écoles et réunissait dans un recueil la législation de
son temps, dont les principes étaient analogues à ceux
de l'ancien droit germain. Il mourut en 1054 et son cer-
cueil orne encore la Sainte-Sophie de Kief. Il avait
établi avec le reste de l'Europe des relations assez suivies.
Sa sœur avait épousé le roi de Pologne, ses trois filles
devinrent les femmes d'Harold, roi de Norwège, de
Henri Ier, roi de France, — c'est la reine Anne — et
d'André, roi de Hongrie.

Sa conversion, suivie de celle de son peuple, a eu des
conséquences considérables. Par ce fait, la Russie n'eut
pas à subir l'influence de l'Église romaine dont la grecque
se séparait bientôt par un schisme. A Constantinople,
contrairement à ce qui se passait en Occident, le clergé
n'affichait aucune prétention à la prépondérance de
l'Église sur l'État. Les Russes se trouvèrent ainsi à l'abri
des luttes soulevées entre le pouvoir séculier et une puissance spirituelle étrangère. S'ils n'eurent pas l'appui de
Rome lors de l'invasion des Mongols, ils ne furent pas
plus tard victimes de guerres civiles comme celles de la
Réforme. Dans tous les cas, l'influence du clergé fut à la
longue suffisante pour supprimer la polygamie et établir
ainsi une distinction radicale entre la famille russe
devenue européenne et la famille asiatique, pour modi-
fier peu à peu la législation en faisant prévaloir les principes des codes de Justinien sur les coutumes barbares,
pour transformer enfin l'idée du pouvoir, exercé d'abord
par un chef de guerriers au milieu de ses égaux toujours
libres de quitter son service, et la remplacer par un idéal
qui, pour les prêtres venus de Constantinople, était
l'empereur, vicaire de Dieu sur la terre, en qui résidait
toute souveraineté et manifestant sa volonté toute-puis-
sante par une nombreuse hiérarchie de fonctionnaires
complètement soumis à ses ordres.

De 1054, date de la mort d'Iaroslaf à l'invasion des
Mongols en 1224, on se trouve en présence de divisions,
de morcellements, de partages sans nombre, et l'unité
territoriale constituée sous Vladimir et Iaroslaf disparaît

rapidement. On compte dans cette période jusqu'à soixante-sept principautés qui s'établirent pour disparaître ensuite, quatre-vingt trois guerres civiles dans plusieurs desquelles la lutte devint générale, et 203 princes se disputant Kief ou les autres apanages slaves. Contre les étrangers, d'autres guerres avaient lieu en **même** temps ; le sud de la Russie servait toujours de passage et de campement à des hordes venant d'Asie ; les Petchénègues avait succédé aux Khazars, qui avaient remplacé les Alains ; les Polotsi, autres nomades d'origine turque, étaient descendus des bords du fleuve Oural vers le Dniéper et y avaient pris la place des Petchénègues après leur destruction ; les Russes subirent de leur part quarante-six invasions et firent contre eux de nombreuses campagnes. Mais, même morcelée en petites principautés, la Russie annonçait déjà des tendances unitaires : Le peu de consistance de tous ces états minuscules, leurs partages incessants les empêchaient de devenir de véritables nationalités. Les princes voulant, à leur mort, assurer un apanage à chacun de leurs enfants, déterminaient de nouveaux morcellements, mais il y avait entre toutes ces parties d'une même race unité de langage, de religion et même unité politique, puisque tous les princes sortaient de la même famille, celle de Rourik, et qu'ils reconnaissaient tous la suzeraineté de celui de Kief, qui prenait le titre de grand prince.

Quand le grand prince mourait, par suite du système de succession originaire de Scandinavie dont nous avons déjà vu un exemple lors de la mort de Rourik, c'était l'aîné de toute la famille, oncle ou frère du défunt, et non son fils, qui devait lui succéder. Par contre, les frères s'étant succédé jusqu'au dernier et celui-ci venant à mourir, c'était non à son fils que revenait le pouvoir, mais au fils de l'aîné des frères décédés. Il y avait là une cause d'incessantes compétitions, de guerres civiles auxquelles étaient parfois mêlés tous les Slaves, de la Baltique à la mer Noire, de déplacements de princes passant d'une principauté des bords de la mer d'Azow à

celle de Novgorod, pour aller ensuite à Smolensk et enfin
à Kief.

Iaroslaf étant mort, son fils aîné Isiaslaf fut bientôt
renversé par son frère Sviatoslaf, auquel il succéda
cependant en 1076. Il eut pour successeurs un de ses
frères, Vsévolod, l'aîné de la famille, qui régna jusqu'en
1093, puis son fils Sviatopolk, qui eut à soutenir deux
guerres civiles, au sujet de la principauté de Tchernigof
et de la Volynie, auxquelles mirent fin les congrès
de Loubetch (1097) et de Vititchevo sur le Dniéper
(1100).

Le pouvoir revint ensuite au fils de Vsévolod, Vladimir
Monomaque, qui régna de 1113 à 1125 à Kief et remporta
de nombreux succès sur les Polotsi, les Tcherkesses et
d'autres nomades du sud et de l'est; il compléta l'établissement de la race slave en Sousdalie et fonda sur la
Kliasma une ville à laquelle il donna son nom et qui
devait un jour remplacer Kief comme capitale. Ce prince,
qui n'avait acccepté le pouvoir qu'à la demande des
Khiéviens et qui a montré en l'exerçant de grandes qualités, a laissé pour ses fils une sorte de Mémoire de ses
actes qu'il leur offre pour modèle. Il leur dit entre autres
choses :

« Servez de pères aux orphelins. Ne faites mettre à
mort ni innocent ni coupable, car rien n'est plus sacré
que la vie et l'âme d'un chrétien. Ne violez pas vos ser-
ments. Songez que l'homme doit toujours être occupé.
Cherchez sans cesse à vous instruire. Sans être sorti de
son palais, mon père parlait cinq langues, chose que les
étrangers admirent en nous. En guerre, soyez vigilants ;
ne vous livrez au repos qu'après avoir placé vos gardes.
Ne vous désarmez jamais à portée de l'ennemi, et pour
éviter toute surprise soyez à cheval de bonne heure.
Lorsque vous ferez un voyage dans vos provinces, ne
souffrez pas que les gens de votre suite fassent la moindre
injure aux habitants. Que le soleil ne vous trouve jamais
sur votre lit. Quant à moi, je m'étais habitué à faire moi-
même tout ce que j'aurais pu ordonner à mes serviteurs;

nuit et jour, été comme hiver, j'étais dans une conti.
nuelle activité ; je voulais tout voir par mes yeux.
Jamais je n'ai abandonné les pauvres ni les veuves aux
vexations des puissants. Je m'étais fait un devoir de
l'inspection des églises et des cérémonies sacrées de la
religion ainsi que de mes biens, de mes écuries et des
faucons de ma vénerie. J'ai fait quatre-vingt-trois campagnes et bien des expéditions ; j'ai conclu dix-neuf
traités avec les Polotsi, j'ai pris cent de leurs princes à
qui j'ai rendu la liberté, j'en ai fait mourir deux cents en
les précipitant dans les rivières. Personne n'a voyagé
plus rapidement que moi ; parti le matin de Tchernigof,
j'arrivais à Kief avant vêpres. Que de chutes de cheval
n'ai-je pas faites dans ma jeunesse où, sans songer aux
dangers auxquels je m'exposais, je me brisais la tête, je
me blessais aux [bras et aux jambes, mais le Seigneur
veillait sur moi... A la chasse, au milieu des plus épaisses
forêts, que de fois j'ai moi-même atteint et lié ensemble
des chevaux sauvages ! Que de fois je fus renversé par
les buffles, frappé du bois des cerfs, foulé aux pieds des
élans ! Un sanglier furieux m'a arraché mon épée de ma
ceinture ; ma selle fut déchirée par un ours, cette bête
terrible se jeta sur mon coursier qu'elle fit tomber sur
moi, mais le Seigneur me protégeait. »

Vladimir Monomaque laissa deux fils : l'un, Dolgorouki, qui devint la souche des princes de Sousdalie et de
Moscou, l'autre Mstislaf, dont les descendants dominè-
rent à Kief et en Gallicie. Des luttes violentes s'établirent
entre ces deux branches de la descendance de Rourik, et
en 1169 Bogolioubski, fils de Dolgorouki, vint mettre le
siège devant Kief qui fut enlevée d'assaut et ravagée.
Cette malheureuse ville, complètement saccagée, perdit
alors la supériorité qu'elle devait au séjour des grands
princes, et le centre de la Russie déplacé passa en Sousdalie. La puissance croissante des peuplades nomades
occupant le sud de la Russie rendait d'ailleurs intenables
pour les Slaves les bords du Dniéper. En 1203 Kief fut
encore prise et à peu près détruite par les Polotsi. Les

forêts du centre de la Russie offraient un abri plus sûr et
permettaient une résistance plus sérieuse contre l'envahis-
sement des hordes asiatiques ; c'est pour cette cause que
Bogolioubski, après la prise de Kief, fixa sa résidence à
Vladimir en Sousdalie. Ce déplacement de leur capitale
eut sur les destinées mêmes des Slaves une grave influence;
la navigation sur le Dniéper, trop exposée aux attaques
des nomades, fut de plus en plus délaissée et les relations des Slaves avec les Grecs qui les amenaient à la civilisation cessèrent tout à fait. Les invasions mongoles
achevèrent l'œuvre de la barbarie, et pendant plusieurs
siècles l'oppression , avec son inévitable cortège de
haines, de dissimulations, de mœurs sombres et farouches, de mutilations et d'horribles supplices s'étendit
sur toute la contrée, complétement séparée du reste de
l'Europe.

Quant à Bogolioubski, après une campagne heureuse
contre les Bulgares du Volga, il entreprit de soumettre la
principauté de Novgorod, mais il subit une sanglante
défaite. Il s'attira en outre par son arrogance la haine des
princes du sud qui se coalisèrent contre lui, et il finit par
être assassiné par ses boïards qu'il avait voulu réduire à
la condition de sujets. Sa mort fut suivie de grands
troubles; les maisons des riches furent pillées, et il y eut
tant de meurtres que le clergé fut obligé de sortir proces-
sionnellement pour rétablir l'ordre. Des guerres civiles
entre ses fils, ses neveux et ses frères Michel et Vsévolod
ensanglantèrent la Sousdalie, qui finit par appartenir à
André auquel succéda Vsévolod, non sans d'autres luttes.
Ce dernier étendit son influence jusqu'en Gallicie, donna
un de ses fils comme prince à Novgorod, contracta des
alliances avec ceux de Smolensk et de Kief et mérita le
nom de grand par sa prudence, sa constance et sa fermeté
dans ses desseins. Sa mort, survenue en 1212, fut le signal
de nouveaux troubles et d'autres luttes entre ses fils, à
la suite desquelles l'aîné, Constantin, devint prince de
Vladimir, où son frère George lui succéda. Ce dernier
conduisit, comme ses prédécesseurs, plusieurs expédi-

tions contre les Bulgares du Volga, et fonda sur la rive droite de ce fleuve la ville de Nijni-Novgorod.

A l'autre extrémité des plaines russes, la principauté de Gallicie avait conservé de son côté une certaine influence. Roman de Volynie, un de ses princes, y fit périr une grande partie de l'aristocratie et vainquit plusieurs fois les Lithuaniens, ses voisins du nord, et les Polotsi. Sa mort fut également suivie de guerres civiles. Son fils Daniel finit, après de nombreuses aventures, par lui succéder; mais il succomba sous l'invasion mongole qui dévasta tout le pays jusqu'au Danube.

Parmi les nombreuses principautés russes se créant et disparaissant successivement du xie au xiiie siècle, au milieu de guerres incessantes, de partages sans nombre et d'une véritable anarchie dont les historiens ne parviennent que difficilement à dégager les faits principaux, il en est une qui mérite de retenir un instant l'attention par ses institutions et ses luttes contre ses princes, c'est celle de Novgorod, cette première capitale de la **Russie du nord-ouest**. Gilbert de Launay, qui l'a visitée en 1413, dit que c'était alors une ville prodigieusement grande, située dans une belle plaine entourée de forêts, mais sujette aux inondations, et qu'elle était défendue par des remparts formés de claies remblayées de terre et des tours en pierres. Elles comptait 100,000 habitants et 300,000 sujets. C'était l'assemblée des citoyens qui était souveraine et qui choisissait ses princes; il y avait là une véritable république qui s'intitulait elle-même Gospodine volikii Novgorod « Monseigneur Novgorod la Grande. » Grâce à son éloignement, elle ne prit qu'une faible part aux luttes continuelles tendant à assurer la prédominance à Kief d'une des familles princières, et put ainsi donner un grand développement à son commerce, mais après des guerres qui finirent par une famine dans laquelle 40,000 novgorodiens succombèrent, elle dut se soumettre au prince Iaroslaf de Sousdalie. Des aventuriers novgorodiens allant tout à la fois commercer, combattre et piller au loin, fondèrent d'autres centres auxquels ils donnèrent les institutions de leur ville et qui se développèrent rapidement. Parmi ceux-ci, celui de Pskof au confluent de la Pskofa et de la Velikaïa prit bientôt un grand essor.

LES MONGOLS

Les divisions, les luttes intestines qui émiettaient toutes les forces slaves et faisaient de chaque bourgade une petite principauté, enlevaient à la nation tout élément de cohésion et de résistance aux attaques des peuples voisins. Aussi la Russie eut-elle à subir du douzième au treizième siècle deux invasions qui devaient avoir sur son développement une influence considérable et néfaste. Au nord-ouest, ce sont les Allemands qui se répandent dans les provinces baltiques ; à l'est et au midi ce sont les Mongols qui couvrent les plaines de leurs innombrables cavaliers, massacrant ou ramenant à la barbarie asiatique toutes les peuplades qu'ils rencontrent sur ces immenses espaces.

Quelques mots suffiront pour bien faire comprendre le caractère de l'intrusion des Allemands dans les provinces baltiques. Des marchands y arrivèrent d'abord, bientôt suivis par des missionnaires portant partout, sous prétexte de christianisme, la ruine et la servitude. Le moine Meinhard, venu de Brême et premier évêque de Livonie, construisit à Uexküll une église autour de laquelle s'éleva bientôt une forteresse. Les habitants des alentours se soulevèrent, mais le pape Innocent III prêcha contre eux une croisade. Albert de Buxhoewden, le nouvel évêque de Livonie, rétablit la domination allemande dans la contrée, fonda la ville de Riga qu'il prit pour capitale, et créa l'ordre des chevaliers Porte-Glaives qui

avait les mêmes statuts que les Templiers. Profitant des
divisions des Slaves et de leur infériorité d'armement,
ces moines guerriers, dont les agissements ressemblent
fort à ceux de véritables brigands, imposèrent le baptême et l'obéissance aux tribus Lives, Tchoudes et Let-
tones, mettant tout à feu et à sang quand elles résistaient,
prenant des otages et bâtissant de solides châteaux sur
leurs territoires quand elles se soumettaient. Le pays
ainsi conquis fut divisé en fiefs et subit le régime féodal.
Bientôt après les Prussiens-Lithuaniens créèrent l'ordre
Teutonique, analogue à celui des Porte-Glaives, et en
1237 les deux ordres se réunirent en une seule associa-
tion. Fortifiés par cette alliance, ils purent faire peser
sur les indigènes la plus dure servitude et les réduire à
l'état de serfs attachés à la glèbe. Les conséquences s'en
font sentir encore de nos jours; conquérants et vaincus ne
se sont pas mêlés, et pour le paysan d'Esthonie et de
Livonie, le seigneur, l'Allemand, est toujours resté un
étranger, c'est-à-dire un ennemi.

Si à l'ouest les Slaves avaient à résister aux envahis-
sements de leurs voisins allemands, il leur fallait aussi
à l'est repousser les incursions des hordes asiatiques.
Nous les avons vues sous les noms de Huns, d'Avares,
de Turcs, occuper successivement les plaines du sud et
y laisser comme des épaves des tribus Petchénègues,
Polotsi, Bulgares ou Khazares. Les bords de la mer
Noire étaient toujours occupés par ces nomades lorsqu'une dernière invasion, celle des Mongols, vint de
nouveau tout engloutir et menacer l'Europe entière d'une
destruction complète. Le bruit lointain de leurs effroyables ravages en Asie frappa tous les peuples d'épouvante :

« On attendait dans tout l'Orient un grand et terrible
évènement; c'était comme le bruit des grandes eaux
avant le déluge, comme le craquement des digues,
comme le premier murmure des cataractes du ciel. Les
Mongols s'étaient ébranlés du nord et peu à peu descendaient par toute l'Asie. Ces pasteurs entraînant les na-

tions, chassant devant eux l'humanité avec leurs troupeaux, semblaient décidés à effacer de la terre toute ville, toute construction, toute trace de culture, à refaire du globe un désert, une libre prairie, où l'on put désormais errer sans obstacle. Ils délibérèrent s'ils ne traiteraient pas ainsi toute la Chine septentrionale, s'ils ne rendraient pas cet empire, par l'incendie de cent villes et l'égorgement de plusieurs millions d'hommes, à cette beauté primitive des solitudes du monde naissant. Où ils ne pouvaient détruire les villes sans grand travail, ils se dédommageaient du moins par le massacre des habitants; témoin ces pyramides de têtes de morts qu'ils firent élever dans la plaine de Bagdad. » (MICHELET, *Histoire de France.*)

Nous avons vu comment les contemporains ont dépeint les Scythes et les Huns, voici ce que l'on disait des Mongols :

« Les têtes de ces barbares sont grosses et disproportionnées avec leur corps; ils se nourrissent de chair crue et même de chair humaine; ce sont des archers incomparables ; ils portent avec eux des barques de cuir avec lesquelles ils passent tous les fleuves; ils sont robustes, impies, inexorables ; leur langue est inconnue à tous les peuples qui ont quelque rapport avec nous. Ils sont riches en troupeaux de moutons, de bœufs, de chevaux si rapides qu'ils font trois jours de marche en un jour. Ils portent par devant une bonne armure, mais aucune par derrière pour n'être jamais tentés de fuir. Ils nomment khan leur chef, dont la férocité est extrême. Leur nombre est si grand qu'ils semblent menacer le genre humain de sa destruction. Quoi qu'on ait déjà éprouvé d'autres invasions de la part des Tartares, la terreur était plus grande cette année parce qu'ils semblaient plus furieux que de coutume; aussi les habitants de la Gothie et de la Frise redoutant leurs attaques ne vinrent pas cette année comme ils le faisaient d'ordinaire sur les côtes d'Angleterre pour charger leurs vaisseaux de harengs : les harengs se trouvèrent en conséquence tellement abon-

dants en Angleterre qu'on les vendait presque pour rien. »
(Matthieu Paris.)

« Quand les Mongols veulent prendre une ville, dit un
autre auteur, ils tombent sur les villages des environs.
Chaque cavalier s'empare d'une dizaine d'hommes ; chacun des prisonniers est tenu de porter une certaine quantité de bois, de pierres et d'autres matériaux qui servent
à combler les fossés. Pour enlever une ville, ils ne regardent pas à perdre 10,000 hommes, aussi aucune place
ne leur résiste-t-elle. Après l'avoir prise, ils massacrent
toute la population sans distinction, ceux qui résistent
comme ceux qui se rendent ; personne n'échappe à la
mort. »

Réunies après de longues luttes sous la main de Gengis-
Khan, toutes les hordes mongoles furent lancées sur l'Asie,
et des bords des mers de Chine jusqu'à l'Asie-Mineure
tous les peuples furent successivement soumis ou anéantis. Deux lieutenants de Gengis, Djébé et Souboudai-
Bagadour, vinrent se jeter sur la Russie par le sud de la
mer Caspienne, et se heurtèrent d'abord aux Polotsi qui,
bien que de race asiatique eux-mêmes, appelèrent les Slaves à leur secours. Tous se réunirent pour faire face au
danger commun ; la rencontre eut lieu sur les bords de la
Kalka, au nord de la mer d'Azof. Les Polotsi lâchèrent
pied les premiers et l'armée alliée mise en déroute resta
presque tout entière sur le champ de bataille ; ceux qui
furent pris furent massacrés. Toute résistance était anéantie, mais les Mongols ne s'avancèrent pas plus loin.
Rappelés en Asie par d'autres luttes, ils disparurent et
treize ans se passèrent avant leur retour. Après avoir
conquis la Chine, ils revinrent sur leurs pas, et Oktai,
fils et successeur de Gengis-Khan, chargea son neveu Bati,
à la tête de 500,000, hommes de soumettre l'Occident. Cette
fois l'invasion eut lieu par le nord de la mer Caspienne ;
les Bulgares du Volga furent écrasés au passage et les
principautés de Riazan et de Sousdalie, ainsi que toute
la Russie méridionale, affreusement saccagées ; Moscou,
Vladimir, Sousdal, Rostof, Tchernigof, Kief et bien

d'autres villes furent prises d'assaut, brûlées et leurs populations massacrées. En deux ans, de 1238 à 1240, la Russie tout entière fut assujétie au joug des Mongols; seule la ville de Novgorod, protégée par les forêts et les marécages qui l'entouraient, ne fut pas inquiétée.

Après la Russie, la Hongrie, la Pologne et la Silésie subirent l'invasion, mais la mort de l'empereur Oktai rappela Bati en Asie. Celui-ci avait élevé sur un des bras du bas Volga une ville qui prit le nom de Saraï et qui devint bientôt la capitale d'un vaste empire tartare, la Horde d'Or, occupant toute la Russie, de la mer Caspienne au Danube, et réunissant sous son autorité les débris des anciennes peuplades petchénégues, polotsi, turques, finnoises ainsi que toutes les principautés slaves. La Horde d'Or devint, après la mort de Bati, un état indépendant pendant que sous le quatrième successeur de Gengis-Khan les Mongols s'établissaient définitivement en Chine.

Sous la domination mongole, les Russes restèrent en possession de leurs terres, auxquelles n'attachaient aucune importance leurs maîtres nomades, cantonnés dans les plaines du Volga et du sud, et qui ne voulaient que des tributs et des esclaves. Leurs princes durent se rendre à la Horde pour y faire acte de soumission ou y voir régler leurs différends; les vaincus furent obligés de payer un impôt par tête en argent ou en fourrures. Après plusieurs révoltes, déterminées par l'avidité des collecteurs d'impôts et étouffées dans le sang, les princes de Moscou furent chargés de ce recouvrement sur leurs sujets et sur tous leurs voisins; ils devaient en outre le service militaire et ils accompagnaient à ce titre les Mongols dans leurs expéditions.

Peu à peu les nomades, devenus musulmans, s'accoutumèrent à une vie sédentaire, ils contractèrent des alliances matrimoniales avec les princes russes, dont ils estimaient la bravoure, et bâtirent des villes comme Saraï, Kazan, Astrakan. Leur lourde domination, en séparant les Russes de l'Europe pendant plusieurs siècles, ne contribua pas peu à favoriser chez eux l'établissement du pouvoir absolu. Le grand-prince de Moscou, chargé de la perception de l'impôt pour les conquérants, responsable vis-à-vis d'eux, fut sans ménagements pour ses sujets parce qu'il y allait de sa tête ; la terreur mongole pesa sur toute la hiérarchie russe et assujétit plus étroitement les nobles au prince et les paysans aux seigneurs.

Un autre résultat de la domination mongole fut l'accroissement de la richesse et de la puissance de l'Eglise, que les conquérants ménagèrent à dessein ; les couvents se peuplèrent comme de sûrs asiles, les donations de terres en leur faveur se multiplièrent et formèrent un grand patrimoine ecclésiastique dont les princes de Moscou ne négligèrent pas dans la suite l'utile concours.

Au prince George de Sousdalie avait succédé Iaroslaf, qui dut se rendre à Saraï pour faire hommage à Bati, et de là sur les bords de fleuve Amour, à l'autre extrémité de l'Asie, auprès du grand-khan des Mongols, qui lui confirma son titre de grand-prince, mais Iaroslaf mourut à son retour en traversant le désert, et il eut pour successeur son fils André, pendant que son autre fils Alexandre était nommé prince de Novgorod. Convaincu que toute lutte nouvelle aboutirait à l'extermination de son peuple, ce dernier se soumit aussi au joug des asiatiques. Les deux frères durent se rendre comme leur père auprès du khan qui les confirma dans leurs principautés.

En 1147, le grand-prince de Sousdalie, George Dolgorouki, frappé de la beauté d'un site sur une hauteur au pied de laquelle coule la Moskova, y avait construit une ville qui, d'abord bourgade ignorée, brûlée comme nous l'avons vu par les Tartares en 1237, puis rebâtie, devint la capitale d'une principauté fondée par Daniel, fils d'Alexandre Nevski, auquel succédèrent ses deux fils, Georges Danilovitch, qui épousa la sœur du khan, ce qui lui assura la grande principauté de Sousdalie, et Ivan Kalita, qui, bénéficiant aussi de l'appui des Mongols, étendit sa domination sur les autres petits princes russes et acquit un certain nombre de villes et de territoires

3.

aux environs de Vladimir, de Kostroma et de Rostof. Il s'installa à Moscou, qui devint ainsi la capitale de la Grande-Russie.

Les deux fils de Kalita , Siméon et Ivan II lui succédèrent l'un après l'autre, après avoir été recevoir l'investiture mongole.

La concentration de toute l'Asie nomade sous une seule main avait donné à Gengis-Khan une puissance colossale qui lui avait asservi une grande partie du monde, mais peu à peu il se produisit à la Horde d'Or, comme chez les Huns après la mort d'Attila, des guerres civiles et des séparations qui permirent aux Slaves de tenter tout au moins de secouer le joug qui pesait lourdement sur eux. Dimitri Ivanovitch, fils d'Ivan II, qui occupa la grande principauté de 1363 à 1389, après avoir refusé le tribut aux princes tartares en profitant de leurs guerres civiles pour n'en reconnaître aucun, dirigea en 1376 une grande expédition contre Kazan. Deux ans après, il battit sur les bords de la Noja un des lieutenants du khan Mamaï qui, pour se venger, s'allia avec Jagellon et les Lithuaniens et réunissant une immense armée de Tartares, de Turcs, de Polotsi, de peuplades du Caucase, précipita outes ces bandes sur la Russie. Dimitri, qui se voyait trop faible pour résister à cette avalanche, fit appel à tous les princes russes. Un seul, celui de Riazan, trahit la cause slave, tous les autres accoururent à Moscou, laissant de côté leurs querelles particulières et animés du seul désir de délivrer leur patrie commune. Dimitri avait sous ses ordres 150,000 hommes. Il passa le Don et rencontra l'ennemi dans la plaine de Koulikovo. La bataille fut sanglante et la victoire longtemps indécise ; une dernière charge d'une division slave placée en embuscade sous les ordres du prince Vladimir le Brave décida du succès ; les asiatiques enfoncés perdirent leur camp et leurs chariots ; ils furent poursuivis jusqu'à la Metcha où un grand nombre se noyèrent.

Dimitri n'avait malheureusement secoué que momentanément le joug des Mongols. La puissance de ces der-

niers, éparpillée entre les mains de différents chefs, fut
reconstituée par un des successeurs de Gengis-Khan, aussi
énergique et aussi féroce que lui, Tamerlan. Celui-ci,
après avoir réuni toutes les tribus sous son commandement, conquit l'Asie centrale, l'Indoustan et l'Asie-
Mineure, égorgeant tout ce qui lui résistait et recommen-
çant les immenses dévastations d'Attila et de Gengis. Un
de ses généraux, Tokhtamich, après avoir vaincu et tué
Mamaï dont les partisans reprirent leur rang dans les
masses obéissant à Tamerlan, envahit la Russie, assiégea
et prit Moscou où 24,000 habitants furent massacrés.
Dimitri, vaincu, dut subir de nouveau le joug.

Il eut pour successeur son fils Vassili Dimitrievitch,
qui faillit être victime d'une nouvelle invasion. Tamerlan, après avoir vaincu les Turcs à Ancyre, avait marché
contre son ancien lieutenant Tokhtamich, qui s'était
révolté, et saccagé la Horde d'Or; puis il s'était engagé
dans les plaines russes jusqu'au Don; mais là, trouvant
probablement que les steppes et les forêts de la Russie
n'offraient pas des éléments de pillage suffisants, il se
rabattit sur Azof, Astrakan et Saraï qu'il assiégea et livra
au pillage.

Vassili l'aveugle succéda à Vassili Dimitrievitch comme
grand-prince de Moscou. Il imposa sa domination à la
république de Novgorod, et, rompant avec les traditions
successorales jusque là suivies, il associa au trône dès
1449 son fils aîné Ivan, qui lui succéda en 1462.

Cette transformation dans l'ordre des successions ne
fut pas sans importance, car elle assura la continuité des
efforts des grands-princes de Moscou vers la suprématie
sur tous les autres apanages; d'autres causes s'y joignirent qui leur permirent d'atteindre ce but : leur soumission même aux Mongols, leurs mariages avec les filles
des khans évitèrent au territoire de Moscou des incursions
et des ravages qui affaiblirent encore les autres princes ;
leur fonction de collecteurs des impôts pour les Mongols,
en mettant entre leurs mains les richesses de toute la
contrée, leur donna la faculté de se créer une clientèle

parmi les seigneurs ou boïards, de donner des terres en
fief à des milliers d'entre eux, d'entretenir enfin un corps
de troupes régulières assez considérable pour réduire
leurs ennemis et contraindre leurs sujets à une complète
obéissance. Un autre événement contribua encore à augmenter l'importance de la nouvelle capitale des grands-
princes russes ; en 1453, les Ottomans avaient pris Constantinople ; l'empire grec était détruit, l'islamisme triomphait
sur les bords du Bosphore et Moscou, refuge de la religion grecque, devenait par ce fait la métropole de l'orthodoxie.

Le fils de Vassili, Ivan III, que les historiens appellent
le rassembleur de la terre russe, régna quarante-trois ans.
Son long règne fut employé à restreindre la puissance
des grands et des princes moscovites, à combattre les
Lithuaniens, à achever de prendre possession des territoires au nord jusqu'à la mer Blanche, à commencer la
conquête de la Sibérie et à secouer enfin le joug des Tartares
divisés après Tamerlan en plusieurs khanats, de Kazan,
de Saraï et de Crimée. Profitant habilement des luttes
entre les divers khans, Ivan fit alliance avec celui de
Crimée contre la grande Horde, et en 1478, lorsque celle-ci
lui fit réclamer le tribut, il mit à mort ses envoyés ; puis,
réunissant une armée nombreuse et une puissante artillerie, il marcha contre les Mongols qu'il rencontra sur
les bords de l'Oka. Les deux armées restèrent quinze
jours en présence, s'observant et se tenant sur la défensive ; tout à coup une panique les saisit et chacun s'enfuit
de son côté. La Russie fut ainsi délivrée, sans autre lutte,
du joug qui l'avait si longtemps accablée.

LES PREMIERS TSARS

Ivan le Grand, enfin débarrassé de la domination qui pesait depuis trois siècles sur sa patrie, put se retourner contre les Lithuaniens qui sous Jagellon s'étaient alliés contre les Russes avec les Mongols. Grâce au concours de son allié, le khan de Crimée, il les battit à Dorogobouge, puis à Mstislavl et près de Pskof, malgré l'appui des chevaliers livoniens, et les obligea à lui céder tout le pays compris entre la Desja et la Soja (1503).

Il avait épousé en 1472 la fille de Thomas Paléologue, frère du dernier empereur de Constantinople, réfugié à Rome après la chute de l'empire d'Orient. Cette princesse avait été accompagnée à Moscou par de nombreux Grecs cherchant une nouvelle patrie ; bien accueillis par Ivan, ils apportèrent à la Russie des ingénieurs, des artistes et de précieux manuscrits.

« Ivan III devenait ainsi l'héritier des empereurs de Byzance et des Césars romains ; il prit pour armes nouvelles de la Russie l'aigle à deux têtes, que sous sa forme archaïque on retrouve encore au « palais aux facettes » du Kremlin. Moscou succédait à Byzance comme Byzance avait succédé à Rome. Devenue l'unique métropole de l'orthodoxie, il lui incombait la mission de protéger les chrétiens grecs dans l'Orient tout entier et de préparer la revanche de 1453 contre l'islamisme. » (RAMBAUD, *Histoire de la Russie.*)

La fierté de la princesse Sophie et de son entourage ne

fut pas sans influence sur Ivan et l'encouragea constamment à secouer le joug odieux des Asiatiques. Elle obtint ainsi de lui qu'il éviterait de se rendre au devant de l'envoyé du khan, qu'il ne s'abaisserait plus à étendre sous les pieds du cheval de ce barbare un tapis de fourrure, à se prosterner lui-même à ses pieds, à écouter à genoux la lecture des lettres du khan, à lui présenter la coupe de lait-koumys et à lécher sur le col du cheval les gouttes que le Mongol laissait tomber. Tel était, en effet, le honteux cérémonial auquel ses prédécesseurs et lui-même avaient été soumis.

En mourant, Ivan désigna pour lui succéder son fils Vassili. Il laissait la Russie délivrée, agrandie des territoires de Novgorod, de Kazan, de la Lithuanie jusqu'à la Soja et de vastes contrées au nord jusqu'à la mer Polaire.

Vassili Ivanovitch, qui régna de 1505 à 1533, continua l'œuvre de son père et réunit à son domaine les territoires de Pskof, de Riazan et de Novgorod-Severski. Une guerre contre la Lithuanie se termina par la prise de Smolensk ; ce fut, dit un chroniqueur, comme un brillant jour de fête, car c'était le bien national qui était reconquis.

Vassili fut moins heureux au Sud ; en 1521 une invasion du khan de Crimée amena les nomades jusqu'aux portes de Moscou ; toutes les campagnes furent ravagées et des milliers d'habitants emmenés en captivité périrent en route ou furent vendus sur les marchés d'Astrakan. Deux expéditions contre ces éternels ennemis restèrent sans résultat ; l'immense étendue des steppes du Sud protégeait mieux que tous les remparts les hordes campées sur les bords de la mer Noire.

A Vassili succéda Ivan IV qui continua avec ténacité l'œuvre de ses prédécesseurs et qui, le premier, prit le titre de tsar. Il avait reçu unifiée la Russie du nord et de l'est ; il brisa avec une énergie sauvage, qui lui valut le surnom de Terrible, toutes les résistances intérieures des princes dépossédés et des boïards mécontents qu'i

fit mettre à mort par milliers, et il engagea une lutte
acharnée contre les Lithuaniens polonais, les Suédois et
les Porte-Glaives d'un côté et de l'autre contre les nomades du Sud-Est. Elle se termina par la prise de Kazan
et d'Astrakan, la dislocation des Porte-Glaives, la prise
de Polotsk à proximité de la Livonie, et par une trêve
avec la Pologne qui, réunie à la Lithuanie en 1569, ne
forma plus qu'un seul État sous un prince électif.

Il y a lieu d'indiquer ici, aussi brièvement que possible, les origines de la longue lutte que nous verrons se
dérouler entre la Pologne et la Russie, qui constituent
cependant deux fractions d'une même race, celle des
Slaves.

Au neuvième siècle, les Slaves russes occupaient les
régions de la Duna, du Dniéper supérieur et du Dniester.
A l'ouest et au nord, des tribus de même origine s'étaient
répandues en Bohème, en Pologne et en Moravie; au
sud, enfin, la Serbie, la Croatie, la Bulgarie avaient été
repeuplées, comme nous l'avons indiqué, par d'autres
Slaves qu'avaient attirés dans ces contrées les empereurs
grecs. Il n'y avait alors entre toutes ces populations d'une
même race que peu de différences, mais la civilisation
devait arriver chez elles de deux points distincts,
d'une part de Constantinople, de l'autre de Rome, sous
la forme de deux religions opposées, la grecque et la
latine, de deux alphabets différents et de deux littératures
formant le plus vif contraste. Les Slaves occidentaux,
catéchisés par les missionnaires latins, sont devenus les
Polonais; les Slaves orientaux, au contraire, conquis à
l'Eglise grecque et à la civilisation byzantine, sont devenus les Russes. Pendant que chez les premiers les missionnaires répandaient les idées féodales et séparatistes
des chevaliers occidentaux francs et allemands, chez les
seconds au contraire le clergé byzantin apportait les idées
absolutistes de l'empire d'Orient, et tous ses efforts tendaient à l'établissement d'une autocratie. De là cette
conséquence que les divisions, les guerres civiles et
l'anarchie allaient être la vie habituelle de la Pologne'

andis que la Russie devait de plus en plus se concentrer dans les mains puissantes d'un seul homme, le tsar, ayant à son service toutes les forces sociales et morales du pays. De cette différence essentielle il résultait déjà, au point de vue des conséquences finales de la lutte entre les deux branches slaves, une évidente infériorité pour la Pologne. Elle se compliqua d'une situation territoriale qui, d'abord défavorable à la Russie prise entre les Mongols et les Lithuaniens, tourna à son avantage lorsque débarrassée des Mongols elle se retourna sur l'Occident, et que la Pologne à son tour se trouva placée sans frontières naturelles entre les Russes d'une part, et les Allemands alliés aux Suédois de l'autre.

Réunis au treizième siècle sous le commandement d'un chef énergique, Mindvog, qui commença par établir sa domination en massacrant ses frères et ses neveux et qui fut sacré roi en 1252 par un légat du pape Innocent IV, les Lithuaniens profitèrent de la faiblesse des Russes asservis par les Mongols pour s'étendre du côté de Polotsk, Pinsk et Grodno; un autre de leurs chefs, Gédimnie y ajouta Tchernigof, la Volynie et Kief, l'ancienne capitale de la Russie qui devait rester séparée pendant quatre cents ans de la mère patrie. Son fils Olgerd ajouta aux territoires déjà conquis Vitopsk, Mohilef, Novgorod-Severski et la Podolie. Son successeur Jagellon réunit la Lithuanie et la Pologne en épousant la reine de ce pays, Edvige, et fut couronné roi à Cracovie en 1386. Il reçut en même temps le baptême qu'il fit administrer également à ses Lithuaniens. Le procédé, s'il était efficace, était aussi des plus sommaires : « On rangeait les Lithuaniens par groupes qu'un prêtre latin aspergeait d'eau bénite en prononçant un nom du calendrier ; une troupe entière prenait le nom de Pierre, une autre celui de Paul ou d'un autre saint. » (RAMBAUD, *Histoire de la Russie*).

Séparée de la Pologne sous un neveu de Jagellon, Vitovt, célèbre par ses exploits contre les Russes auxquels il prit Smolensk, contre les Mongols par lesquels il fut cependant battu et contre l'ordre Teutonique qu'il détruisit à la bataille de Tannenberg, la Lithuanie lui fut réunie définitivement en 1501.

Ivan le Grand avait lutté sans relâche contre cet État; Vassili Ivanovitch lui avait repris Smolensk; Ivan le Terrible continua la lutte, tout en faisant impitoyablement mettre à mort tous les grands qui, mécontents d'une subordination qui leur pesait, trahirent plusieurs fois sa cause ou fomentèrent des complots contre sa personne. Sigismond, roi de Pologne, s'allia avec le khan de Crimée et une nouvelle invasion de Tartares pénétra jusqu'à Moscou qui fut brûlée. Plus de 100,000 personnes furent traînées en captivité, mais l'année suivante, 1572, une autre invasion semblable fut repoussée et les Tartares complètement battus sur les bords de la Lopasnia.

Sigismond étant mort, les seigneurs polonais se réunirent pour élire un roi qui fut Henri de Valois, duc d'Anjou, mais celui-ci retourna bientôt en France et fut remplacé par Etienne Batory qui, opposant aux Russes une armée composée de mercenaires allemands et hongrois et pourvue d'une bonne artillerie, prit Polotsk pendant que les Suédois enlevaient Narva et plusieurs autres villes sur les bords de la Baltique. La médiation du pape Grégoire XIII mit fin à cette lutte et la paix qui fut conclue enleva à Ivan Polotsk et la Livonie.

La conquête de la Sibérie par le cosaque Irmak Timofevitch, qui à la tête d'un millier d'hommes franchit l'Oural et grâce à la nouveauté des armes à feu réduisit toutes les tribus tartares qu'il rencontra, assura un nouveau rayon de gloire aux derniers jours du tsar.

C'est sous Ivan le Terrible que les premières relations commerciales s'établirent entre l'Angleterre et la Russie par la mer Blanche. Un navire commandé par le pilote Richard Chancelor entreprenant un voyage de découverte au nord de l'Europe arriva à l'embouchure de la Dvina. Chancelor apprenant qu'il avait abordé sur le territoire russe, se résolut à un voyage de 1500 milles pour visiter Moscou. Il y fut bien reçu par le tsar et fut très surpris de la pompe et de la magnificence toute orientale de sa cour.

Ivan est le fondateur de la milice nationale des strélitz qui rendirent pendant longtemps les plus grands services ; il organisa aussi sur les frontières, du côté des nomades, des postes et des camps où ses troupes étaient exercées.

Cruel et superstitieux, ce prince avait des habitudes de brutalité qui amenèrent un déplorable meurtre ; dans une discussion avec son fils aîné il le frappa d'un épieu qu'il tenait à la main, et le coup fut mortel. C'était l'enfant sur lequel il fondait toutes ses espérances d'avenir, et sa douleur fut immense ; il ne lui survécut que peu de temps et mourut en 1584.

Si le souverain dont nous venons de résumer le règne ne répondait pas à l'idée que l'on peut se faire d'un prince civilisé, le peuple russe lui-même ignorait cette civilisation dont l'avait éloigné pendant des siècles la domination mongole ; il ne savait compter qu'avec des boules enfilées ; des peaux de bêtes étaient la monnaie dont il faisait usage ; les prisonniers de guerre étaient réduits en esclavage ; les enterrements étaient suivis de pleureuses louées pour la circonstance ; les hommes portaient la longue robe asiatique et laissaient croître leur barbe ; les femmes étaient enfermées comme en Orient, et tout sujet dépassant la frontière devenait un traître. Tel était l'état de la nation sous Ivan IV ; il devait durer ainsi jusqu'à Pierre le Grand et se compléter par l'asservissement des paysans qui furent attachés à la glèbe et livrés au bon plaisir de leurs maîtres nobles, propriétaires du sol.

Féodor, fils d'Ivan IV, lui succéda, mais il était faible d'esprit comme de corps et n'avait ni l'énergie ni l'intelligence de son père. Il subit l'influence de son beau-frère Boris Godounof qui gouverna sous son nom et qui lui succéda en 1598 après le meurtre de Dimitri, dernier fils d'Ivan IV.

Boris battit les Suédois, ainsi que le khan de Crimée

dont deux incursions furent repoussées, assura la domination russe en Sibérie et tenta mais vainement la conquête du Daghestan; les troupes qu'il y avait envoyées furent détruites par les Turcs. Il eut à se défendre contre les complots des seigneurs russes indignés d'avoir à obéir à un simple boïard; beaucoup furent torturés et exilés. Mais la famine à laquelle vint s'ajouter la peste, de 1601 à 1604, dépeupla la Russie.

« Pendant ces trois ans, — dit un témoin oculaire, — il se commit des choses si énormes qu'elles sont incroyables, car de voir le mari quitter sa femme et ses enfants, la femme meurtrir son mari, la mère ses enfants pour les manger, cela était assez ordinaire; mais j'ai vu quatre femmes voisines, délaissées par leurs maris, lesquelles complotèrent ensemble que l'une irait au marché pour acheter une voiture de bois. Cela fait elle promit le paiement au paysan en son logis, mais après avoir déchargé le bois, celui-ci entra dans la pièce pour recevoir son paiement. Là il fut étranglé par ces femmes et mis en un lieu où par la gelée il se pouvait garder, en attendant que son cheval fût premièrement par elles mangé. Le crime découvert les coupables confessèrent le fait et que le corps du dit paysan était le troisième. Enfin ce fut une famine si grande que dans la ville de Moscou sont mortes et enterrées plus de cent vingt mille personnes. » (Cap. MARGERET, *État de l'Empire de Russie*).

Les paysans affamés s'organisèrent en bandes et dévastèrent les provinces du Sud. Enfin un jeune moine, Grégori Otrépief, prétendit être le Dimitri, fils d'Ivan IV, mis à mort quelques années avant: il réussit à se faire admettre comme tel par le roi de Pologne et par les populations, hostiles à Boris, qui ne demandaient qu'à se laisser abuser.

D'abord battu, le faux Dimitri rentra en Russie à la mort de Boris dont le fils et la femme furent massacrés, et fit son entrée triomphale au Kremlin; mais ses railleries à l'égard des boïards, son mépris pour les rites religieux et les usages russes, ses préférences pour les étrangers eurent bientôt mécontenté son entourage, et quelques semaines après il fut égorgé dans le Kremlin. Les boïards appelèrent au trône pour le remplacer celui qui avait dirigé le complot contre lui et amené sa mort, Vassili Chouiski, sous lequel parurent d'autres imposteurs et notamment un second faux Dimitri qui, ramassant une armée composée de Slaves du Sud, de Zaporogues, de Cosaques du Don et de Polonais, marcha sur Moscou et s'installa à quelques lieues de la capitale, à Touchino d'où il prétendit gouverner et administrer de son côté la Russie. Secouru par les Suédois, Vassili chassa le faux Dimitri de Touchino, mais l'intervention des Suédois amena en sens inverse celle des Polonais, et Vassili, abandonné par les siens, voyant le peuple de Moscou se soulever contre lui, abdiqua et se fit moine.

Sigismond, roi de Pologne, obtint alors des boïards de faire rentrer des troupes à Moscou sous prétexte d'y maintenir l'ordre, mais jetant bientôt le masque il voulut s'emparer du pouvoir et réunir les deux couronnes sur sa tête. Au milieu des séditions et des massacres dans les rues, les Polonais se réfugièrent dans le Kremlin et mirent le feu aux maisons voisines pour écarter les assaillants. Le feu gagna toute la ville qui fut brûlée. Pendant ce temps, un troisième faux Dimitri, appuyé par les Suédois, paraissait à Pskof et suscitait d'autres troubles.

La Russie était ainsi livrée partout à l'étranger; le tsar Vassili, bien qu'il se fut démis du pouvoir, avait été emmené prisonnier par le roi de Pologne; des bandes de routiers parcouraient les campagnes, pillant et ravageant; la famine désolait toute la contrée, et dans certains endroits on en était réduit à manger de la chair humaine. La Russie, dénuée de gouvernement et de direction, était perdue sans un effort suprême. Ce fut le peuple qui se sauva lui-même. Sous la direction d'un marchand, Kouzma Minine de Nijni-Novgorod, les bourgeois s'organisèrent et prirent pour chef le prince Dimitri Pojarski; trois jours de jeûne furent ordonnés, une véritable croisade fut prêchée par le clergé orthodoxe qui marcha avec l'armée sur Moscou, dont la garnison polonaise, réduite à la dernière extrémité, fut contrainte à capituler. Sigismond, arrivé trop tard pour la secourir, dût rebrousser chemin et rentrer dans ses États.

L'étranger chassé, une grande assemblée fut convoquée à Moscou pour élire un nouveau tsar, qui fut Michel Romanof, âgé de quinze ans. Il était le descendant d'une famille alliée à Ivan IV; son père, le métropolite Philarète, était prisonnier des Polonais et son nom était alors *la plus haute expression du sentiment national.* Pendant les premières années de son règne, Romanof eut à subir l'influence des boïards, à se débattre contre des insurrections provoquées par des chefs de bandes mécontents et à combattre les agressions des Suédois et des Polonais. L'intervention de la Hollande et de l'Angleterre, intéressées à rétablir le commerce avec la Moscovie, amena en 1617 un traité avec la Suède. L'année suivante, après une nouvelle mais infructueuse attaque des Polonais sur Moscou, une trève de quatorze ans fut conclue entre les deux pays; les prisonniers furent échangés et le père du tsar, Philarète, mis en liberté. Il fut aussitôt nommé patriarche de toutes les Russies et devint le conseiller et le véritable collègue de son fils, qu'il dirigea et débarrassa des boïards trop turbulents en exilant les plus dangereux.

C'est sous Michel Romanof que des relations sérieuses commencèrent à s'établir entre la Russie et l'Europe occidentale. Le roi de Suède, Gustave-Adolphe, qui allait commencer en Allemagne ses *brillantes campagnes,* voulut s'assurer l'appui de la Russie contre la Pologne; il estimait en effet que l'alliance du pape, du roi de Pologne et de l'empereur d'Allemagne était aussi dangereuse pour la Russie que pour lui-même. Un traité d'amitié et de commerce fut conclu entre les deux pays.

*Michel avait, pour lui faire part de son avènement et solliciter son appui contre la Pologne et la Suède, envoyé un représentant au roi de France, Louis XIII. En 1629 un ambassadeur français, Deshayes Courmesmin, arriva à Moscou et proposa une alliance politique. « Sa Majesté tsarienne, disait-il, est la tête des pays orientaux et de la foi orthodoxe. Louis, roi de France, est la tête des pays méridionaux ; que le tsar contracte avec le roi amitié et alliance, il affaiblira d'autant ses ennemis. Puisque l'empereur ne fait qu'un avec le roi de Pologne, il faut que le tsar ne fasse qu'un avec le roi de France. » Cette négociation n'eut pas de suite.

En 1632 commença une nouvelle guerre contre la Pologne; elle ne fut pas heureuse. Les Russes, arrêtés devant Smolensk, virent leur armée coupée de ses communications et n'obtinrent de se retirer qu'en abandonnant leurs bagages et leur artillerie. Les deux commandants de l'armée, Chein et Ismailof, accusés de trahison et traduits devant un conseil de guerre, eurent la tête tranchée. La trêve précédemment conclue fut confirmée et les Russes payèrent une contribution de guerre de 20,000 roubles.

Philarète était mort en 1633 ; son fils le suivit en 1645 dans la tombe. Il laissait la Russie reconstituée et les progrès accomplis sous son règne faisaient pressentir les développements qu'elle allait prendre sous Pierre le Grand.

Michel Romanof eut pour successeur son fils Alexis Mikhailovitch, dont les premières années de règne furent occupées à réprimer les révoltes et les séditions amenées par l'accroissement des impôts, la corruption des agents de l'administration et la mauvaise organisation de la justice. Guidé par son ministre Morozof, homme instruit et intelligent, il reporta à l'extérieur cette ardeur et cet esprit de turbulence que les guerres civiles avaient développés dans la nation. Profitant de la mort du roi Vladislas de Pologne et des troubles soulevés dans l'Ukraine par les exactions des seigneurs polonais, il se rendit en 1654 à l'appel des Slaves de cette province. Après une lutte de plusieurs années entremêlée de succès éclatants puis de revers péniblement réparés, d'émeutes dues à, l'épuisement du pays, de révoltes des Cosaques qui regrettaient leur liberté aussitôt après l'avoir perdue, la Russie finit par rester maîtresse de l'Ukraine orientale, pendant que l'autre partie de ce pays devenait le théâtre de la lutte entre les Turcs, sous Mahomet IV, et la Pologne.

Lorsqu'Alexis Mikhailovitch mourut en 1676, ce fut son fils ainé, Féodor, qui lui succéda. Il eut à lutter contre les Turcs qui envahirent deux fois l'Ukraine, mais qu'il finit par repousser. Pour défendre l'Église orthodoxe contre les hérésies de l'Occident, il fonda l'Académie de Moscou où l'on enseignait les langues grecque et latine, la philosophie chrétienne et la théologie.

Voyant que son frère Ivan, presque privé de la vue et de la parole, attaqué souvent de convulsions, était incapable de régner, Féodor désigna pour son héritier son second frère, Pierre, âgé de dix ans.

PIERRE LE GRAND

A peine Féodor était-il mort que la désignation de
Pierre pour lui succéder et les intrigues de sa sœur la
princesse Sophie qui aspirait à la régence excitèrent une
sanglante révolte des Strélitz qui, sans tenir compte de
la dernière volonté du tsar qui venait d'expirer, procla-
mèrent souverains les deux frères, Ivan et Pierre, avec
Sophie comme régente. Deux'expéditions sur la Crimée,
entreprises en 1687 et 1689 par le prince Galitzine, favori
de la régente, restèrent sans résultat ; les distances trop
considérables à parcourir pour atteindre les bords de la
mer Noire et les innombrables bagages que traînait alors
une armée russe firent échouer ces entreprises lointaines.

Pendant ce temps Pierre grandissait et supportait im-
patiemment la tutelle d'une femme. Une nouvelle révolte
des Strélitz, provoquée par Sophie, lui servit à secouer
le joug ; les révoltés furent mis à mort, Galitzine fut
exilé et Sophie enfermée dans un monastère. Reprenant
alors à son tour les vues de ses prédécesseurs sur le Midi,
il tenta une expédition sur Azof, mais elle échoua par
suite du manque de navires pour bloquer la ville par
mer.

Eclairé par l'expérience, Pierre fit venir des officiers
étrangers pour instruire ses troupes et construire une
flotte de vingt-deux galères et 1700 barques, sur le Don.
Il reparut alors devant Azof qui cette fois, la brèche étant
ouverte et l'assaut préparé, se rendit et fut occupée par

une garnison russe. L'effet produit par cette importante conquête fut des plus considérables; les Russes y virent une nouvelle victoire sur les Ottomans, ces éternels ennemis, et l'Europe commença à s'occuper sérieusement de ce jeune conquérant qui, donnant l'exemple à tous, avait servi d'abord comme simple soldat dans les rangs de son armée et devait s'élever de grade en grade jusqu'au rang suprême, marquant chaque étape par une victoire. Devenu capitaine par la conquête d'Azof, il rentra à pied, à son rang, avec l'armée, dans Moscou, pendant que l'amiral Lefort et le général Schein occupaient dans de magnifiques traineaux la tête du cortège.

Arrivé au trône, Pierre que la civilisation européenne avait séduit et qui comprenait quel parti on pouvait en tirer pour le progrès de ses peuples, résolut de les transformer et de créer en quelque sorte une nation nouvelle.

Plusieurs princes avaient avant lui renoncé à des couronnes par dégoût pour le poids des affaires, mais aucun n'avait cessé d'être roi pour apprendre mieux à gouverner; c'est ce que fit Pierre le Grand.

« Il quitta la Russie en 1698 n'ayant encore régné que deux années, et alla en Hollande déguisé sous un nom vulgaire, comme s'il avait été un domestique de ce même Lefort qu'il envoyait ambassadeur extraordinaire auprès des Etats-Généraux. Arrivé à Amsterdam, inscrit dans le rôle des charpentiers de l'amirauté des Indes, il y travailla dans le chantier comme les autres charpentiers; dans les intervalles de son travail il apprenait les parties des mathématiques qui peuvent être utiles à un prince, les fortifications, la navigation, l'art de lever des plans. Il entrait dans les boutiques des ouvriers, examinait toutes les manufactures; rien n'échappait à ses observations. De là il passa en Angleterre, où il se perfectionna dans la science de la construction des vaisseaux. Il repassa en Hollande et vit tout ce qui pouvait tourner à l'avantage de son pays. Enfin, après deux ans de voyages et de travaux auxquels nul autre homme que lui n'eut voulu se soumettre, il reparut en Russie, amenant avec lui les arts de l'Europe. » (VOLTAIRE, *Histoire de Charles XII*).

Il fut rappelé à Moscou, au milieu de son voyage, par une émeute suscitée par les vieux Russes que les innovations du jeune tsar irritaient. Quatre régiments de Strélitz qui, en 1694, avaient été à la suite d'un commencement de conspiration expédiés sur les frontières de Pologne, excités par la princesse Sophie internée dans un couvent, marchèrent sur Moscou. Des troupes fidèles, sous la direction des généraux Schein et Gordon, les dispersèrent. Un grand nombre furent mis à la question, cent cinquante furent pendus, d'autres mutilés, eurent ensuite la tête tranchée ; le reste fut disséminé dans les prisons. La femme de Pierre fut répudiée pour son attachement aux anciennes coutumes ; elle eut, ainsi que Sophie, la tête rasée et toutes deux furent enfermées dans des monastères.

Tout à son idée d'établir des communications directes entre la Russie et l'Occident et d'en faire dans ce but une puissance maritime, Pierre le Grand s'appliqua à obtenir des débouchés sur la Baltique. Mais les territoires côtoyant cette mer, la Finlande, l'Ingrie, l'Esthonie, la Livonie, la Poméranie, étaient occupés par les Suédois. A la mort de leur roi, Charles XI, en 1699, le Danemark, la Pologne et la Russie s'unirent pour les chasser de ces provinces, mais le nouveau roi Charles XII obligea en six semaines le Danemark à signer la paix, puis se retournant vers les Russes, qui ravageaient l'Ingrie et assiégeaient Narva avec 80,000 hommes, il les battit complétement, leur fit des milliers de prisonniers et les força à lever le siège. Se tournant ensuite contre la Pologne, il y combattit pendant cinq ans afin de renverser du trône le prince saxon qui l'occupait et de le remplacer par Stanislas Leczinski.

Pendant ce temps, Pierre le Grand, éclairé par une dure expérience et profitant de la sanglante leçon qui lui avait été donnée, disciplinait son armée qu'il habillait et armait à l'européenne. Les progrès accomplis sous son énergique impulsion furent tels que l'année qui suivit

Narva, les troupes russes battirent les Suédois en Livonie. L'objectif du tsar était la Néva, qu'avaient possédée les anciens princes russes. Il s'en rendit maître et fonda dans une île voisine de la côte une citadelle autour de laquelle devait s'élever plus tard sa capitale. De nouveau vainqueur à Hummelsdorf, en 1702, il reprit Narva et saccagea la Livonie et l'Esthonie, pendant que Charles XII, s'acharnant en Pologne, épuisait peu à peu ses forces contre Auguste de Saxe et voyait finalement les Russes passer la Duna, occuper la Courlande et se concentrer à Grodno dans un vaste camp retranché.

En 1708, Charles, décidé à en finir avec un adversaire qu'il avait eu le tort de trop mépriser jusque-là, quitta la Saxe avec 43,000 hommes et résolut de marcher sur Moscou. Les Russes, violemment attaqués, se retirèrent devant lui en ravageant tout et en faisant le désert sur son passage.

Pendant ce temps, les Cosaques du Don, profitant de l'intervention des Suédois, se révoltèrent contre la domination russe. D'abord vainqueurs, ils prirent Tcherkask et menacèrent Azof, mais ils se virent battus à leur tour par le prince Dolgorouki; leurs principaux chefs furent torturés et mis à mort, beaucoup furent pendus, d'autres se réfugièrent chez les Turcs ou les nomades de l'Est; le reste se soumit.

Pierre, que la révolte des Cosaques avait surpris et inquiété, avait essayé de négocier avec Charles XII tout en s'efforçant de les réduire, offrant de se contenter d'un seul port sur la Baltique. Cette proposition fut dédaigneusement rejetée et les Suédois continuèrent à s'avancer à travers mille difficultés vers le centre de l'empire. Après avoir franchi le Niémen, la Bérésina et le Dniéper, ils ne se trouvaient plus qu'à cent lieues de Moscou, mais l'hiver approchait et les lieutenants de Charles XII lui conseillèrent d'attendre à Mohilef un renfort de 18,000 hommes et un convoi de munitions et de provisions que devait lui amener le général Lewenhaupt. Au lieu de les écouter, le roi de Suède se laissa séduire par les offres de

Mazeppa, hetman des Cosaques de l'Ukraine, qui lui promettait l'appui de 30,000 Cosaques et de grandes facilités de ravitaillement dans son pays; il abandonna sa marche sur Moscou, et sans se préoccuper du convoi qui lui était amené descendit vers le Sud. Lewenhaupt, isolé et sans appui dans les plaines du Dniéper, y fut complétement battu par les Russes, et perdit 12,000 hommes sur 18,000, tout son convoi et son artillerie. Pour achever les Suédois, le terrible hiver de 1709 les surprit dans les steppes.

« Dans les marches forcées que le roi de Suède eut l'imprudence d'imposer à son armée, les hommes, dépourvus de vêtements d'hiver, les chevaux affamés périssaient par milliers; faute d'attelages on était réduit à jeter les canons dans les rivières; les corbeaux eux-mêmes tombaient morts par la rigueur du temps; les chirurgiens n'étaient occupés qu'à amputer les doigts des pieds et des mains brûlés par le froid. Charles XII allait toujours, s'informait de la distance qui le séparait de l'Asie et consolait ses soldats demi-nus en leur assurant qu'il les mènerait si loin qu'ils pourraient recevoir des nouvelles de Suède trois fois seulement en un an. » (RAMBAUD, *Histoire de la Russie.*)

Pendant ce temps les Russes réprimaient la révolte des Cosaques; Batourine, leur capitale, était prise d'assaut et rasée.

Au printemps de 1709, Charles XII arrivé devant Pultava résolut d'assiéger cette ville, dans laquelle les Russes purent faire entrer un corps de secours qui arrêta l'effort des Suédois. « La garnison par ce moyen se trouva forte de près de 5,000 hommes. On faisait des sorties, et quelquefois avec succès; on fit jouer une mine; mais ce qui rendait la ville imprenable, c'était l'approche du tsar qui s'avançait avec 70,000 combattants. Charles XII alla les reconnaître et battit un de leurs détachements : mais comme il retournait à son camp, il reçut un coup de carabine qui lui perça la botte et fracassa l'os du talon. On ne remarqua pas sur son visage le moindre changement qui pût faire soupçonner qu'il était blessé : il continua à donner tranquillement ses ordres, et demeura encore près de six heures à cheval. Un de ses domestiques, s'apercevant que le soulier de la botte du prince était tout sanglant, courut chercher des chirurgiens. La douleur du roi commençait à être si cuisante qu'il fallut l'aider à descendre de cheval et l'emporter dans sa tente. Les chirurgiens visitèrent la plaie; ils furent d'avis de lui couper la jambe. La consternation de l'armée était inexprimable. Un chirurgien, nommé Neuman, plus habile et plus hardi que les autres, assura qu'en faisant de profondes incisions il sauverait la jambe du roi. « Travaillez donc tout à l'heure, lui dit le roi, taillez hardiment, ne craignez rien. » Il tenait lui-même sa jambe avec les deux mains, regardant les incisions qu'on lui faisait, comme si l'opération eût été faite sur un autre.

« Dans le temps même qu'on lui mettait un appareil, il ordonna un assaut pour le lendemain, mais à peine avait-il donné cet ordre qu'on vint lui apprendre que toute l'armée ennemie s'avançait sur lui. Il fallut alors prendre un autre parti. Charles, blessé et incapable d'agir, se voyait entre le Dniéper et la rivière qui passe à Pultava, dans un pays désert, sans places de sûreté, sans munitions, vis-à-vis d'une armée qui lui coupait la retraite et les vivres. Dans cette extrémité il fit venir le feld-maréchal Rehnskold dans sa tente et lui ordonna, sans délibération comme sans inquiétude, de tout disposer pour attaquer le tsar le lendemain. » (VOLTAIRE, *Histoire de Charles XII.*)

Le résultat de la lutte n'était pas douteux; les troupes suédoises étaient harassées de fatigue et manquaient de tout; leur attaque sur les lignes russes, qui étaient appuyées de redoutes garnies de canon, d'abord couronnée de succès, fut repoussée par suite du manque d'artillerie; tournés et pris à dos par le général Menchikof pendant que le tsar les prenait en tête, ils furent écrasés, et Charles XII, fuyant avec Mazeppa, dut se réfugier en Turquie; toute son armée fut tuée ou prise. Les consé-

4.

quences de la bataille de Pultava furent considérables ; la victoire de Pierre le Grand marquait une ère nouvelle dans l'histoire. « La Suède qui, sous Gustave-Adolphe et encore sous Charles XI, avait joué en Europe le rôle d'une grande puissance, qui avait obtenu même une importance hors de toute proportion avec ses ressources réelles, fut tout à coup reléguée au troisième rang des Etats. La place qu'elle laissait vide dans le Nord fut prise par une nation qui s'en empara avec des ressources matérielles et une force d'expansion autrement considérables. Les rivages de la Baltique allaient passer entre ses mains. La Russie s'annonçait déjà non seulement comme une puissance du Nord, mais comme une grande puissance européenne. » (RAMBAUD, *Histoire de la Russie.*)

Pendant que le roi de Suède passait cinq années oisif et à peu près prisonnier chez les Turcs à Bender, ne renonçant pas à la lutte, le tsar achevait de conquérir la Livonie, l'Esthonie et une partie de la Finlande.

Le sultan ayant enfin cédé aux instances des Suédois et déclaré la guerre au tsar qu'il commençait à considérer comme un voisin dangereux, Pierre, commettant à son tour la même faute que Charles XII, partit sans attendre les renforts qui devaient lui venir de divers côtés, et s'étant imprudemment engagé en Moldavie, il se trouva cerné avec 38,000 hommes harassés et sans vivres par 200,000 Turcs ou Tartares. La situation paraissait désespérée lorsque Catherine, la future impératrice, ayant formé avec tout ce qu'elle put trouver comme argent et comme bijoux un présent pour le grand vizir, conseilla au tsar de le lui envoyer avec des négociateurs. Pierre était résolu à tout accorder pour sortir de l'impasse où il se trouvait ; le grand vizir se contenta de la restitution d'Azof et de la destruction de toutes les forteresses établies sur le territoire turc.

Pierre, battu de ce côté, résolut de prendre sa revanche au Nord. De concert avec ses alliés les Danois et les Saxons, il chassa en 1712 et 1713 les Suédois de la Pomé-

ranie et avec l'aide de sa flotte acheva la conquête de la
Finlande.

C'est alors que sentant qu'il ne pouvait trouver d'alliance durable chez ses voisins, à qui sa grandeur portait
ombrage, il résolut de se rapprocher de la France et vint
la visiter. Le duc d'Orléans, alors régent, était animé
des meilleures intentions pour le tsar, qui pouvait espérer conclure avec lui une alliance utile pour les deux
pays.

« Ce monarque se fit admirer à Paris par son extrême
curiosité, toujours tendante à ses vues de gouvernement,
de commerce, d'instruction, de police; et cette curiosité
atteignit tout et ne dédaigna rien. Tout montrait en lui
la vaste étendue de ses lumières et quelque chose de
continuellement conséquent. Il allia d'une manière tout
à fait surprenante la majesté la plus haute, la plus fière,
la plus soutenue et en même temps la moins embarras-
sante.

« C'était un fort grand homme, très bien fait, assez
maigre, le visage de forme ronde, un grand front, de
beaux sourcils, le nez assez court sans rien de trop, gros
par le bout; les lèvres assez grosses, le teint rougeâtre et
brun, de beaux yeux noirs, grands, vifs, perçants, bien
fendus; le regard majestueux et gracieux quand il y prenait garde, sinon sévère et farouche, avec un tic qui ne
revenait pas souvent mais qui lui démontait les yeux et
toute la physionomie et qui donnait de la frayeur. Cela
durait un moment avec un regard égaré et terrible, et se
remettait aussitôt. Tout son air marquait son esprit, sa
réflexion et sa grandeur, et ne manquait pas d'une certaine grâce. » (Saint-Simon.)

Comme dans son premier voyage en Hollande et en
Angleterre, il visita les artisans aux travaux desquels il
s'intéressait particulièrement, les grands établissements
publics, tels que les Gobelins, l'Observatoire, la Monnaie; l'Académie des sciences, aux séances de laquelle il
assista, l'élut au nombre de ses membres et il corrigea de
sa main sur une carte de Russie qu'on lui présenta le

cours du fleuve Amou-Daria, l'Oxus des anciens, dont les eaux se déversant autrefois dans la mer Caspienne avaient déplacé leur lit et se rendaient maintenant à la mer d'Aral.

« Le tsar, dit encore Saint-Simon, avait une passion extrême de s'unir à la France; rien ne convenait mieux à notre commerce, à notre considération dans le Nord, en Allemagne et par toute l'Europe. »

Malheureusement l'alliance anglaise, qui nous a été si souvent nuisible, était alors la base de notre politique, et on s'en tint à un traité de commerce qui permit néanmoins d'établir des relations régulières entre les deux pays.

La guerre entre la Suède et la Russie, suspendue un instant par suite d'un rapprochement entre le tsar et Charles XII, reprit avec acharnement à la mort de ce dernier en 1718. Le Hanovre, la Prusse, le Danemark et l'Angleterre s'unirent contre la Russie qui n'en ravagea pas moins la Suède et obtint par la paix de Nystad la cession de la Livonie, de l'Esthonie, de l'Ingrie, d'une partie de la Carélie, du pays de Viborg et de la Finlande.

En 1722, des négociants russes ayant été attaqués et dépouillés par des Persans, Pierre marcha contre la Perse, maîtresse de la Caspienne. Ses troupes prirent Derbent, Bakou et occupèrent le Daghestan.

Ce furent les derniers succès de ce grand homme, qui mourut le 28 janvier 1724, laissant son pays maître des côtes de la Baltique, des plaines du Sud jusqu'à la Crimée et de trois provinces conquises sur la Perse. Il avait atteint le but qu'il avait toujours poursuivi, transformé son peuple, agrandi sa patrie et laissé à ses successeurs un exemple inoubliable.

« Pierre le Grand fut regretté en Russie de tous ceux qu'il avait formés et la génération qui suivit celle des partisans des anciennes mœurs le regarda bientôt comme son père. Quand les étrangers ont vu que tous ses établissements étaient durables, ils ont eu pour lui une admiration constante et ils ont avoué qu'il avait été inspiré plutôt par une sagesse extraordinaire que par l'envie de faire des choses étonnantes. L'Europe a reconnu qu'il avait aimé la gloire, mais qu'il l'avait mise à faire du bien, que ses défauts n'avaient jamais affaibli ses grandes qualités, qu'en lui l'homme eut ses taches, et que le monarque fut toujours grand. Il a forcé la nature en tout, dans ses sujets, dans lui-même et sur la terre et sur les eaux ; mais il l'a forcée pour l'embellir. Les arts qu'il a transplantés de ses mains dans des pays dont plusieurs alors étaient sauvages, ont, en fructifiant, rendu témoignage à son génie et éternisé sa mémoire ; ils paraissent aujourd'hui originaires des pays mêmes où il les a portés. Lois, police, politique, discipline militaire, marine, commerce, manufactures, sciences, beaux-arts, tout s'est perfectionné selon ses vues, et par une singularité dont il n'est point d'exemple, ce sont quatre femmes, montées après lui successivement sur le trône, qui ont maintenu tout ce qu'il acheva et ont perfectionné tout ce qu'il entreprit.

« Le palais a eu des révolutions après sa mort ; l'État n'en a éprouvé aucune. La splendeur de cet empire s'est augmentée sous Catherine Ire ; il a triomphé des Turcs et des Suédois sous Anne Petrowna ; il a conquis sous Elisabeth la Prusse et une partie de la Poméranie ; il a joui d'abord de la paix et il a vu fleurir les arts sous Catherine II. » (VOLTAIRE, *Histoire de la Russie sous Pierre le Grand*).

Les réformes de Pierre le Grand portèrent sur les coutumes, les usages, les habitudes de sa nation comme sur l'armée, la marine, l'administration et la religion ; rien ne fut négligé par lui pour atteindre le but qu'il poursuivait : civiliser la Russie.

Ce fut une lutte incessante et dans laquelle tous les moyens furent employés, depuis le ridicule et la moquerie jusqu'au knout et aux supplices les plus barbares. Un impôt sur les robes asiatiques, que portaient les hommes, et sur les barbes obligea la nation à s'habiller comme les occidentaux ; les femmes, jusque là cloîtrées dans leur intérieur, furent invitées aux fêtes de la cour. Les détails auxquels le tsar était obligé de descendre sont vraiment curieux : dans le règlement qu'il fit paraître pour régulariser les rapports sociaux, il prescrit des réunions, impose aux invités l'obligation de saluer en entrant et en sortant ; il indique la place que devront occuper les domestiques. La punition des infractions est singulière : Tout contrevenant à ces dispositions est obligé de vider une grande coupe d'eau de vie !

La sortie de la Russie était précédemment interdite ; il envoie au contraire de jeunes Russes compléter leur éducation en Occident. L'année russe commençait à la saison des fruits ; il décide que, comme dans le reste de l'Europe, le premier jour de l'an datera de janvier.

Autrefois ceux qui prisaient du tabac avaient le nez coupé, excellent moyen pour les empêcher de recommencer ; Pierre concède aux Anglais le monopole de la vente des tabacs dont il autorise l'usage dans ses États. Tout noble est astreint au service militaire. L'armée russe fut alors élevée à 200,000 hommes répartis en 155 régiments cantonnés dans des quartiers permanents, et la flotte comprit 48 vaisseaux et de nombreux bâtiments montés par 28,000 matelots.

L'empire russe fut divisé en douze gouvrenements subdivisés en quarante-trois provinces. Les villes eurent une administration municipale et autonome ; on vit le clergé soumis aux impôts comme les laïques ; une foule de monastères fermés et leurs biens réunis au domaine de la couronne ; les vœux monastiques interdits avant l'âge de cinquante ans ; l'ignorance et la corruption des fonctionnaires réprimées avec rigueur ; les faux monnayeurs et les brigands poursuivis et livrés aux derniers supplices. Une meilleure administration fit en quinze ans, de 1710 à 1725, passer le rendement des impôts de 3 millions à 10 millions de roubles.

Pierre le Grand favorisa de tout son pouvoir le développement du commerce et projeta de faire communiquer

entre elles par des canaux la mer Blanche, la Baltique,
la mer Noire et la Caspienne. Il encouragea l'agriculture
et l'élevage, créa des haras, s'opposa autant que possible
au déboisement du sol, fonda de nombreuses usines,
créa des écoles d'artillerie, de génie, de mathématiques,
de navigation, un conseil des mines, des orphelinats et
fit publier en Hollande des ouvrages destinés à faire
connaître à l'Europe la Russie et ses progrès. Ses soins
s'étendirent à toutes les branches des connaissances
humaines. Le besoin d'un procédé rapide de typographie
lui fit abandonner l'alphabet slave pour créer l'alphabet
russe proprement dit et éditer une feuille publique, la
première parue en Russie, la *Gazette de Saint-Pétersbourg*. Il s'efforça également de répandre la connaissance
de la médecine et de la chirurgie et prescrivit de
recueillir les ossements curieux, les pierres bizarres et
les inscriptions antiques que l'on viendrait à découvrir.
Il s'occupa aussi des questions géographiques, envoya des
missions en Sibérie et en Asie centrale et fit recueillir
les vieilles chroniques russes. Membre correspondant de
l'Académie des sciences de Paris, il fonda en 1724 celle de
Saint-Pétersbourg dont les Français Bernouilli et De
l'Isle firent partie. Il accorda une pension considérable et
des titres de noblesse au savant Leibnitz. Enfin il créa
Saint-Pétersbourg, sa capitale, après la prise du fort de
Nya en 1703.

« Ce fut dans un terrain désert et marécageux qui ne
communique à la terre ferme que par un seul chemin
qu'il jeta les premiers fondements de Pétersbourg, au
soixantième degré de latitude et au quarante-quatrième
et demi de longitude. Les débris de quelques bastions de
Nya furent les premières pierres de cette fondation. On
commença par élever un petit fort dans une des îles qui
est aujourd'hui au milieu de la ville. Les Suédois ne craignaient pas cet établissement dans un marais où les
grands vaisseaux ne pouvaient aborder, mais bientôt
après ils virent les fortifications s'avancer, une ville se
former, et enfin la petite île de Cronslot qui est devant la

ville devenir en 1704 une forteresse imprenable, sous le canon de laquelle les plus grandes flottes peuvent être à l'abri. Ces ouvrages, qui semblaient demander un temps de paix, s'exécutèrent au milieu de la guerre et des ouvriers de toute espèce venaient de Moscou, d'Astrakan, de Kazan, de l'Ukraine travailler à la ville nouvelle. La difficulté du terrain qu'il fallut raffermir et élever, l'éloignement des secours, les obstacles imprévus qui renaissent à chaque pas en tout genre de travail, enfin les maladies épidémiques qui enlevèrent un nombre prodigieux de manœuvres, rien ne découragea le fondateur; il eut une ville en cinq mois de temps. Ce n'était qu'un assemblage de cabanes avec deux maisons de briques, entourées de remparts, et c'était tout ce qu'il fallait alors; la constance et le temps ont fait le reste. Il n'y avait encore que cinq mois que Pétersbourg était fondée lorsqu'un vaisseau hollandais y vint trafiquer; le patron reçut des gratifications et les Hollandais apprirent bientôt le chemin de Pétersbourg. » (VOLTAIRE, *Histoire de la Russie sous Pierre le Grand.*)

Quant à l'homme, il vivait au milieu de ces transformations étonnantes avec la simplicité la plus complète et dédaignait absolument tout ce qui ne contribuait pas à l'œuvre qu'il avait entreprise. « Dans sa maison de Pétersbourg qu'un simple artisan trouverait aujourd'hui à peine convenable, tout son mobilier se réduisait à un lit, une chaise, une table, un tour et quelques livres. Hors de sa résidence le pont d'un vaisseau, le plancher d'une cabane, la terre nue lui servaient de lit, parfois de la paille, sinon il appuyait sa tête sur son officier d'ordonnance couché en travers de lui. Ses vêtements sont en gros drap uni, sa chaussure solide et grossière a été plusieurs fois raccommodée, son entourage ne se compose que de quelques officiers d'ordonnance, le luxe en est banni, il se sert lui-même, se lève à quatre heures du matin et allume son feu de ses propres mains. On s'attend bien qu'un tel prince ait dédaigné la fastueuse étiquette des cérémonies diplomatiques; il donnait une audience à cinq heures

du matin à l'ambassadeur d'Autriche au milieu du désordre et des arrangements de son cabinet d'histoire
naturelle. Quant au ministre de Prusse, il n'avait pu
joindre le tsar avec ses lettres de créance qu'à bord d'un
vaisseau et même sur le hunier du grand mât où l'empereur travaillait à la manœuvre. Invité à le rejoindre,
l'Allemand s'excusa en alléguant son défaut d'habitude de
ces réceptions aériennes ». (De Ségur, *Histoire de Russie*.)

De terribles scènes de famille attristèrent la fin de ce
règne. La fils aîné du tsar, opposé aux idées nouvelles,
conspira, d'accord avec sa mère, contre son père. Le
complot fut découvert en 1718; une quarantaine de conjurés furent soumis aux plus affreuses tortures, la tsarine
fouettée et enfermée dans un monastère. Quant à Alexis,
il mourut en prison à la suite de la torture qu'on lui
avait fait subir.

Pierre avait rencontré au cours de ses nombreuses
guerres une Livonienne, Catherine, qui avait été prise
au siège de Marienbourg et qui le sauva lorsque les
Turcs enveloppèrent son armée sur les bords du Pruth. Il
l'épousa en 1712, et, ce qui n'avait pas encore eu lieu en
Russie, la couronna impératrice en 1723. Ce fut elle qui
lui succéda.

LES IMPÉRATRICES

Catherine continua l'œuvre de Pierre le Grand et créa
le haut Conseil secret qui traitait, sous sa présidence,
toutes les affaires de l'Etat. Elle ne régna que deux ans,
de 1725 à 1727, et eut pour successeur Pierre Alexievitch,
petit-fils de Pierre le Grand, qui fut absolument annihilé,
d'abord par la tutelle du prince Menchikof, puis par
celle des Dolgorouki. Le jeune prince mourut en janvier 1730 de la variole; il avait dix-sept ans.

Pierre le Grand avait laissé deux filles, Elisabeth et
Anna Petrovna, mariée au duc de Holstein dont elle eut
un fils qui fut Pierre III. Ivan V, frère de Pierre le
Grand, avait également laissé deux filles, Anna et Catherine Ivanovna, duchesses de Courlande et de Meklem-
bourg. Le haut Conseil, jugeant le moment opportun
pour restreindre l'autorité du tsar et faire de la Russie
une sorte d'oligarchie, mais n'espérant pas faire accepter
ce retour en arrière aux filles de Pierre le Grand, se
tourna vers Anna Ivanovna qui accepta toutes les conditions qu'on lui imposa; mais, soutenue par le peuple,
elle s'en affranchit bientôt après, exila les membres du
haut Conseil ou les fit périr et supprima cette insti-
tution. Elle s'entoura d'Allemands qui furent impi-
toyables pour les Russes, les pressurant et faisant périr
dans les supplices ceux qui osaient manifester des sentiments hostiles à leur égard.

Par suite de l'insalubrité du climat et des pertes

d'hommes trop considérables qu'entraînait leur occupation, les provinces conquises sur la Perse par Pierre le Grand furent abandonnées.

A la mort d'Auguste II, la guerre de la succession de Pologne ayant éclaté, Stanislas Leczinski, proclamé roi par les Polonais, vit ses États envahis par les Russes qui, d'accord avec l'Autriche, soutenaient Auguste III de Saxe. Stanislas battu, assiégé dans Dantzig et secouru tardivement par la France, abandonna sa couronne.

Sur ces entrefaites, une nouvelle guerre eut lieu entre la Russie, soutenue par l'Autriche, et les Turcs. Les Russes prirent Azof, ravagèrent la Crimée, et après avoir battu leurs adversaires à Stavoutchoni franchirent le Pruth et entrèrent en Moldavie. Les Autrichiens, qu'effrayaient le voisinage et les victoires de la Russie, se hâtèrent de faire la paix. Ils cédèrent même aux Turcs, par le traité de Belgrade conclu en 1739, toute la Serbie et la Valachie. Les Russes, abandonnés par leurs alliés, n'obtinrent que la démolition des fortifications d'Azof, un lambeau de territoire entre le Boug et le Dniéper, et durent renoncer à leurs autre conquêtes. Pendant cette campagne, Anna Ivanovna eut recours à la médiation du roi de France qui lui prêta son concours efficace et l'influence de ses ambassadeurs pour contenir les Suédois, qui menaçaient d'intervenir en faveur des Turcs, et pour conclure la paix avec ces derniers.

La suprématie que les Allemands occupant la plupart des fonctions publiques les mieux rétribuées faisaient peser sur la Russie devenait de plus en plus odieuse. Leurs exactions incessantes, leur morgue insolente avaient exaspéré les populations de l'empire et la mesure fut comblée lorsqu'en 1740 l'impératrice, en mourant, désigna pour régent l'Allemand Biren, son favori.

Élisabeth, fille de Pierre le Grand, soutenue et encouragée par l'ambassadeur de France, La Chétardie, qui l'aidait de ses conseils et de son argent, se mit à la tête des troupes qui se prononcèrent pour la fille du tsar et s'empara du pouvoir. Elle fut proclamée impératrice et les Allemands furent chassés. Sous son règne, la Finlande fut conquise sur les Suédois jusqu'à 'la rivière Kuimer.

Au milieu des guerres qui existaient alors dans l'Europe centrale entre la Prusse, la France, l'Angleterre et l'Autriche, la Russie, restée l'alliée de cette dernière, envahit la Prusse que le chancelier Bestoujef considérait comme « le plus dangereux des voisins » et dont l'accroissement incessant lui portait d'autant plus ombrage que Frédéric II, qui venait de prendre la Silésie, convoitait la Saxe, le Hanovre, la Courlande et la Pologne. L'entrée du roi de Prusse en Saxe en 1757 fut le signal de l'intervention russe. 80,000 hommes sous le général Apraxine franchirent l'Oder et battirent les Prussiens à Grossguegerdorff où ces derniers perdirent 5,000 hommes et 29 canons. En 1758, sous le commandement du général Fermor, les Russes prirent Koenigsberg. Frédéric accourut à leur rencontre et les battit à Zorndorff sans pouvoir les entourer ni entraver leur retraite. En 1759, Fermor fut remplacé par Soltykof qni battit les Prussiens à Paltzig et entra à Francfort. Frédéric, venu au secours de ses lieutenants, fut écrasé à Kunersdorff où il perdit 8,000 hommes et 172 canons ; il s'enfuit du champ de bataille avec une trentaine de cavaliers. Les Russes entrèrent à Berlin. L'année suivante, ils conquirent la Poméranie. Frédéric II était perdu ; la tsarine Élisabeth le détestait d'autant plus qu'il ne lui avait ménagé ni les railleries sur sa tenue et ses habitudes ni le épigrammes sur son entourage, et elle ne voulait pas entendre parler de paix avant de l'avoir réduit à merci. La mort subite de la tsarine le sauva.

Autant Élisabeth haïssait Frédéric II, dont elle voulait la ruine, autant son successeur Pierre III, fils d'Anna Petrovna, en était l'admirateur passionné. Le roi de Prusse, sauvé par la mort de la tsarine, envoya des félicitations au nouveau tsar qui donna l'ordre à ses troupes de se séparer immédiatement des Autrichiens ;

il alla plus loin ; faisant rendre à son « vieil ami » toutes les conquêtes des campagnes précédentes, il signa avec lui un traité d'alliance offensive et défensive. Il poussait la passion pour son allié jusqu'à assurer à l'ambassadeur prussien que si son maître l'ordonnait il irait faire pour lui la guerre à l'enfer avec tout son empire !

Dans la chambre funéraire même où était exposé le corps de la tsarine Élisabeth, sa tante, on l'avait vu se moquer des prêtres orthodoxes ; il cherchait fréquemment querelle aux officiers, aux fonctionnaires mêmes sur les plis de leur cravate, sur la grandeur de leurs boucles et la coupe de leur uniforme. Il s'était aliéné le clergé en voulant le contraindre à prendre le costume des pasteurs luthériens et à faire disparaître des églises les images des saints ; il ne gardait aucun des ménagements que lui imposait son origine étrangère envers une nation fière et ombrageuse. A sa manie d'imiter les Allemands, de réformer dans ce sens l'habillement et les exercices des troupes, se joignaient des mœurs grossières qui inspiraient le dégoût ; il passait ses soirées à fumer, à boire de la bière, et rentrait souvent ivre. Sa femme, Sophie d'Anhalt Zerbst, la future tsarine Catherine II, affectait au contraire de se montrer dévouée aux coutumes russes, au clergé orthodoxe ; elle était aussi aimée du peuple que son mari, qui la maltraitait et parlait de la répudier, en était détesté.

En juin 1762, la tsarine, informée des menaces de divorce proférées contre elle, se rend à Saint-Pétersbourg avec les frères Orlof, jeunes officiers dévoués à sa cause, gagne les trois régiments de gardes à pied qui s'insurgent et lui prêtent serment ; puis à la tête de l'armée elle marche sur Oranienbaum où se trouvait Pierre III. Celui-ci abdiqua sans résistance et fut envoyé sous la garde d'Alexis Orlof et d'hommes choisis dans un endroit écarté, nommé Ropcha, à quelques lieues de Péterhof, où il fut trouvé mort quatre jours après.

La nouvelle impératrice était une femme au sang impétueux et à la tête froide, à la fois violemment sensuelle et douée d'un effrayant empire sur elle-même, alliant à des penchants méprisables un génie profond et persévérant. Elle apporta au gouvernement de la Russie, à sa transformation intérieure et à son agrandissement une énergie et une ténacité qui la font comparer à Pierre le Grand lui-même, dont elle continua l'œuvre. La mort du roi de Pologne lui permit d'intervenir dans l'élection de son successeur et de faire nommer roi Stanislas Poniatowski, dévoué à la Russie, sur les armées de laquelle il s'appuya pour chasser ses ennemis et se maintenir au pouvoir. Elle s'entendit avec le roi de Prusse pour empêcher toute réforme de la constitution polonaise ; celle-ci, en effet, par ses dispositions défectueuses, avait pour résultat d'amener la division entre les grandes familles, l'habitude d'invoquer l'intervention de l'étranger, la vente des suffrages, et supprimait toute idée de patriotisme. La tsarine se réservait toujours ainsi le moyen de se mêler aux dissensions intestines de ce malheureux pays et d'y faire prédominer son influence. Les luttes religieuses achevaient la désorganisation de la Pologne. Les catholiques formèrent la confédération de Bar, en Podolie, et s'insurgèrent aux cris de « pour la religion et la liberté. » Mais la liberté ne pouvait intéresser une nation où l'immense masse de la population était composée de serfs agricoles soumis à quelques milliers de familles nobles. Aussi les colonnes russes appelées par le gouvernement lui-même eurent-elles promptement repris les villes occupées par les révoltés, notamment Bar et Cracovie. L'appui que leur prêta l'Autriche d'un côté et Louis XV de l'autre fut inutile et sans autre résultat que d'amener l'intervention de la Turquie. Le sultan Mustapha, s'appuyant sur une prétendue violation de frontière par des partisans russes à Balta, déclara la guerre à la Russie. A son instigation le khan de Crimée envahit la nouvelle Serbie qu'il dévasta, enlevant 35,000 colons grecs, français et allemands que Catherine avait attirés dans les plaines du Dniester, pendant que le grand vizir marchait avec 100,000 hommes sur la Podolie. Mais le

khan mourut subitement et le grand vizir de son côté fut
repoussé par le prince Galitzine qui le battit près de Khotin (1769) et occupa la Moldavie et la Valachie. En 1770,
son successeur, Roumantsof, battit le khan de Crimée
sur les bords de la Larga où il s'était retranché, puis le
grand vizir à Kagoul, où il mit en fuite 150,000 Ottomans
avec une armée de 15,000 Russes; il assura enfin la soumission des Tartares habitant entre le Dniester et le
Dniéper en les transportant dans l'Ukraine pour faire
place sur les bords de la mer Noire à des colons russes.

L'année suivante le prince Dolgorouki ravagea et prit
la Crimée, pendant que la Bessarabie était soulevée et la
Bulgarie envahie par une autre armée russe. Enfin la
flotte ottomane, battue dans la rade de Chio, fut anéantie
dans le golfe de Tchesmé par une flotte russe commandée
par Alexis Orlof qui, partant de la Baltique et faisant le
tour de l'Europe avec onze vaisseaux, venait la surprendre dans la Méditerranée et menaçait Constantinople.
L'Autriche, effrayée de toutes ces conquêtes sur le Danube, intervint d'accord avec la Prusse pour les annihiler
et Frédéric II proposa à la tsarine des compensations en
Pologne. Il en occupait déjà lui-même la partie comprise
entre la Poméranie et la Silésie, pillant tout le pays et
incorporant les hommes dans ses troupes pendant que
l'Autriche avait envahi de son côté le comté de Zips en-
clavé dans la Hongrie et sur lequel elle prétendait avoir
d'anciens droits. Catherine eut mieux aimé garder les provinces turques que de se contenter d'un morceau de la
Pologne qu'elle tenait tout entière sous sa main et dont le
roi était sa créature ; elle résista longtemps, mais, en présence des dispositions manifestées par la Prusse et l'Autriche, elle finit par céder et accepta les propositions qui lui
étaient faites. Par une convention secrète du 17 février
1792 entre la Prusse et la Russie, ratifiée par l'Autriche le
4 mars suivant et signifiée au roi de Pologne le 2 septembre, le partage fut effectué. La Russie prit la Lithuanie et la Livonie polonaise avec 1,500,000 habitants, l'Autriche eut pour sa part la Russie Rouge et les Palatinats

polonais à gauche de la Vistule avec 2,500,000 âmes, et la
Prusse la Prusse polonaise avec 860,000 âmes. Un simulacre d'Assemblée nationale réunie en avril 1793 ratifia,
en présence des armées étrangères et à deux voix de majorité, cette mutilation de la Pologne.

Au milieu de ces succès, trois événements importants
compromirent la sécurité de l'empire et causèrent de profondes ruines : en 1770, la fuite des Kalmouks qui, regret-
tant leur vie errante, traversèrent le Volga, abandonnant
les territoires où on les avait cantonnés et se dirigeant à
toute vitesse au nombre de 300,000 sur l'Asie et les provinces chinoises où ils se réfugièrent après avoir tout détruit sur leur passage ; en 1771 la peste de Moscou qui
fit périr des milliers de personnes et amena de sanglantes
émeutes ; en 1773, la formidable insurrection fomentée et
dirigée par un cosaque déserteur, Pougatchef, qui ravagea
une partie du territoire et ne fut écrasée que dans des
flots de sang.

La guerre contre les Turcs continuant, le grand vizir
après avoir d'abord reconquis la Bulgarie se laissa bloquer dans son camp par les Russes rentrés dans cette province au printemps de 1774, et réduire à une capitulation
honteuse. Le traité de Koutchouk-Kaïrnadji (1774) signé
entre la Russie et la Porte, assurait à la première la possession d'Azof, les bords de la mer Noire entre le Dniéper
et le Dniester, le protectorat sur les sujets chrétiens du
sultan, la libre navigation dans les mers ottomanes, la
renonciation par la Turquie à la suzeraineté sur la Crimée qui fut définitivement réunie à la Russie en 1775, et
une indemnité de guerre de 4,500,000 roubles.

Sous l'influence du nouveau ministre Potemkin, devenu
tout puissant, il y eut alors un revirement dans les relations extérieures de la Russie et un rapprochement accen-
tué vers la France. Au moment de la mort de l'électeur
de Bavière en 1777, les deux gouvernements s'entendirent
pour empêcher une guerre entre la Prusse et l'Autriche.
En 1780, les violences des Anglais contre les navires des
autres nations pendant la guerre de l'indépendance d'A

mérique amenèrent les états neutres et notamment la Russie à signer un acte conforme aux propositions de la France et établissant que les navires neutres auraient le droit de naviguer librement de port en port sur les côtes des pays en conflit; que les seuls objets constituant la contrebande de guerre interdite seraient les armes, équipements et munitions; que le blocus d'un port devrait être effectif pour être reconnu. En 1787, par les soins du comte de Ségur, ambassadeur de France, un traité de commerce et d'amitié fut conclu entre la Russie et la France. La même année, Catherine fit un voyage dans les provinces du Sud nouvellement conquises. L'appareil militaire dont elle s'entoura, les entrevues qu'elle eut avec l'empereur d'Autriche, les arcs de triomphe élevés sur son passage avec l'inscription: « Chemin de Byzance », inquiétèrent et mécontentèrent la Turquie avec d'autant plus de raison que Catherine proposait en ce moment à Joseph II un projet de partage des provinces turques et le rétablissement d'un empire grec avec un prince russe à sa tête. Un ultimatum de la Porte remis à l'envoyé russe, réclamant notamment le rappel des consuls russes des provinces danubiennes et le droit de visite des vaisseaux russes dans les Dardannelles, fut rejeté et la guerre déclarée. Pendant ce temps Frédéric II essayait de se faire céder Dantzig et Thorn par la Pologne et la Gallicie par l'Autriche et la Russie, et le roi de Suède, réclamant la Finlande, envahissait cette province, menaçant Saint-Pétersbourg. La tsarine ne perdit pas contenance. Elle réunit des troupes, mit sa capitale en état de défense et arrêta la marche des Suédois dont le roi, accusé de violation de la Constitution pour avoir engagé la guerre sans consulter le Sénat, dut retourner à Stockholm pour y rétablir son pouvoir. La révolution française qui l'épouvantait l'amena à traiter avec Catherine et à signer la paix de Véréla qui reconnaissait à la Russie toutes ses possessions au moment de la déclaration de guerre.

Contre la Turquie la guerre fut plus sérieuse,

5.

150,000 hommes furent réunis pour défendre les nouvelles conquêtes sur les bords de la mer Noire. Les Russes, sous le commandement de Souvarof, défendirent désespérément Kimburn, puis assiégèrent Otchakof et prirent Khotin, ville située sur le Dniester, qui leur assurait la possession de la Moldavie. L'année suivante, 1789, Souvarof battait les Turcs à Fokchany et à Martinestie pendant que Potemkin prenait Bender et la Bessarabie et que les Autrichiens, alliés à la Russie, s'emparaient de la Serbie. Enfin, en 1790, Souvarof enlevait d'assaut la place d'Ismaïl où 30,000 Turcs se faisaient tuer. La campagne se termina par la défaite des Ottomans à Matchin. La Turquie épuisée demanda à poser les armes et signa le traité de Jassy qui accordait à la Russie la possession du territoire entre le Dniester et le Boug.

Libre de ce côté, Catherine se retourna vers la Pologne où les tentatives faites pour rétablir quelque autorité et réformer la Constitution dans le sens d'une concentration des forces du pays afin de le soustraire aux influences étrangères prenaient un caractère d'autant plus inquiétant que l'Angleterre, la Turquie et la Suède favorisaient cette transformation, pendant que la Prusse, sous le successeur de Frédéric le Grand, allait plus loin encore et négociait avec la Pologne un traité d'alliance offensive et défensive. On était en 1791 ; Catherine signala les réformateurs à l'Europe entière comme complices des Jacobins de Paris, et sous ce prétexte fit entrer en Pologne une armée de 100,000 hommes. Le roi de Prusse, invité par Poniatowski à le secourir en vertu du traité conclu, répondit qu'il n'avait pas été consulté pour opérer le changement dans la Constitution et qu'il n'avait plus par ce fait aucun engagement à tenir ; en réalité, il négociait un second traité de partage avec Catherine. Les Polonais, ainsi abandonnés à leurs seules forces, furent battus ; les modifications apportées à la Constitution furent annulées et la Prusse de son côté, envahissant la Grande Pologne sous prétexte qu'elle était infectée de clubs Jacobins et que son voisinage compromettait la sécurité pu-

blique, effectua le partage convenu, prenant pour elle
Thorn, Dantzig, Posen et 150,000 Slaves. La Russie s'empa-
rait pour sa part de la Volynie, la Podolie et la Petite
Russie. La Diète polonaise, convoquée à Grodno au milieu de l'armée russe, approuva le 24 septembre 1793,
après une résistance de vingt jours et sous la plus violente pression, le partage effectué. Il fut décidé en outre
que l'armée polonaise serait licenciée. L'ordre de licen-
ciement amena une révolte générale dont Kosciusko prit
la direction. Cracovie fut reprise par les Polonais ; la population de Varsovie se révolta et chassa les Russes dont
4,000 furent tués ou blessés et 2,000 restèrent prisonniers.
Vilna imita Varsovie. Un tribunal extraordinaire fut
constitué pour poursuivre et punir les traîtres dont plusieurs furent pendus. Mais les trois partageants étaient
trop intéressés à s'unir pour briser cette résistance : les
Prussiens reprirent Cracovie et marchèrent sur Varsovie ;
les Russes s'emparèrent de Vilna et les Autrichiens de
Lublin, Souvarof, arrivant de son côté avec l'armée de
l'Ukraine, battait les Polonais sur la Vistule ; Kosciusko
était blessé et pris. Praga, assiégée, fut enlevée d'assaut,
et Varsovie épouvantée ouvrit ses portes à l'armée russe.
Les trois alliés effectuèrent alors un nouveau partage (1795). La Russie eut le reste de la Lithuanie jusqu'au Niémen et la Volynie jusqu'au Boug ; la Prusse
s'attribua toute la Pologne orientale ; l'Autriche prit Cracovie, Lublin, Sandomir et Chelm.

Catherine mourut le 6 septembre 1796 ; elle avait
soixante-sept ans ; elle laissait la Russie avec le Niémen,
le Dniester et la mer Noire pour limites. Pendant son
long règne, elle avait entretenu une correspondance suivie avec nos écrivains les plus célèbres. Flattant l'opinion
avec un art infini, elle avait complètement conquis Voltaire qui l'appelait la Sémiramis du Nord. Elle lui expé-
diait l'instruction écrite de sa main pour la commission
chargée de rédiger le nouveau Code russe ; elle suppliait
d'Alembert de diriger l'éducation de son fils ; elle achetait
la bibliothèque de Diderot, lui en laissant la jouissance

jusqu'à sa mort; elle traduisait en russe *le Bélisaire* de
Marmontel; elle confiait l'éducation de ses petits-fils à
Laharpe dont les opinions républicaines étaient bien connues; elle appelait l'économiste Lemercier pour l'aider
dans la rédaction du nouveau Code. Mais la Révolution
française modifia ces relations, et elle manifesta pour les
principes nouveaux la plus vive antipathie; elle poursuivit
dans ses États les Russes qui manifestaient des idées libérales, renvoya l'ambassadeur de France, refusa de reconnaître la République et fit le meilleur accueil aux émigrés.
Tout en poussant les autres États de l'Europe à se coaliser
contre la Révolution triomphante, elle évita néanmoins
de s'engager matériellement dans cette lutte; elle tenait
en effet surtout à pousser de ce côté l'Autriche et la
Prusse pour avoir ses coudées franches en Orient et mener à bonne fin, sans être gênée par ces puissances, les
entreprises qui tendaient à l'agrandissement de la Russie
du côté de la Turquie et de la Perse.

PAUL

Avec Paul, l'intervention toute platonique de la Russie sous le règne de Catherine contre la Révolution et la France allait se transformer. Le tsar avait quarante-deux ans quand il arriva au pouvoir. Il avait été tenu à l'écart des affaires, l'éducation même de ses enfants lui avait été enlevée et il avait dû subir toutes les humiliations qu'il avait plu aux favoris de sa mère de lui infliger. La mort tragique de son père le préoccupait et l'inquiétait comme par une sorte de mystérieux pressentiment de son propre avenir. Comme lui, du reste, il était partisan des idées prussiennes, du principe d'autorité absolue qu'il poussa jusqu'à ordonner que les voitures s'arrêteraient par tous les temps et que les hommes et les femmes se mettraient à genoux sur son passage. Il remplaça l'uniforme russe par celui que portaient alors les Prussiens, avec les cheveux tressés en queue, la poudre, les boucles, les souliers et les lourds chapeaux. Cela fit dire à Souvarof : « La poudre du coiffeur n'est pas de la poudre, les boucles ne sont pas des canons, les queues ne sont pas des bayonnettes ; nous ne sommes pas des Allemands, mais des Russes, » ce qui valut au vieux général l'exil dans un village près de Novgorod.

La haine du nouveau tsar contre les révolutionnaires lui fit prendre des réglements pour interdire le port des chapeaux ronds, des gilets, des grandes cravates, de tout ce qui ressemblait comme tenue aux Jacobins ; il défendit l'entrée de la Russie à tout Français dépourvu d'un passeport signé des princes de Bourbon. Le gouvernement français, de son côté, répondait à ces mesures en s'assurant, par le traité de Campo-Formio avec l'Autriche, la possession des îles Ioniennes qui lui donnaient une plus grande influence sur la Turquie; il autorisait la création en Italie de légions polonaises. Paul ripostait en prenant les émigrés à sa solde, en donnant un asile et une pension de 200,000 roubles à Louis XVIII. La prise de Malte par Bonaparte voguant vers l'Egypte, l'invasion de cette partie de l'Afrique, la proclamation de la République romaine amenèrent une alliance entre la Turquie, la Russie, l'Angleterre et l'Autriche et le royaume de Naples. Paul devait fournir un corps de troupes pour une occupation de la Hollande et une armée destinée à opérer avec les Autrichiens en Italie et en Suisse. Cette armée fut placée sous le commandement des généraux Korsakof et Souvarof, rappelé d'exil pour cette campagne.

La flotte turco-russe reprit les îles Ioniennes. En Italie, Souvarof, à la tête de 100,000 Austro-Russes, avait devant lui 35,000 hommes commandés par Moreau qui fut battu à Cassano et se retira dans les Alpes; il y fut rejoint par Macdonald qui, remontant du sud au nord de l'Italie, avait été battu à son tour à la Trebbia où chacune des deux armées perdit de 10 à 12,000 hommes. Toute l'Italie redevint alors la proie de la réaction; à Naples seulement, 2,000 maisons furent pillées et brûlées. L'armée des Alpes réorganisée et portée à 40,000 hommes fut placée sous le commandement de Joubert, mais ce jeune général, voulant débloquer Alexandrie assiégée par Souvarof, fut tué à la bataille de Novi, qui obligea les Français à se réfugier dans les montagnes de Gênes. Heureusement pour nous, des dissentiments survinrent entre les généraux russes et autrichiens; ceux-ci, ne voulant plus supporter ni l'autorité ni la politique de Souvarof, obtinrent son envoi en Suisse. Il y rencontra Masséna, dont les habiles dispositions venaient d'amener la défaite de Korsakof qui, battu à Zurich, avait perdu tous ses magasins, son artillerie et ses bagages, laissant sur le terrain des milliers de morts et de prisonniers. Souvarof, survenant alors après avoir franchi les Alpes avec les plus grandes difficultés, se trouva engagé dans d'étroites vallées et presque cerné par les Français victorieux. « Dans ce royaume de l'épouvante, écrivait-il au tsar, des abîmes s'ouvraient à chaque pas à côté de nous comme des tombes qui nous attendaient. Des nuées sombres comme la nuit, des roulements incessants de tonnerre, le fracas des avalanches de roches et de glaces se précipitant des hauteurs, les torrents entraînant les hommes et les chevaux dans l'abîme, le Saint-Gothard, ce colosse qui voit passer les nuages autour de lui, nous avons tout surmonté. Les paroles manquent pour traduire les horreurs que nous avons vues et au milieu desquelles le ciel nous a protégés. »

Obligé de faire une retraite précipitée à travers tous ces obstacles, poursuivi à outrance par Masséna et arrêté au passage par le général Molitor, Souvarof ne parvint à regagner ses quartiers d'hiver qu'au prix des plus grandes pertes.

Quant à l'armée anglo-russe, débarquée en Hollande sous le commandement du duc d'York, elle était battue par le général Brune et réduite à capituler.

Souvarof et ses compatriotes accusèrent amèrement les Autrichiens de les avoir trahis. Paul se plaignit également d'avoir perdu par leur faute l'élite de ses troupes; il reprocha au cabinet de Vienne de s'être refusé, après la conquête de l'Italie, à replacer sur son trône le roi de Sardaigne, de ne se laisser dominer que par des vues de calcul et d'intérêt.

Le premier consul, qui venait de remporter la victoire de Marengo sur les Autrichiens et voulait détacher les Russes de leur alliance, trouva le moyen de flatter l'imagination vive et impétueuse du tsar; il lui envoya l'épée que le pape Léon X avait donnée à l'Ile-Adam, grand-maître de l'ordre de Malte, comme un témoignage de satisfaction pour avoir défendu l'île de Rhodes contre les infidèles. Huit à dix mille soldats russes avaient été faits prisonniers en Suisse et en Hollande; Bonaparte proposa leur échange aux Anglais et aux Autrichiens, qui refusèrent. Il résolut alors de les rendre au tsar sans échange. Les officiers russes prisonniers reçurent des épées et les troupes de cette nation, réunies à Aix-la-Chapelle, furent habillées complètement à neuf, armées et réorganisées en bataillons et en régiments. Paul, vivement touché de ce procédé, reporta tout le feu de son imagination, toute l'ardeur de ses vœux vers la France. Il expédia un courrier au premier consul avec une lettre où il disait : « Citoyen premier consul, je ne vous écris pas pour entrer en discussion sur les droits de l'homme ou du citoyen : chaque pays se gouverne comme il l'entend. Partout où je vois à la tête d'un pays un homme qui sait gouverner et se battre, mon cœur se porte vers lui. Je vous écris pour vous faire connaître le mécontentement que j'ai contre l'Angleterre qui viole tous les droits des nations et qui n'est jamais guidée que par son égoïsme et son intérêt. Je veux m'unir avec vous pour mettre un terme aux injustices de ce gouvernement. »

Au commencement de décembre 1800, le général Sprengporten, Finlandais qui avait passé au service de la Russie et qui de cœur était attaché à la France, arriva à Paris. Il était chargé de prendre le commandement des prisonniers russes et de les ramener dans leur patrie. Tous les officiers de cette nation se louaient sans cesse des bons traitements et des égards qu'ils avaient reçus en France, surtout depuis l'arrivée au pouvoir du premier consul.

Bientôt la correspondance entre l'empereur Paul et Bonaparte devint journalière. Leur entente amena le projet d'une expédition gigantesque pour la conquête de l'Inde et la destruction en Asie de la puissance anglaise.

La mort de Paul, assassiné dans la nuit du 23 au

24 mars 1801, mit fin à ce rêve grandiose. « Il y avait
alors à la cour de Russie un de ces hommes redoutables
qui ne reculent devant aucune extrémité. Le comte
Pahlen avait servi avec distinction dans l'armée russe. Il
était imposant de sa personne et cachait, sous les formes
dures et quelquefois familières d'un soldat, un esprit
fin et profond. Il était doué en outre d'une audace singulière et d'une présence d'esprit imperturbable. Gouverneur de Saint-Pétersbourg, chargé de la police de l'empire, initié, grâce à la confiance de son maître, à toutes les
grandes affaires de l'État, il était par le fait plus que par
son titre, le principal personnage du gouvernement russe.
Ses idées sur la politique de son pays étaient fortement
arrêtées. La croisade contre la Révolution française lui
avait paru aussi déraisonnable que le nouveau zèle
contre l'Angleterre lui paraissait intempestif. Une réserve
prudente, une neutralité habile au milieu de la formidable
rivalité de la France et de l'Angleterre lui semblaient la
seule politique profitable à la Russie. N'étant ni Anglais ni
Français mais Russe dans sa politique, il était Russe dans
ses mœurs et Russe comme on l'était du temps de Pierre
le Grand. Convaincu que tout allait périr si on n'abré-
geait pas le règne de Paul, ayant même conçu des inquiétudes pour sa personne depuis quelques signes de mécontentement échappés à l'empereur, il prit résolument son
parti et s'entendit avec le comte Panin, vice-chancelier,
chargé des affaires étrangères. Tous deux crurent qu'il
fallait mettre fin à une situation devenue alarmante pour
l'empire aussi bien que pour les individus. Le comte
Pahlen se chargea d'exécuter la terrible résolution qu'ils
venaient de prendre en commun.

« L'héritier du trône était le grand-duc Alexandre,
dont le règne s'est écoulé de nos jours, jeune prince qui
annonçait des qualités heureuses et qui paraissait alors,
ce qu'il n'a pas été depuis, facile à conduire. C'est lui
que le comte Pahlen voulait faire arriver à l'empire par
une catastrophe prompte et sans secousse. Il était indispensable de s'entendre avec le grand-duc héritier pour

avoir son concours d'abord et aussi pour n'être pas, le lendemain de l'évènement, traité en assassin vulgaire qu'on immole en profitant de son crime. Il était difficile de s'ouvrir avec ce prince rempli de bons sentiments et incapable de se prêter à un attentat contre la vie de son père. Le comte Pahlen sans s'ouvrir, sans avouer aucun projet, entretenait le grand-duc des affaires de l'État, et à chaque extravagance de Paul, dangereuse pour l'empire, la lui communiquait, puis se taisait sans tirer aucune conséquence. Alexandre, en recevant ces communications, baissait les yeux avec douleur et se taisait aussi. Ces scènes muettes, mais expressives, se renouvelèrent plusieurs fois. Enfin il fallut s'expliquer plus clairement. Le comte Pahlen finit par faire comprendre au jeune prince qu'un tel état de choses ne pouvait se prolonger sans amener la ruine de l'empire ; et, se gardant bien de parler d'un crime, dont Alexandre n'aurait jamais écouté la proposition, il dit qu'il fallait déposer Paul, lui assurer une retraite tranquille, mais à tout prix arracher des mains de ce monarque le char de l'État qu'il allait précipiter dans les abîmes.

« Alexandre versa beaucoup de larmes, protesta contre toute idée de disputer l'empire à son père, puis céda peu à peu devant les preuves nouvelles du danger dans lequel Paul était près de jeter les affaires de l'État et la famille impériale elle-même. Alexandre se rendit enfin, mais en exigeant du comte Pahlen le serment solennel qu'il ne serait pas attenté aux jours de son père. Le comte Pahlen jura tout ce que voulut ce fils inexpérimenté qui croyait qu'on pouvait arracher le sceptre à un empereur sans lui arracher la vie.

« Restait à trouver des exécuteurs, car, en concevant un tel projet, le comte Pahlen regardait comme au-dessous de lui d'y mettre la main. Il les désigna dans sa pensée; mais se réservant, suivant la confiance qu'ils mériteraient, de les avertir plus ou moins tôt du rôle qui leur était réservé. Les Soubow, parvenus par la faveur de Catherine, furent choisis comme les principaux ins-

truments de la catastrophe. Le comte Pahlen se prépara
beaucoup d'autres complices, les fit venir à Saint-Pétersbourg sous divers prétextes, mais sans leur rien découvrir. Il en est un qu'il avait mandé aussi à Saint-Pétersbourg, du concours duquel il ne doutait point, pas plus
que de sa redoutable énergie, c'était le célèbre général
Benningsen, Hanovrien attaché au service de la Russie,
le premier officier de l'armée russe à cette époque, qui
plus tard, en 1807, eut l'honneur de ralentir en Pologne
la marche victorieuse de Napoléon, et dont les mains,
dignes de porter l'épée, n'auraient jamais dû s'armer d'un
poignard.

« Benningsen était refugié à la campagne, craignant les
effets de la colère de Paul auquel il avait déplu. Le
comte Pahlen le tira de sa retraite, l'initia au complot
et ne lui parla, si on en croit le général Benningsen
lui-même, que du projet de déposer l'empereur. Benningsen donna sa parole et la tint avec une effroyable fermeté.

« C'était le 23 mars, jour choisi pour l'exécution du
complot. Le comte Pahlen avait réuni chez lui, sous prétexte d'un dîner, les Soubow, Benningsen, beaucoup de
généraux et d'officiers sur lesquels on croyait pouvoir
compter. On leur prodigua les vins de toute espèce. Pahlen
et Benningsen n'en burent pas. Après le repas on fit part à
ces conjurés du projet pour lequel ils avaient été réunis. La
plupart étaient initiés pour la première fois à ce terrible
complot. On ne leur dit pas qu'il fallait assassiner Paul;
presque tous auraient reculé devant un tel crime. On leur
dit qu'il fallait se rendre chez l'empereur pour exiger de
lui qu'il abdiquât; qu'on délivrerait ainsi l'empire d'un danger imminent, et qu'on sauverait une foule de têtes inno-
centes, menacées par la folie sanguinaire de Paul. Enfin
pour achever de les persuader, on affirma devant eux
que le grand-duc Alexandre, convaincu lui-même de la
nécessité de sauver l'empire, avait connaissance du
projet, et l'approuvait. Alors ces hommes, déjà pris de
vin, n'hésitèrent plus, et pour la plupart, trois ou quatre

exceptés, marchèrent en croyant qu'ils allaient déposer un empereur fou, et non verser le sang d'un maître infortuné.

« La nuit paraissant assez avancée, les conjurés, au nombre de soixante environ, partent, divisés en deux bandes. Le comte Pahlen dirige l'une, le général Benningsen l'autre, tous deux revêtus de leur uniforme, portant écharpe et grand cordon, marchant l'épée à la main. Le palais Michel était construit et gardé comme une forteresse ; mais devant les chefs qui conduisent les conjurés, les barrières s'abaissent, les portes s'ouvrent. La bande de Benningsen marche la première et va droit à l'appartement de l'empereur. Le comte Pahlen reste en arrière avec sa réserve de conjurés. Cet homme, qui avait organisé le complot, ne daignait pas cependant assister à son exécution. Il était là prêt à pourvoir seulement aux accidents imprévus. Benningsen pénètre jusqu'à l'appartement du monarque endormi. Deux heiduques le gardaient. Ces braves serviteurs, restés fidèles, veulent défendre leur souverain. L'un d'eux est renversé d'un coup de sabre, l'autre s'enfuit en criant au secours : cris inutiles dans un palais dont la garde est confiée presque entièrement à des complices du crime. Un valet de chambre qui couchait près de l'empereur accourt ; on le force à ouvrir la porte de son maître. L'infortuné Paul aurait pu trouver un refuge dans la chambre de l'impératrice, mais, dans sa défiance ombrageuse, il avait soin tous les soirs de barricader la porte qui conduisait chez elle. Tout asile lui manquant, il se jette à bas de son lit, et se cache derrière les plis d'un paravent. Platon Soubow accourt auprès du lit impérial, et, le trouvant vide, s'écrie avec effroi : « L'empereur s'est sauvé, nous sommes perdus ». — Mais au même instant Benningsen aperçoit ce prince, marche à lui, l'épée à la main, et lui présentant l'acte d'abdication : « Vous avez cessé de régner, lui dit-il, le grand-duc Alexandre est empereur. Je vous somme en son nom de résigner l'empire et de signer l'acte de votre abdication. A cette condition, je réponds de votre vie. » Platon Soubow répète la même sommation. L'empereur, troublé, éperdu, leur demande ce qu'il a fait pour mériter un tel traitement. — Vous n'avez cessé de nous persécuter depuis des années, s'écrient les assassins à moitié ivres. Ils serrent alors de près le malheureux Paul qui se débat et les implore vainement. Dans ce moment on entend du bruit : c'est le pas de quelques conjurés demeurés en arrière. Mais les assassins, croyant qu'on vient au secours de l'empereur, s'enfuient en désordre. Benningsen, inébranlable, reste seul en présence du monarque, et le contient avec la pointe de son épée. Les conjurés, s'étant reconnus les uns les autres, rentrent dans la chambre, théâtre du crime. Ils entourent de nouveau l'infortuné monarque, afin de le contraindre à donner son abdication. Celui-ci essaye un instant de se défendre. Dans le conflit, la lampe qui éclairait cette scène affreuse est renversée ; Benningsen court en chercher une autre, et en rentrant il trouve Paul expirant sous les coups de deux des assassins. L'un lui avait enfoncé le crâne avec le pommeau de son épée, l'autre lui avait serré le cou avec son écharpe.

« Pendant ce temps, le comte Pahlen était toujours demeuré en dehors avec la seconde bande des conjurés. Quand on vint lui dire que tout était achevé, il fit étendre le corps de l'empereur sur son lit, et plaça une garde de trente hommes à la porte de son appartement avec défense de laisser pénétrer personne, même les membres de la famille impériale. Il se rendit ensuite chez le grand-duc pour lui annoncer le terrible évènement de cette nuit.

« Le grand-duc, agité comme il devait l'être, lui demande, en le voyant arriver, ce qu'est devenu son père. Le silence du comte Pahlen lui apprend bientôt de quelles funestes illusions il s'était nourri en croyant qu'il s'agissait seulement d'une abdication. La douleur du jeune prince fut grande ; elle a fait, dit-on, le tourment secret de sa vie, car il avait reçu de la nature un cœur bon et généreux. Il se jeta sur un siège, fondant en larmes, ne voulant plus rien écouter, et accablant Pahlen de reproches amers, que celui-ci essuyait avec un sang-froid imperturbable.

« Platon Soubow était allé chercher le grand-duc Constantin, qui avait tout ignoré, et qu'on a longtemps, et injustement, mêlé à cette sanglante catastrophe. Il accourut tremblant, croyant qu'on en voulait à toute sa famille, trouva son frère plongé dans le désespoir et sut alors ce qui venait de se passer. Le comte Pahlen avait chargé une dame du palais très liée avec l'impératrice de se rendre auprès d'elle pour lui annoncer son tragique veuvage. Cette princesse courut en toute hâte à l'appartement de son époux et tenta de pénétrer jusqu'à son lit de mort. Les gardes l'en empêchèrent. Revenue un instant de sa première affliction, elle sentit s'élever dans son cœur, avec les mouvements de la douleur, ceux de l'ambition. Elle se rappela Catherine et voulut régner. Elle envoya plusieurs personnes auprès d'Alexandre qu'on allait proclamer, en disant que le trône lui appartenait, que c'était elle et non pas lui dont il fallait annoncer le règne. Nouvel embarras, nouvelles angoisses pour le cœur déchiré de ce fils qui, prêt à monter les marches du trône, avait à passer entre le cadavre d'un père assassiné et une mère éplorée, demandant alternativement ou son époux ou la couronne. Cependant la nuit s'était écoulée dans ces affreuses convulsions ; le jour approchait ; il fallait ne pas laisser d'intervalle à la réflexion ; il importait qu'en apprenant la mort de Paul, on apprît en même temps l'avènement de son successeur. Le comte Pahlen s'approcha du jeune prince : « C'est assez pleurer comme un enfant, lui dit-il, venez régner ». — Il l'arracha de ce lieu de douleur, et, suivi de Benningsen, vint le présenter aux troupes.

« Le premier régiment qu'on rencontra était celui de Préobrajensky. Il fut froid, car il était dévoué à Paul. Mais les autres qui aimaient le jeune grand-duc, et qui d'ailleurs étaient sous l'influence du comte Pahlen, lequel exerçait beaucoup d'ascendant sur l'armée, n'hé-

sitèrent pas à crier « Vive Alexandre ! » L'exemple fut
suivi, et bientôt le jeune empereur fut proclamé et mis
en possession du trône. » (THIERS, *Histoire du Consulat*).

sitèrent pas à crier « Vive Alexandre ! » L'exemple fut
suivi, et bientôt le jeune empereur fut proclamé et mis
en possession du trône. » (THIERS, *Histoire du Consulat*).

ALEXANDRE Ier

Paul était un admirateur du premier consul; l'entourage d'Alexandre Ier était au contraire partisan de l'alliance anglaise. Le 17 juillet 1801, une convention entre les deux pays intervint, mettant fin à la ligue des Neutres et reconnaissant aux Anglais le droit de visite. Le Danemark et la Suède, abandonnés, traitèrent également avec l'Angleterre.

Dans la lutte qui s'engageait alors entre Napoléon et les Anglais, prendre parti pour ces derniers c'était à bref délai avoir à combattre le premier. Aussi, après la rupture de la paix d'Amiens, les relations entre la Russie et la France furent-elles bientôt tendues. L'ambassadeur russe à Paris, Markof, comme toute la noblesse russe, était un adversaire déclaré de la Révolution et un partisan de l'alliance anglaise et autrichienne. Il favorisa par des souscriptions personnelles qui furent découvertes la publication de pamphlets contre le premier consul et finit par être rappelé, mais les choses s'envenimèrent surtout lors de l'exécution du duc d'Enghien, enlevé sur le territoire allemand et fusillé à Vincennes. Le tsar prit le deuil et fit remettre au gouvernement français une protestation contre la violation d'un territoire neutre. Bonaparte y répondit en se plaignant à son tour de la malveillance des agents de la Russie, des encouragements donnés par elle aux émigrés, et termina par cette réflexion d'une ironie sanglante : « La plainte que la Russie élève

aujourd'hui conduit à demander si lorsque l'Angleterre
médita l'assassinat de Paul on eût eu connaissance que
les auteurs du complot se trouvaient à une lieue des
frontières, on n'eût pas été empressé de les faire saisir. »

Toutes relations diplomatiques furent rompues et une
coalition se forma contre la France entre la Russie, l'Angleterre, la Suède, le royaume de Naples, l'Autriche et la
Prusse. L'Angleterre s'engageait à payer 30 millions par
cent mille hommes que la Russie fournirait aux alliés.
La Prusse, elle, devait réunir 80.000 hommes si un ultimatum qu'elle adresserait à la France et comportant l'indépendance de l'Allemagne et de l'Italie était rejeté.
L'Autriche, plus ardente, excitée par l'Angleterre qu'é-
pouvantait l'armée réunie au camp de Boulogne, attaqua
la première la Bavière, alors notre alliée, mais l'arrivée
foudroyante de l'armée française traversant en six semaines la France et l'Allemagne ne lui donna pas le
temps d'attendre les Russes; son général, Mack, battu et
enfermé à Ulm, dut capituler et livrer la plus grande partie de son armée. Du même coup une partie de l'armée
russe, qui s'était avancée en toute hâte sous le commandement de Kutusof jusqu'à Braunau pour secourir Mack,
se vit forcée de rétrograder rapidement sur la Moravie et
de livrer pour se dégager les sanglants combats de Lam-
bach, d'Amstellen, de Dirnstein, de Schoengraben et
d'Hollabrun. Les armées russe et autrichienne se rejoi-
gnirent à Olmutz. Le tsar Alexandre était au quartier général avec ses ministres et sa garde ; il y régnait tout à la
fois une grande exaltation par suite de l'énergique résistance opposée aux Français par les troupes russes et un
véritable mépris pour les Autrichiens si complétement
battus à Ulm. Le prince Dolgorouki fut envoyé en parle-
mentaire « au chef de la nation française » avec injonc-
tion d'évacuer l'Italie et la menace s'il était battu, de
perdre en outre la Savoie, la Belgique et la frontière du
Rhin. Les Russes étaient convaincus qu'en présence des
armées alliées réunies les Français se retireraient hon-
teusement; la bataille d'Austerlitz (2 décembre 1805) les

détrompa cruellement; ils y perdaient 21,000 hommes, 130 canons et 31 drapeaux. Ils accusèrent encore les Autrichiens de trahison; on disait dans l'entourage du tsar que le plan des opérations avait été communiqué par eux à l'ennemi, qu'une partie de leurs troupes avait même passé du côté des Français!

Le 4 décembre, un armistice fut conclu permettant à l'armée russe, vigoureusement poursuivie par Davoust, de se retirer par étapes dans son pays, et le 26 la paix de Presbourg fut signée avec l'Autriche. La confédération du Rhin était créée, l'empereur d'Autriche perdait le titre d'empereur d'Allemagne et la Prusse qui, surprise par la rapidité des évènements, n'avait pas encore signifié son ultimatum, dut accepter un traité par lequel, en échange du marquisat d'Anspach cédé à la Bavière, de la principauté de Neuchatel et du duché de Clèves remis à la France, elle obtenait le Hanovre, que la famille royale d'Angleterre revendiquait comme son antique patrimoine.

Pendant ce temps Alexandre et son armée étaient rentrés en Russie, où un cri général s'élevait contre les jeunes gens de son entourage par lequel le pays était compromis. Le tsar était découragé et sentait profondément la puissance de Napoléon, avec lequel il ne croyait plus pouvoir lutter sans l'aide de la Prusse dont il estimait particulièrement l'armée, par ce motif que les Français ne l'avaient pas encore battue.

L'intervention de Napoléon en Allemagne où ses troupes séjournaient et où ses alliances de famille lui faisaient gagner chaque jour du terrain, les colères et les terreurs de l'Angleterre qui se voyait fermer tous les ports du continent et menacer d'une invasion, amenèrent une nouvelle coalition dans laquelle entrèrent la Prusse, la Russie, la Suède et l'Angleterre. Renouvelant la faute de l'Autriche l'année précédente et commençant seule la lutte, égarée qu'elle était par les illusions et la folle présomption du parti militaire, la Prusse fut écrasée à Iéna et à Auerstedt, et la grande armée marcha sur Varsovie qu'elle occupa. L'armée russe était commandée par Benningsen, un des hommes qui avaient pris part au renversement de Paul ; c'était un esprit énergique et tenace, mais serré de près par Napoléon et bousculé à Pultusk (26 décembre 1806), il dut abandonner la Pologne et se réfugier derrière la Préjel après avoir perdu 80 canons et 20,000 hommes. Le temps était devenu affreux ; le dégel accompagné de neige et de pluie avait détrempé le sol à tel point que les hommes y enfonçaient jusqu'aux genoux et qu'il fallait tripler les attelages d'artillerie ; toute lutte devenait presque impossible dans ces conditions au milieu de ces immenses plaines couvertes de boues et de forêts épaisses et désertes. Le 1er janvier 1807, Napoléon rentrait à Varsovie, et la grande armée prenait ses quartiers d'hiver au centre de la Pologne, couvrant le siége de Dantzig, dernier rempart de la Prusse abattue.

Le général Benningsen résolut de tirer partie de ce repos pour surprendre les Français dans leurs cantonnements. Profitant du froid qui avait raffermi le sol, il entreprit de passer sur le corps des maréchaux Bernadotte et Ney et de débloquer Dantzig, mais les troupes de Bernadotte lui opposèrent une résistance si énergique qu'elle arrêta la marche de Benningsen et permit au corps de Ney de les rejoindre. Napoléon, informé, eut le temps de réunir ses divers corps et de manœuvrer à son tour pour couper son adversaire de ses communications ; mais une dépêche au maréchal Bernadotte, l'informant du plan des opérations et l'invitant à se dérober à l'ennemi et à rejoindre l'armée pour rendre son action plus complète et plus décisive encore, fut saisie sur l'officier d'état-major chargé de la porter ; elle permit à Benningsen de se rendre compte du danger qu'il courait et il se hâta de battre en retraite sur la Prégel par la route d'Eylau, où, serré de près, il se décida à livrer bataille en occupant les hauteurs en arrière de cette ville. L'armée russe comptait 72,000 hommes et 500 bouches à feu. Les Français avaient en ligne 54,000 hommes et 200 canons. Benningsen se trouvait sur un excellent terrain pour ses fantassins et pour sa nombreuse cavalerie.

« La petite ville d'Eylau, située sur une légère éminence, et surmontée d'une flèche gothique, était le seul point saillant du terrain. A droite de l'église, le sol, s'abaissant quelque peu, présentait un cimetière. En face, il se relevait sensiblement, et sur ce relèvement marqué de quelques mamelons on apercevait les Russes en masses profondes. Plusieurs lacs, pourvus d'eau au printemps, désséchés en été, gelés en hiver, actuellement effacés par la neige ne se distinguaient en aucune manière du reste de la plaine. A peine quelques granges réunies en hameau et des lignes de barrières servant à parquer le bétail formaient-elles un point d'appui ou uh obstacle sur ce morne champ de bataille. Un ciel gris, fondant par intervalles en une neige épaisse, ajoutait sa tristesse à celles des lieux, tristesse qui saisit les yeux et les cœurs, dès que la naissance du jour, très tardive en cette saison, eut rendu les objets visibles.

« Les Russes étaient rangés sur deux lignes fort rapprochées l'une de l'autre, leur front couvert par 300 bouches à feu qui avaient été disposées sur les parties saillantes du terrain. En arrière, deux colonnes serrées, appuyant comme deux arcs-boutants cette double ligne de bataille, semblaient destinées à la soutenir et à l'empêcher de plier sous le choc des Français. Une forte réserve d'artillerie était placée à quelque distance. La cavalerie se trouvait partie en arrière, partie sur les ailes. Les cosaques, ordinairement dispersés, tenaient cette fois au corps même de l'armée. Il était évident qu'à l'énergie, à la dextérité des Français, les Russes avaient voulu, sur ce terrain découvert, opposer une masse compacte défendue sur son front par une nombreuse artillerie, fortement étayée par derrière, une véritable muraille enfin, lançant une pluie de feu. Napoléon, à cheval dès la pointe du jour, s'était établi de sa personne dans le cimetière à la droite d'Eylau. Là, protégé à peine par quelques arbres, il voyait parfaitement la position des Russes, lesquels,

déjà en bataille, avaient ouvert le feu par une canonnade
qui devenait à chaque instant plus vive. On pouvait prévoir que le canon serait l'arme de cette journée terrible.»
(THIERS, *Histoire de l'Empire*).

Les Russes commencèrent le feu. Les Français y
répondirent vigoureusement et tirant sur une masse
vivante y exercèrent d'horribles ravages pendant qu'a-
brités par les bâtiments de la ville d'Eylau et disposés
sur moins de profondeur ils étaient loin d'éprouver un
dommage égal. Les Russes, les premiers, s'ébranlèrent
pour attaquer la ville d'Eylau, mais ils furent repoussés,
pendant qu'ils étaient abordés à la droite par le corps de
Davoust qui entrait en ligne. Une partie des réserves
russes fut obligée de se diriger sur leur gauche pour soutenir le choc de Davoust et Napoléon, profitant de ce
mouvement, commanda au corps d'Augereau d'attaquer
et d'enfoncer le centre de l'adversaire pendant que la division Saint-Hilaire soutiendrait Davoust. Mais lorsque ces
troupes s'avancèrent, des rafales de vent et de neige leur
dérobant la vue du champ de bataille vinrent les aveu-
gler et elle laissèrent entre elles dans leur marche en
avant un intervalle dans lequel la cavalerie russe, suivie
et appuyée par l'infanterie, se précipita en masse. Le
corps d'Augereau, exposé au feu d'une batterie de 72 pièces,
perdit en quelques minutes plus de 5,000 hommes. Napoléon, placé au centre de sa garde dans le cimetière, près
de l'église d'Eylau, charge alors Murat de réunir les
chasseurs, les dragons, les cuirassiers et de se jeter sur
les Russes avec 80 escadrons, pour essayer tout ce que
pouvait l'élan d'une pareille masse d'hommes à cheval
chargeant avec fureur une infanterie réputée inébranlable.
La cavalerie de la garde fut portée en avant, prête à joindre
son choc à celui de la cavalerie de l'armée. Le moment
était critique, car si l'infanterie russe n'était pas arrêtée,
elle allait aborder le cimetière centre de la position, et
Napoléon n'avait pour le défendre que les 6 bataillons à
pied de la garde impériale.

Murat part au galop, réunit ses escadrons puis les fait
6.

passer entre le cimetière et Rothenen, à travers ce même débouché par lequel le corps d'Augereau avait déjà marché à une destruction presque certaine. Les dragons du général Grouchy chargent les premiers, pour déblayer le terrain et en écarter la cavalerie ennemie. Ce brave officier, renversé sous son cheval, se relève, se met à la tête de sa seconde brigade, et réussit à disperser les groupes de cavaliers qui précédaient l'infanterie russe. Mais pour renverser celle-ci il ne faut pas moins que les gros escadrons vêtus de fer du général d'Hautpoul. Cet officier, qui se distinguait par une habileté consommée dans l'art de manier une cavalerie nombreuse, se présente avec 24 escadrons de cuirassiers, que suit toute la masse des dragons. Ces cuirassiers, rangés sur plusieurs lignes, s'ébranlent et se précipitent sur les baïonnettes russes. Les premières lignes, arrêtées par le feu, ne pénètrent pas et se repliant à droite et à gauche viennent se reformer derrière celles qui les suivent pour charger de nouveau. Enfin l'une d'elles, lancée avec plus de violence, renverse sur un point l'infanterie ennemie et y ouvre une brèche, à travers laquelle cuirassiers et dragons pénètrent à l'envi les uns des autres.

« Comme un fleuve qui a commencé à percer une digue l'emporte bientôt tout entière, la masse de nos escadrons, ayant une fois entamé l'infanterie des Russes, achève en peu d'instants de renverser leur première ligne. Nos cavaliers se dispersent alors pour sabrer. Une affreuse mêlée s'engage entre eux et les fantassins russes. Ils vont, viennent et frappent de tous côtés ces fantassins opiniâtres. Tandis que la première ligne d'infanterie est ainsi culbutée et hachée, la seconde se replie à un bois, qui se voyait au fond du champ de bataille. Il restait là une dernière réserve d'artillerie. Les Russes la mettent en batterie, et tirent confusément sur leurs soldats et sur les nôtres, s'inquiétant peu de mitrailler amis et ennemis, pourvu qu'ils se débarrassent de nos redoutables cavaliers. Le général d'Hautpoul est frappé à mort par un biscayen. Pendant que notre cavalerie est ainsi aux prises

avec la seconde ligne de l'infanterie russe, quelques parties de la première se relèvent çà et là pour tirer encore.
A cette vue, les grenadiers à cheval de la garde, conduits
par le général Lepic, l'un des héros de l'armée, s'élan-
cent à leur tour pour seconder les efforts de Murat. Ils
partent au galop, chargent les groupes d'infanterie qu'ils
aperçoivent debout et, parcourant le terrain en tous sens,
complètent la destruction du centre de l'armée russe dont
les débris achèvent de s'enfuir vers les bouquets de bois
qui lui ont servi d'asile.

« Durant cette scène de confusion, un tronçon détaché
de cette vaste ligne d'infanterie s'était avancé jusqu'au
cimetière même. 3 ou 4,000 grenadiers russes, marchant
droit devant eux, avec ce courage aveugle d'une troupe
plus brave qu'intelligente, viennent se heurter contre
l'église d'Eylau et menacent le cimetière occupé par
l'état-major impérial. La garde à pied, immobile jusque-
là, avait essuyé la canonnade sans rendre un coup de
fusil. C'est avec joie qu'elle voit naître une occasion de
combattre. Un bataillon est commandé : deux se dispu-
tent l'honneur de marcher. Le premier en ordre, conduit
par le général Dorsenne, obtient l'avantage de se mesurer
avec les grenadiers russes, les aborde sans tirer un coup
de fusil, les joint à la baïonnette, les refoule les uns sur
les autres, tandis que Murat apercevant cet engagement,
lance sur eux deux régiments de chasseurs sous le général Bruyère. Les malheureux grenadiers russes, serrés
entre les baïonnettes des grenadiers de la garde et les
sabres de nos chasseurs, sont presque tous pris ou tués,
sous les yeux de Napoléon et à quelques pas de lui. »
(THIERS, *Empire*).

L'arrivée du corps du maréchal Ney sur le champ de
bataille détermina la retraite des Russes. 30,000 des leurs
jonchaient la terre, morts ou blessés plus ou moins griè
vement, témoignant ainsi de l'énergie désespérée de leur
résistance. Les Français de leur côté avaient perdu
10,000 hommes. Le corps du maréchal Ney et la cavalerie
de Murat suivie de près par Davoust et Soult poursuivi-

rent les Russes jusqu'aux bords de la Frisching, ramassant de nombreux prisonniers. Beaucoup de blessés russes furent transportés à Koenigsberg où plus de 10,000 succombèrent par suite du froid et des souffrances endurées pendant cette retraite.

Les troupes françaises rentrèrent alors dans leurs nouveaux cantonnements derrière la Passarge, couvrant le siège de Dantzig qui se rendit le 26 mai 1807. On peut juger de l'acharnement apporté des deux parts à la lutte et des difficultés inouïes que présentaient les opérations dans cette campagne par ce passage d'une lettre de Napoléon à son frère Joseph, alors roi de Naples, qui se plaignait des souffrances de son armée en Italie :

« Mes officiers d'état-major ne se sont pas déshabillés depuis deux mois et quelques-uns depuis quatre mois ; j'ai moi-même été quinze jours sans ôter mes bottes. Nous sommes au milieu de la neige et de la pluie, sans vin, sans eau-de-vie, sans pain, mangeant des pommes de terre et de la viande, faisant de longues marches et contre-marches, sans aucune espèce de douceur et nous battant ordinairement à la baïonnette et sous la mitraille, les blessés obligés de se retirer en traîneau, en plein air, pendant cinquante lieues.

« Nous faisons la guerre, ajoutait-il, dans toute son énergie et son horreur. »

Pendant toutes ces opérations le général Sébastiani, notre ambassadeur à Constantinople, n'avait cessé de stimuler le sultan Sélim pour l'amener à déclarer la guerre à la Russie ; il faisait valoir auprès de lui les succès de la grande armée, le projet de Napoléon de reconstituer la Pologne, la nécessité pour la Turquie de rompre des traités qui la plaçaient sous la dépendance de la Russie, et la possibilité de recouvrer la Crimée.

Il obtint la déposition des gouverneurs de la Valachie et de la Moldavie, favorables à la politique russe. Les Russes franchirent alors le Dniester, et marchèrent sur Bucharest avec une armée de 50,000 hommes pendant que la flotte anglaise voguait sur Constantinople. Mais

cette ville fut mise promptement en état de défense ; les
marins anglais, très maltraités par les batteries turques
placées le long du détroit des Dardanelles, durent se
retirer pendant que le grand vizir à la tête de 80,000
hommes se portait au-devant des Russes et arrêtait leur
marche.

Dès que le printemps eut rendu la contrée praticable,
Benningsen, dont l'armée avait été reconstituée et portée
à 100,000 hommes, résolut de reprendre l'offensive et d'enlever le corps du maréchal Ney qui se trouvait à l'extrémité des cantonnements. Mais les Français, qui comptaient
eux-mêmes attaquer l'ennemi quelques jours après, étaient
massés, groupés par divisions, couverts par des ouvrages
en terre et des abattis. Le corps de Ney reçut les Russes
par un feu meurtrier, et se replia sans pouvoir être
entamé.

Sa résistance permit à Napoléon de se porter à son tour
sur le flanc droit de Benningsen qui, menacé d'être cerné,
battit en retraite sur Heilsberg où, protégé par des redoutes et des batteries couvrant les hauteurs, il attendit
l'attaque de son adversaire. Atteint le 10 juin par la cavalerie de Murat et le corps de Soult, il leur opposa toute
la journée une violente résistance, perdant 3,000 hommes
et 7 à 8,000 blessés. L'arrivée des corps des maréchaux
Lannes et Davoust le détermina à reculer de nouveau
jusqu'à Friedland où, serré de près par le corps de Lannes,
il dut encore s'arrêter pour effectuer la traversée de l'Allemagne et se porter au secours de Koenigsberg menacé par le
corps de Soult. Attaqué par toute l'armée française, voyant
sa gauche culbutée par Ney qui, entré dans Friedland en
flammes, allait lui couper la retraite, Benningsen écrasé
se retira précipitamment avec le reste de ses troupes derrière le Niémen, laissant sur le champ de bataille
25,000 hommes tués, blessés ou noyés. Des milliers de
prisonniers furent ramassés les jours suivants ; dans la
poursuite. Koenigsberg abandonnée fut occupée par le
maréchal Soult qui y trouva d'immenses approvisionnements en blés et vins, 100,000 fusils envoyés par l'Angle-

terre et plusieurs milliers de blessés russes qui se trouvaient là depuis Eylau. Le tsar, abattu comme au
lendemain d'Austerlitz, ne se sentait plus la force de
continuer la guerre ; son armée avait le sentiment de
s'être bien et courageusement battue, mais elle demandait
pour qui on faisait la guerre, et se montrait surtout mé-
contente de l'Angleterre qui n'avait apporté aucun secours
à la Russie dans cette lutte formidable.

Le 19 juin, le général Benningsen proposa un armistice qui fut accepté et une entrevue fut décidée pour le
25 juin à Tilsitt entre Alexandre et Napoléon.

« Pourquoi nous faisons-nous la guerre ? se deman-
dèrent-ils l'un à l'autre en commençant cet entretien. Napoléon, en effet, ne poursuivait dans la Russie qu'un
allié de l'Angleterre, et la Russie de son côté, bien que
justement inquiète de la domination continentale de la
France, servait les intérêts de l'Angleterre beaucoup plus
que les siens en s'acharnant dans cette lutte autant qu'elle
venait de le faire. — Si vous en voulez à l'Angleterre, et
rien qu'à elle, dit Alexandre à Napoléon, nous serons facilement d'accord, car j'ai à m'en plaindre autant que
vous. — Il raconta alors ses griefs contre la Grande-Bre-
tagne, l'avarice, l'égoïsme dont elle avait fait preuve, les
fausses promesses dont elle l'avait leurré, l'abandon dans
lequel elle l'avait laissé et tout ce que lui inspirait enfin
le ressentiment d'une guerre malheureuse qu'il avait été
obligé de soutenir avec ses seules forces. Napoléon, cherchant quels étaient chez son interlocuteur les sentiments
qu'il fallait flatter, s'aperçut bien vite que deux surtout
le dominaient actuellement : d'abord une humeur profonde contre des alliés, ou pesants comme la Prusse ou
égoïstes comme l'Angleterre, et ensuite un orgueil très
sensible et très humilié. Il s'attacha donc à prouver au
jeune Alexandre qu'il avait été dupe de ses alliés et en
outre qu'il s'était conduit avec noblesse et courage. Il
s'efforça de lui persuader que la Russie se trompait en
**voulant patronner des voisins ingrats et jaloux comme
les Allemands et servir les intérêts de marchands avides**

comme les Anglais. Il attribua cette erreur à des sentiments généreux poussés à l'excès, à des malentendus que
des ministres inhabiles ou corrompus avaient fait naître.
Enfin il vanta singulièrement la bravoure des soldats
russes et dit à l'empereur Alexandre qu'en réunissant les
deux armées qui avaient si vaillamment lutté l'une contre
l'autre à Austerlitz, à Eylau, à Friedland, mais qui toutes
deux s'étaient comportées dans ces journées en vrais
géants, combattant un bandeau sur les yeux, on pouvait
maîtriser le monde, le maîtriser pour son bien et pour son
repos. Puis, mais très discrètement, il lui insinua qu'en
faisant la guerre contre la France, c'était sans dédommage-
ment possible que la Russie dépensait ses forces, tandis-
que si elle s'unissait avec elle pour dominer en Occident
et en Orient, sur terre et sur mer, elle se ménagerait
autant de gloire et certainement plus de profit. » (THIERS,
Empire.)

Le résultat de ces conférences fut le traité de Tilsitt.
Napoléon consentait, par égard pour le tsar et dans son
désir d'unir les deux nations par un lien d'amitié éternelle, à rendre à Frédéric-Guillaume la vieille Prusse, la
Silésie, le Brandebourg et la Poméranie; il constituait,
à l'est de la Prusse, le royaume de Westphalie donné à
Jérôme, et à l'ouest le grand-duché de Varsovie qu'il
concéda au roi de Saxe, notre allié. La Russie recevait la
province de Bélostok, détachée du territoire prussien;
elle acceptait d'être médiatrice entre la France et l'Angleterre; la France remplissait le même rôle entre la
Russie et la Turquie; les deux puissances française et
russe se garantissaient l'intégrité de leurs possessions
actuelles, et contractaient un traité d'alliance offensive et
défensive. Un ultimatum serait adressé à l'Angleterre et
à la Suède; s'il n'était pas suivi d'effet, la guerre serait
déclarée par la Russie à ces puissances et la Finlande
lui serait annexée. Enfin, un délai de trois mois serait
accordé à la Turquie pour traiter avec la Russie; les
deux souverains devaient s'entendre ensuite pour « soustraire toutes les provinces de l'empire ottoman en Eu-

rope, la ville de Constantinople et la Roumélie exceptées,
au joug et aux vexations des Turcs. »

Comme on le voit Alexandre abandonnait ses alliés de
la veille, le roi de Prusse, l'Angleterre et la Suède; Napoléon de son côté sacrifiait la Turquie, dont le sultan
Sélim venait d'être déposé par ses janissaires qu'il avait
voulu astreindre à la discipline européenne.

Alexandre témoignait d'un véritable enthousiasme
pour son allié, et ce sentiment était alors bien naturel
après les résultats qu'il obtenait. « Qu'on se figure le
jeune tsar, humilié la veille, venant demander la paix au
camp de Napoléon, n'ayant sans doute aucune inquiétude pour ses propres États que l'éloignement sauvait des
désirs du vainqueur, mais s'attendant à perdre une nota-
ble portion du territoire de son allié le roi de Prusse et à
se retirer déconsidéré de cette guerre; qu'on se le figure
transporté soudainement dans une sorte de monde à la
fois imaginaire et réel, imaginaire par la grandeur, réel
par la possibilité, se voyant au lendemain d'une défaite
éclatante sur la voie de conquérir la Finlande et une
partie de l'empire turc et de recueillir d'une guerre malheureuse plus qu'on ne recueillait jadis d'une guerre
heureuse, comme si l'honneur d'avoir été vaincu par
Napoléon équivalait presque à une victoire et en devait
rapporter les fruits; qu'on se figure ce jeune monarque
avide de gloire, la cherchant partout depuis sept années,
tantôt dans la civilisation précoce de son empire, tantôt
dans la création d'un nouvel équilibre européen, et ne
rencontrant que d'immortelles défaites, puis trouvant
tout à coup cette gloire si recherchée dans un système
d'alliance avec son vainqueur, alliance qui devait le faire
entrer en partage de la domination du monde, au-
dessous, mais à côté du grand homme qui voulait bien la
partager avec lui et valoir à la Russie les belles conquêtes promises par Catherine à ses successeurs, tombées
depuis Catherine dans le royaume des chimères; qu'on
se le figure, disons-nous, passant si vite de tant d'abattement à de si hautes espérances, et on comprendra sans

peine son agitation, son enivrement, sa subite amitié pour Napoléon, amitié qui prit sur-le-champ les formes d'une affection enthousiaste et assurément sincère, au moins dans ces premiers instants. » (THIERS.)

Le 9 juillet, lendemain de la signature du traité, les deux empereurs se séparèrent après s'être embrassés au milieu des applaudissements des deux armées.

Mais si Alexandre était satisfait de cette paix, l'aristocratie russe ne l'était pas, et dans la famille du tsar la même hostilité contre la nouvelle alliance se manifestait sous toutes les formes; sa mère s'entourait d'émigrés; aucun hôtel ne voulait loger l'ambassadeur français; des prières étaient dites dans les églises contre Napoléon, des pamphlets journellement publiés contre lui. Le tsar n'était pas non plus sans éprouver quelque désillusion; il voyait bientôt renverser par son allié le roi de Naples, les Bourbons d'Espagne, organiser comme une nouvelle Pologne le grand-duché de Varsovie, la guerre avec l'Angleterre ruiner le commerce russe et les provinces danubiennes lui échapper du fait de l'armistice négocié à Constantinople par l'ambassadeur de France.

Napoléon, informé des dispositions d'Alexandre, eut avec lui une nouvelle entrevue à Erfurth; il avait engagé en Espagne une lutte qui se prolongeait, il pressentait une nouvelle guerre avec l'Autriche et avait tout intérêt à un rapprochement. Une convention fut signée le 12 octobre 1808 aux termes de laquelle la Finlande, la Valachie et la Moldavie étaient assurées à la Russie; d'autre part Alexandre garantissait à Napoléon la tranquillité en Europe pendant qu'il achèverait la guerre d'Espagne. Cette convention obligeait la Russie à faire la guerre à l'Angleterre, à la Suède et à la Turquie. Les Russes, après avoir été battus en Bulgarie par le grand vizir, remportèrent les victoires de Batynia et de Slobodzei qui leur livrèrent le pays jusqu'aux Balkans. Par le traité de Bucharest en 1812, la Russie renonça à la Moldavie et à la Valachie, mais acquit la Bessarabie, les forteresses de Khotin et de Bender, Ismaïl et Kilia. Le Pruth servit de

limite entre les deux empires. Quant à la guerre avec
l'Angleterre, elle ne donna lieu qu'à un incident : la
flotte russe quittant la Méditerranée et entrant dans l'O-
céan s'était réfugiée dans le Tage. Elle fut contrainte de
se rendre aux Anglais par la convention de Cintra.

Avec la Suède la lutte fut plus sérieuse et la Finlande
ne fut conquise qu'après une vive résistance, pendant
qu'une révolution éclatait à Stockholm, et que le roi
Gustave IV devenu fou était remplacé par son oncle
Charles XIII, qui adoptait à son tour comme prince
royal Bernadotte, maréchal de France. A celui-là, le souvenir de la patrie fut léger; il figura bientôt parmi les
pires ennemis de la France.

La guerre entre Napoléon et l'Autriche obligea le tsar
à fournir à son allié un contingent de 30,000 hommes destiné à opérer contre les Autrichiens; mais il n'y eut pour
la forme que deux rencontres entre les adversaires, elles
coutèrent la vie à deux soldats, et deux ou trois blessés
allèrent se faire soigner dans les hôpitaux.

La guerre entre la France et l'Autriche, autrement
meurtrière, se termina par le traité de Vienne. Napoléon
obligea son adversaire à céder la Gallicie occidentale au
grand-duché de Varsovie et la Gallicie orientale à la Russie. Le peu d'appui prêté par l'armée russe contre les
Autrichiens, l'accueil plus que froid à un projet de mariage de Napoléon avec la princesse Anna Paulovna,
sœur du tsar, les négligences apportées à l'observation
du blocus continental contre l'Angleterre avaient amené
chez l'empereur un certain refroidissement à l'égard de
son allié. Le tsar, de son côté, ne voyait pas sans un
profond mécontentement l'agrandissement du grand-
duché de Varsovie qui avait maintenant une armée de
50,000 hommes; l'opposition qu'il rencontrait à sa marche
sur Constantinople lui était insupportable; enfin les an-
nexions de la France en Allemagne dépossédaient ses
proches; son beau-frère et sa sœur Catherine y perdaient
le duché d'Oldenbourg.

Une partie de l'armée russe du Danube fut rappelée

sur les frontières de l'Ouest. Napoléon de son côté envoya des renforts à l'armée d'occupation de l'Allemagne du Nord et en Pologne. Un employé du ministère de la guerre à Paris, convaincu d'avoir livré à prix d'argent des états de l'armée et des mouvements de troupes à l'envoyé russe, M. de Tzhernichef, était fusillé. Les ambassadeurs furent bientôt rappelés et la guerre déclarée.

La grande armée comptait 350,000 Français et 320,000 étrangers, Italiens, Espagnols, Allemands, Autrichiens, Polonais, Dalmates, Croates, etc. Les Russes réunissaient 600,000 hommes en y comprenant les Cosaques et les milices. Tous avaient répondu à la voix du tsar, dont la proclamation appelait la nation entière aux armes. La décision fut prise de résister pied à pied et de se retirer dans l'intérieur du pays en brûlant et en détruisant tout devant l'ennemi. Deux armées, sous le commandement des généraux Barclay de Tolly et Bagration, furent formées, l'une sur la Dvina, l'autre sur le Dniéper; elles devaient se retirer à l'approche de l'ennemi dans l'intérieur de l'empire, pendant qu'une troisième de 40,000 hommes observerait les Autrichiens et se relierait avec celle du Danube, forte de 60,000 hommes que la paix avec la Turquie allait rendre libre.

L'arrivée de Napoléon à Vilna souleva les populations de la Pologne qui avaient déjà fourni 60,000 hommes répartis dans divers corps de la grande armée. L'empereur pouvait alors ou se tenir sur la défensive, reconstituer et organiser la Pologne et obliger les Russes à l'attaquer en s'exposant à un nouveau Friedland, ou marcher en avant et envahir la Russie. Il choisit le second parti, qui devait le mener à Moscou et à sa perte. Les combats d'Ostrovno, de Vitepsk, de Mohilef, d'Orcha et de Krasnoe obligèrent Barclay de Tolly et Bagration à se retirer sur Smolensk où eut lieu le 18 août une bataille acharnée qui entraîna l'incendie de la ville et la mort de 20,000 hommes ; celle de Valoutina en coûta 15,000 aux deux armées. Cette retraite provoquait dans l'armée russe de vives protestations qui amenèrent le tsar à confier le commandement suprême à Kutusof, dont la nomination excita un véritable enthousiasme.

Kutusof s'arrêta à Borodino, résolu à une résistance désespérée. Les Russes passèrent la nuit à se confesser, à communier, ils reçurent avant la bataille la bénédiction du clergé et engagèrent le combat bien déterminés à vaincre ou à mourir. Suivant leur tactique habituelle, leur front était protégé par 640 pièces d'artillerie et des redoutes qu'ils défendirent avec une extrême énergie et qui furent plusieurs fois prises et reprises. Une dernière charge de cavalerie de Murat et des cuirassiers du général Caulaincourt, prenant à revers la principale redoute, enleva les positions des Russes et les obligea à la retraite. Ils laissèrent sur le champ de bataille 40,000 hommes et un grand nombre d'officiers généraux. Les Français de leur côté constatèrent une perte de 30,000 hommes et 49 généraux. Le champ de bataille était affreux : « La grande redoute et ses alentours offraient un spectacle qui dépassait les pires horreurs que l'on puisse rêver. Les abords, les fossés, l'intérieur de l'ouvrage avaient disparu sous une colline artificielle de morts et de mourants d'une épaisseur moyenne de six à huit hommes entassés les uns sur les autres. » (BRANDT, *Mémoires d'un officier polonais.*)

Cette victoire, si chèrement achetée, à laquelle les Français donnèrent le nom de bataille de la Moskova, leur ouvrait la route de Moscou, que les Russes ne firent que traverser pour se diriger sur Riazan afin de protéger les provinces du Sud de l'Empire et de se réunir à l'armée venant du Danube. Rostopchine, le gouverneur de la ville sainte, avait fait mettre en liberté, avant de se retirer, les individus détenus dans les prisons et donné l'ordre d'incendier à l'approche des Français les magasins et les bateaux remplis d'alcool stationnant sur la rivière.

Les Français entrèrent à Moscou le 14 septembre et Napoléon s'installa au Kremlin ; mais les incendies écla-.

tèrent aussitôt. Le 16 septembre, le feu était aux quatre coins de la ville, entretenu et poussé par le vent soufflant avec furie. « Alors, dit le général de Ségur dans son *Histoire de la campagne de Russie*, s'offrit le spectacle le plus lamentable que l'imagination puisse se figurer. Une grande partie de la population de Moscou, par la crainte que causait notre arrivée, était demeurée cachée dans l'intérieur des maisons : elle en sortit du moment que l'incendie eut pénétré dans ses asiles. On voyait tous ces infortunés, tremblants, sans proférer la moindre imprécation, tant la stupeur rendait leur douleur muette, sortir de leurs retraites, emportant avec eux leurs effets les plus précieux. Les vieillards, encore plus accablés par la douleur que par les années, rarement pouvaient suivre leur famille, et beaucoup pleurant sur la ruine de leur patrie se laissaient mourir auprès de la maison qui les avait vus naître. Les rues, les places publiques et surtout les églises étaient remplies de malheureux qui, couchés sur le reste de leur mobilier, gémissaient sans donner le moindre signe de désespoir ; on n'entendait aucun cri, aucune querelle. Le vainqueur et le vaincu étaient également abrutis, l'un par l'excès de fortune, l'autre par l'excès de misère.

« L'embrasement poursuivant ses ravages eut bientôt atteint les plus beaux quartiers de la ville. En un instant, tous les palais que nous avions admirés pour l'élégance de leur architecture et le goût de leur ameublement furent ensevelis sous des torrents de flammes. Leurs superbes frontons, décorés de bas-reliefs et de statues, venant à manquer de support, tombaient avec fracas sur les débris de leurs colonnes. Les églises, quoique couvertes en tôle et en plomb, tombaient aussi, et avec elles ces dômes superbes que nous avions vus la veille tout resplendissants d'or et d'argent. Les hôpitaux, où se trouvaient plus de 12,000 blessés, ne tardèrent pas à être incendiés ; la scène qui s'offrit alors révoltait l'âme et la glaçait d'effroi ; presque tous ces malheureux périrent, et l'on voyait le peu de vivants qui respiraient encore se traîner à moi-

tié brûlés sous des cendres fumantes; d'autres gémissaient sous des monceaux de cadavres, les soulevaient
avec peine pour chercher à revoir la lumière. Bientôt le
feu eut gagné la totalité des quartiers de Moscou et la
ville entière ne forma plus qu'un immense bûcher. Au
milieu de ces horreurs, on voyait les infortunés habitants
restés sans asile ramasser la tôle qui couvrait les toits
pour se construire des cabanes qu'ils élevaient dans des
quartiers éloignés ou dans des jardins entièrement rava-
gés. N'ayant rien à manger, ils fouillaient la terre pour
arracher les racines des légumes que nos soldats avaient
cueillis; ou bien errant au milieu des décombres ils re-
muaient les cendres refroidies pour y chercher les ali-
ments que le feu n'avait pas entièrement consumés :
pâles, décharnés et presque nus, la lenteur de leur démarche annonçait l'excès de leurs souffrances. Enfin, plusieurs se rappelant qu'on avait coulé des barques chargées de grains plongeaient dans la rivière pour se nourrir
d'un blé en fermentation dont l'odeur était repoussante.»

Le Kremlin menacé par les flammes dut être évacué;
un cinquième à peine des maisons resta debout, et tout
fut pillé par les maraudeurs déjà tellement nombreux
qu'ils constituaient un véritable danger. Les troupes cam-
pèrent pendant trente-cinq jours au milieu de ces ruines,
achevant de s'y désorganiser par suite du manque de
vivres et de la maraude à laquelle elles se livraient.
Napoléon hésitait, craignant de passer pour vaincu s'il se
retirait, essayait sans y réussir d'entamer des négociations et perdait ainsi un temps précieux pendant lequel
Kutusof, après avoir réorganisé ses troupes et reçu des renforts, se portait sur la ligne de retraite de la grande
armée et menaçait de la bloquer dans Moscou.

Le 13 octobre, Napoléon se décida à la retraite. Du 14
au 20, 90,000 hommes, précédés ou accompagnés de
50,000 non combattants, blessés, malades, employés,
femmes et enfants, quittèrent Moscou se dirigeant vers la
Pologne par la route de Smolensk déjà occupée par les
Russes, que les corps du maréchal Ney et du prince Eu-

gène durent culbuter le 3 novembre à Viasma pour s'ouvrir un passage.

Toute la campagne foulée par des milliers de cavaliers
semblait n'avoir jamais été cultivée ; les forêts, éclaircies
par le long séjour des troupes, se ressentaient aussi de
cette affreuse dévastation ; mais rien ne fut plus horrible
à voir que le champ de bataille de Borodino couvert
d'une multitude de morts qui, depuis cinquante-deux
jours privés de sépulture, conservaient à peine une forme
humaine. La plaine en était remplie, de toute part ce
n'étaient que cadavres à demi-enterrés, habits teints de
sang, ossements rongés par les chiens et les oiseaux de
proie.

A Smolensk, les magasins avaient été pillés par les
maraudeurs et les traînards ; il fallut reculer encore pendant que le froid atteignait 26 degrés au-dessous de 0 et
transformait la retraite en un épouvantable désastre.

Le passage de la Bérésina près de Stoudianka ne put
s'effectuer qu'après une lutte désespérée de 40,000 Français contre 140,000 Russes ; à Smorgoni, Napoléon remit
le commandement à Murat pour se rendre à Paris ; à
Vilna, la retraite protégée par Ney laissa dans la ville des
milliers de blessés et de malades qui furent massacrés. Le
Niémen fut enfin atteint, mais 300,000 hommes étaient
restés sur le sol russe ; la grande armée était anéantie.

Napoléon avait entraîné toute l'Europe sur la Russie ;
contraint à la retraite, il vit, par un retour de la fortune
trop facile à prévoir, toute l'Europe marcher avec la
Russie contre la France et l'envahir à son tour. Ce ne fut
pas sans une lutte longue et mêlée des alternatives les
plus diverses. La Prusse la première s'allia à la Russie.
Battus à Lutzen le 2 mai 1818, à Bautzen le 20 mai, les
alliés obtinrent le concours de l'Autriche et de la Suède,
et n'en perdirent pas moins la bataille de Dresde les 26 et
27 août, mais les lieutenants de Napoléon furent vaincus
à leur tour : Vandamme à la bataille de Kulm qui coûta
6,000 hommes à l'armée russe, Macdonald sur la Katzbach,
Oudinot à Gross-Beren et Ney à Dennewitz par son ancien

compagnon d'armes Bernadotte. La sanglante bataille de
Leipzig, qui dura du 16 au 19 octobre, perdue par suite
de la défection des Saxons, obligea les Français à évacuer l'Allemagne. L'immortelle campagne de France ne
fit que reculer la chute de l'empereur qui abdiqua
le 11 avril 1814 et fut transporté à l'île d'Elbe.

Le 31 mars les souverains alliés firent leur entrée dans
Paris à la tête de 50,000 soldats.

« Un nombreux détachement de trompettes ouvrait la
marche. Un corps épais de cavalerie dont les hommes
marchaient quinze de front suivait. Les souverains et
leur état-major venaient ensuite. Tous les yeux cherchaient
Alexandre : l'instinct public devinait en lui le maître de
la situation. Ce prince revêtu d'un uniforme vert avec
des épaulettes d'or et coiffé d'un chapeau surmonté d'une
touffe de plumes de coq marchait en avant du groupe des
généraux ayant à sa droite le généralissime Schwarzen-
berg qui représentait l'empereur d'Autriche et à sa gauche
le roi de Prusse. La figure grave et triste de ce dernier
contrastait avec le visage ouvert d'Alexandre qui souriait
à la foule et saluait en s'inclinant les femmes qui, du haut
des fenêtres, agitaient des mouchoirs blancs à son passage. Derrière eux marchaient en rangs pressés une foule
de généraux parmi lesquels on distinguait l'hetman Pla-
toff, le général Muffling et plusieurs Anglais que signa-
laient leur habit écarlate et leur petit chapeau plat. Le
cortège mit près de cinq heures à défiler ; toutes ces
troupes se rendaient aux Champs-Élysées.

« Le sentiment qui dominait la foule était la stupeur :
cette foule était énorme ; elle inspirait les craintes les
plus sérieuses aux généraux alliés. « Notre inquiétude fut
grande tant que dura le défilé, ont dit des officiers russes ;
nous redoutions à chaque pas de voir s'ébranler l'effroyable masse d'hommes qui se pressait de chaque côté
des boulevards ; il leur suffisait de se rapprocher pour
nous étouffer ; nos soldats n'auraient pu faire usage de
leurs armes. Ce fut seulement en arrivant aux Champs-
Élysées que nous commençâmes à respirer ; encore n'é-

tions-nous pas fort tranquilles. » En effet on voyait à
l'attitude de la majorité des spectateurs que la population
prise dans sa généralité ressentait profondément l'abais-
sement national. Sur plusieurs points à la vérité un petit nombre de voix faisaient entendre avec force des cris
de colère contre le despotisme impérial et des injures
contre l'empereur; mais ces insultes et ces cris témoi-
gnaient plus de haine contre le régime despotique de l'empire que de sympathie pour les alliés. Seuls les royalistes
manifestaient une joie dont les éclats insultaient non
seulement au deuil mais à la pudeur publique, car les
cadavres des 4 à 5,000 Français tués la veille et sur lesquels les alliés avaient dû passer pendant la nuit et le
matin pour entrer dans Paris étaient encore gisants sans
sépulture au pied des collines de Belleville et de Chau-
mont ou dans les champs de Pantin. » (DE VAULABELLE,
Histoire des deux Restaurations.)

Alexandre avait promis que les troupes alliées se con-
duiraient de leur mieux avec les Parisiens; aussi obser-
vèrent-elles une exacte discipline. « Le tsar ne venait
pas en ami des Bourbons: l'ennemi le plus acharné de
Napoléon fut le moins âpre contre les Français; il entendait leur laisser le choix de leur gouvernement, n'avait
favorisé aucune des intrigues des émigrés, et avait dit
dédaigneusement à Jomini : « Que me sont les Bourbons ? » Il punit d'un mot spirituel la bassesse d'un
royaliste : il y a longtemps que nous attendions Votre
Majesté, disait celui-ci. — Je serais venu plus tôt si je
n'avais été retenu par la bravoure de vos soldats, répondit Alexandre. Il envoya un détachement protéger
contre les tentatives de l'émigré Maubreuil la colonne
de la grande armée. Au Sénat il répéta qu'il ne
faisait pas la guerre à la France, qu'il était l'ami des
Français, qu'il protégerait la liberté de délibérations
tendant à l'établissement d'institutions libérales et durables, conformes aux progrès du siècle. Il céda lorsque
Talleyrand lui assura que la république était une impossibilité; la régence, Bernadotte, une intrigue; les Bour-

bons seuls un principe. » (RAMBAUD, *Histoire de la Russie*).

Le Congrès de Vienne, réuni après la chute de l'Empire, réduisit la France à ses anciennes frontières, organisa la Confédération allemande et approuva un quatrième partage de la Pologne entre la Russie, la Prusse et l'Autriche. La Russie acquérait trois millions de Slaves de l'ancien royaume de Pologne, la Prusse reconstituée et agrandie devenait le dangereux voisin que nous connaissons.

Le retour de Napoléon amena une nouvelle entente entre les alliés pour le renversement de l'ennemi commun et une seconde invasion après Waterloo. Le tsar, en arrivant à Paris, y trouva le général prussien Blücher déjà établi, exigeant brutalement une contribution de guerre de cent millions et achevant ses préparatifs pour faire sauter le pont d'Iéna. Alexandre, reçu comme un sauveur, protégea les Français contre les fureurs sauvages des teutons et leur manie de démembrement. Lui seul du reste, au milieu de cette coalition, avait intérêt à laisser la France forte et à ne pas se montrer exigeant ; aussi tandis que la Russie se contentait d'une occupation temporaire et d'une indemnité de guerre, la Prusse réclamait l'occupation, l'indemnité, la cession des places fortes des départements du Nord, des Ardennes, de la Lorraine, du Jura et la cession de l'Alsace. Le tsar avait heureusement auprès de lui un émigré français, le duc de Richelieu, ancien gouverneur d'Odessa, qui allait remplacer le duc de Talleyrand comme premier ministre et dont Alexandre écoutait les conseils. Il obtint la réduction de l'indemnité de guerre à 700 millions, de l'occupation à une durée de cinq années et le rejet du projet de démembrement du haineux Allemand. Les Russes furent chargés pendant l'occupation de séjourner dans la Champagne et la Lorraine.

Quant à la Pologne, elle fut replacée sous l'autorité du tsar, reçut une constitution presque analogue à celle du grand-duché de Varsovie sous Napoléon et fut gouvernée par un vice-roi. L'influence prépondérante d'Alexandre dans les affaires d'Europe se manifeste encore dans les congrès qui suivent. A celui d'Aix-la-Chapelle, en 1818, il fait décider l'évacuation de la France par les armées alliées malgré la protestation du comte d'Artois, depuis Charles X, qu'il qualifia comme elle le méritait en disant à Louis XVIII : « Si un de mes sujets commettait un pareil crime, je le ferais punir de mort » ; à celui de Carlsbad, en 1819, il s'associe aux mesures de réaction contre les libéraux allemands et paraît alors sous l'influence des idées mystiques qui allaient dominer le reste de sa vie. Au Congrès de Vérone il se réunit aux autres puissances pour envoyer à l'Espagne une note menaçante et charger l'armée française d'y rétablir le régime de droit divin.

En Orient, les Slaves des Balkans, sur lesquels le joug ottoman s'était de plus en plus appesanti, se révoltent ; les Grecs du Péloponèse se soulèvent mais une dure répression les maintient sous le joug. Le tsar qu'ils appellent n'intervient pas en leur faveur malgré l'indignation de tout son peuple, qui attribue le terrible débordement des eaux de la Néva sur Saint-Pétersbourg en 1825 à la colère du ciel, et il va mourir mystérieusement en Crimée le 19 novembre 1825, songeant tristement dans ses derniers jours à la mort tragique de son père, aux conspirations ourdies contre lui-même, aux embarras qu'il lègue à son successeur, à ses idées libérales d'autrefois qui ont abouti par toute l'Europe à une réaction impitoyable.

NICOLAS

Alexandre avait, avant de mourir, désigné pour son successeur, à défaut de Constantin, l'aîné de ses frères qui avait déclaré renoncer au trône pour épouser une Polonaise, le trois'ème fils de Paul, Nicolas.

Son avènement fut signalé à Saint-Pétersbourg par une violente insurrection, une partie des troupes ayant pris parti pour Constantin dont elle ignorait la renonciation à la couronne. Le métropolite intervenant revêtu de ses vêtements sacerdotaux se vit reçu à coups de fusil, le gouverneur de la capitale fut tué. Toutes les tentatives de conciliation ayant été repoussées, Nicolas donna l'ordre aux troupes restées fidéles de tirer à mitraille sur les révoltés qui se dispersèrent. Les principaux conjurés furent pendus, les autres envoyés en Sibérie.

Nicolas, avec son esprit tout à la fois patient et inflexible, resta toute sa vie ce qu'il était le premier jour où il montait ainsi sur le trône, l'adversaire résolu de la révolution et le représentant le plus complet de l'autocratie. A peine débarrassé des émeutes qui avaient accompagné les débuts de son règne, il entreprit d'améliorer l'organisation intérieure et d'achever le code russe commencé par Pierre le Grand, continué sous Catherine II et Alexandre; mais son attention s'en trouva bientôt distraite par des guerres extérieures.

Depuis longtemps des démélés avaient lieu avec la Perse au sujet des frontières du Caucase. Le shah, se

plaignant des empiètements de la Russie et comptant
sur l'Angleterre qui lui promettait un secours de troupes
et d'argent, commença les hostilités en marchant sur
Tiflis. Arrêtés et complétement battus par le général
Paskévitch, les Persans signèrent le 10 février 1828 le
traité de paix de Tourkmantchai, par lequel ils cédaient
à la Russie deux provinces et s'engageaient à payer une
contribution de 80 millions de francs. Le fleuve Araxe
était fixé comme frontière aux deux États. Le massacre
de la légation russe à Téhéran en 1829 faillit rallumer la
guerre, mais le shah désavoua ce crime et donna à la
Russie toutes les satisfactions qu'elle exigea.

Avec la Turquie, Nicolas, continuant les négociations
engagées par Alexandre et appuyées par les autres États
européens, conclut le 26 septembre 1826 la convention
d'Akerman qui assurait l'autonomie de la Moldavie et
de la Valachie, l'indépendance de la Serbie et le libre
passage des vaisseaux russes dans les Dardanelles.

Mais une autre question agitait alors l'Europe : la
Grèce pressurée, opprimée par les Turcs, s'était révoltée
et avait commencé une lutte sans merci. Les abomina-
bles cruautés commises par les Ottomans, qui massa-
craient les hommes, les femmes et les enfants, amenèrent
en Russie comme en France un mouvement d'opinion tel
que, s'entendant avec l'Angleterre, ces puissances réso-
lurent en 1827 par le traité de Londres d'imposer leur
médiation aux belligérants. La Porte la repoussa et
débarqua en Grèce une armée venue d'Egypte.

« Les flottes alliées, sous le commandement de l'amiral
anglais Codrington, croisaient sur la côte du Péloponèse avec ordre d'empêcher, même par la force, le ravitaillement de l'armée turco-égyptienne en Morée. C'est
alors qu'une flotte égyptienne composée de quatre-vingt-
douze navires chargés de vivres et d'hommes vint
mouiller dans la rade de Navarin.

« Les trois escadres y pénétrèrent à sa suite pour surveiller les agissements d'Ibrahim et l'obliger à un armistice. Les Egyptiens avaient soixante-seize vaisseaux de

guerre de toute grandeur avec deux mille canons ; les alliés n'avaient que vingt-sept vaisseaux avec douze cents canons : douze anglais, huit russes et sept français, sous les ordres de l'amiral de Rigny qui avait arboré son pavillon sur la frégate la *Syrène*. Par une manœuvre d'une hardiesse et d'une précision admirée de tous, le capitaine Robert qui commandait ce navire entra à pleines voiles dans la passe et vint jeter l'ancre à dix mètres d'un vaisseau de ligne égyptien.

« Des deux côtés du reste on se tenait sur la défensive ; ce fut le hasard qui força la main à la diplomatie. Un coup de feu qui tua un officier anglais, un coup de canon tiré sur la frégate française la *Syrène* engagèrent la bataille. Elle fut longue et terrible. Pendant trois heures ce fut comme un ouragan de feu. Ces cent navires resserrés dans un étroit espace, confondus sans distinction de nationalité, n'étaient plus pour ainsi dire qu'un plancher mouvant où Français, Anglais et Russes, malgré leur infériorité numérique, emportés par l'ardeur jalouse que leur inspirait une vieille rivalité de gloire, se ruèrent sur les Turcs. Aucune tactique n'était possible ; chacun agit pour son compte, selon son inspiration, et les amiraux se battirent comme de simples capitaines de frégate. A cinq heures du soir, lorsque le silence se fit, et que le vent eut balayé la fumée qui couvrait la rade, on put constater le désastre complet de la flotte turco-égyptienne. La baie était jonchée des débris de ses vaisseaux. Cinquante-huit bâtiments dont vingt de haut bord étaient coulés, brûlés ou avaient sauté avec leur équipage. De cet armement formidable, il ne restait qu'une quinzaine de bricks en partie abandonnés, et plus de cinq mille hommes avaient péri.

« La Grèce était sauvée, mais la Turquie, déjà menacée sur le Danube par la Russie, pouvait périr. Ce succès décisif, mais imprévu, dérangeait les calculs du gouvernement britannique. L'amiral Codrington, embarrassé de sa victoire, craignant d'avoir outrepassé ses instructions, s'excusa presque auprès d'Ibrahim-Pacha de la liberté grande qu'il avait prise de lui brûler sa flotte. A Londres, le roi Georges dans un message qualifia cet événement de déplorable. Mais les conséquences de la bataille de Navarin étaient inévitables; on avait trop fait pour s'arrêter, et la France, s'emparant alors d'un rôle digne d'elle, résolut de prêter à la Grèce le double appui de sa civilisation et de ses armes. Le général Maison débarqua à Coron avec quatorze mille hommes et força les Turcs et les Égyptiens à évacuer la Morée.

« Le traité d'Andrinople en 1829 ratifia l'affranchissement des Hellènes. » (HENRI BELLE, *Voyage en Grèce*.)

Nicolas, unissant ses efforts à ceux de la France, donna l'ordre à ses troupes d'occuper la Moldavie et la Valachie. Franchissant alors le Danube, les Russes prirent Brailof et Varna, pendant que l'importante forteresse de Kars, en Asie Mineure, était enlevée d'assaut par une autre armée. La campagne de 1829 amena la prise d'Erzeroum en Asie pendant que Silistrie et Andrinople en Europe étaient occupées après la défaite des Ottomans à Pravady. La Porte abattue dut se résigner à traiter : elle reconnut l'indépendance de la Grèce, céda à la Russie les îles du delta du Danube, garantit les immunités accordées à la Moldavie, à la Valachie et à la Serbie, et consentit à payer une indemnité de guerre de 120 millions.

La révolution de 1830 à Paris eut son contre-coup en Russie, et détermina l'insurrection de Pologne. La liberté de la presse restreinte, les haines nationales avivées, les violences du vice-roi Constantin, l'espoir pour certains d'arriver à l'établissement d'une république et de reconstituer la Pologne dans ses anciennes limites, amenèrent le 17 novembre 1830 une émeute à Varsovie. Le vice-roi s'enfuit et toute la Pologne fut occupée par les troupes nationales ; mais les insurgés qui espéraient une intervention de l'Europe en leur faveur restèrent isolés, les divisions politiques les affaiblirent encore pendant que le concours de la Prusse et de l'Autriche était assuré à

leur adversaire. Après une lutte longue et sanglante dans
laquelle ils firent preuve du plus grand courage, ils
furent accablés sous le nombre et l'armée russe rentra
dans Varsovie. La répression fut inexorable, le séquestre
des biens, les confiscations, les emprisonnements, les
envois en Sibérie décimèrent la population; la Constitution accordée par Alexandre et l'armée nationale furent
supprimées, la langue polonaise bannie des écoles et la
Pologne divisée en cinq gouvernements.

Au milieu de ces événements, les rapports du tsar avec
Louis-Philippe ne furent pas naturellement des plus cor-
diaux. Lorsque ce souverain notifia à Nicolas son avènement au trône, celui-ci répondit en qualifiant la révolution de 1830 d'évènement à jamais déplorable.

Louis-Philippe, de son côté, disait aux chambres françaises dans son discours du trône du 23 juillet 1831 : « Une
lutte sanglante et acharnée se prolonge en Pologne. Cette
lutte entretient de vives émotions au sein de l'Europe;
je me suis efforcé d'en hâter le terme. Après avoir offert
ma médiation, j'ai provoqué celle des grandes puissances.
J'ai voulu arrêter l'effusion de sang, et surtout assurer à
la Pologne, dont le courage a réveillé les vieilles affec-
tions de la France, cette nationalité qui a résisté au
temps et à ses vicissitudes. »

L'isolement de la France en Europe fut dès lors le but
poursuivi par Nicolas. L'insurrection de Pologne lui
avait valu le concours intéressé de l'Autriche et de la
Prusse ; les sympathies témoignées par la France en
faveur du vice-roi d'Egypte, lorsque la guerre éclata en
1839, rapprochèrent des Russes les Anglais partisans de
l'intégrité de l'empire ottoman, et le traité de Londres du
15 juillet 1840 dirigé contre la France fut signé par l'Angleterre, la Russie, la Prusse et l'Autriche.

En 1846 des troubles ayant éclaté à Cracovie, alors
ville libre et dernier reste de la Pologne, Nicolas fit entrer ses troupes les premières dans cette ville où elles
furent rejointes par les Autrichiens et les Prussiens, et
d'accord entre les trois souverains alliés, Cracovie fut

annexée à l'Autriche. Dans son discours du trône du
11 juillet 1847 Louis-Philippe protesta contre cette infrac-
tion au traité de Vienne ; pareille protestation fut remise, sans plus de résultat du reste, par le gouvernement
anglais aux cours de Vienne, de Berlin et de Saint-Pétersbourg.

La révolution de 1848, dont le contre-coup en Europe
fut si considérable, n'eut pas d'adversaire plus acharné
que Nicolas, dont l'hostilité aux idées nouvelles s'était
déjà souvent manifestée. Le renversement de la Constitution germanique, les émeutes de Vienne, de Berlin, le
soulèvement de la Hongrie, les mouvements dans les
Principautés-Danubiennes l'épouvantèrent. Il fit entrer
des troupes dans les Principautés, agit en Allemagne
pour maintenir les choses dans leur ancien état et envoya
une armée en Hongrie au secours de l'empereur d'Autriche. La Hongrie écrasée fut traitée par l'empereur
François-Joseph encore plus cruellement que ne l'avait
été la Pologne. Il est vrai que le service rendu par la
Russie fut assez vite oublié et que, suivant l'expression
du tsar, l'ingratitude de l'Autriche allait bientôt étonner
l'Europe.

L'expédition de Rome, qui renversait la République
italienne, et le coup d'Etat du 2 décembre firent dire à
Nicolas : « La France a donné l'exemple du mal, elle
donnera celui du bien ; j'ai foi dans la sagesse de Louis-
Napoléon. » La guerre de Crimée allait bientôt lui enlever les illusions qu'il avait pu se faire à cet égard. Mé-
content de voir l'influence russe contrebalancée en Orient
dans le protectorat des Lieux-Saints par celle de la
France, Nicolas s'obstinait à soutenir des droits problé-
matiques parce qu'il avait surtout la conviction que
l'heure attendue par lui depuis de longues années allait
bientôt sonner et que l'empire ottoman était sur le point
de s'écrouler. Trompé par la facilité avec laquelle les
Russes étaient parvenus jusqu'à Andrinople pendant la
dernière guerre, il en était arrivé à ne plus tenir un
compte sérieux de l'armée ottomane et il espérait, en

s'entendant avec l'Angleterre, provoquer la chute de
l'empire turc dont il aurait saisi tout au moins une partie
des dépouilles. L'ambassadeur anglais, pris pour confi-
dent, transmit les idées du tsar à son gouvernement. Ce
dernier répondit que la chute de l'empire turc n'était pas
une chose désirable et qu'il ne voulait pas contribuer
à amener sa ruine. Nicolas résolut alors de brusquer les
événements.

Le prince Menchikof, ministre de la marine et gouverneur de Crimée, envoyé en mission spéciale à Constantinople, invitait le sultan à signer un traité secret plaçant
les sujets de religion grecque sous la protection de la
Russie et mettant à sa disposition une armée de 400,000
hommes pour résister en cas de besoin aux puissances
occidentales. Le 5 mai 1853 il remettait à la Porte un ultimatum dans ce sens ; sur la réponse négative de la Turquie, il signifiait le 18 mai la rupture des relations diplomatiques. L'intervention officieuse de l'Autriche était
sans résultat, et le 3 juillet, l'armée russe, forte de
80,000 hommes et commandée par le général Gortchakof,
envahissait les Principautés-Danubiennes.

Les hostilités, arrêtées un moment par la conférence
de Vienne, où l'on essaya vainement d'arriver à un compromis, furent définitivement engagées le 5 octobre par
une sommation du commandant en chef de l'armée turque Omer-Pacha au prince Gortchakof d'avoir à évacuer les Principautés dans un délai de quinze jours.
Omer-Pacha était un officier de grand mérite. Né près de
Fiume, en Croatie, il avait servi dans l'armée autrichienne et possédait entre autres qualités militaires le
talent d'adapter ses plans de campagne au caractère des
troupes placées sous ses ordres. Les Turcs étant plus
spécialement aptes à la guerre défensive, il résolut d'utiliser pour arrêter la marche des Russes les barrières naturelles que leur présentaient le Danube d'abord, les montagnes des Balkans ensuite ; il pourrait ainsi attendre
les secours promis par l'Angleterre et la France en cas
d'agression.

Les troupes russes avaient, pour arriver sur le théâtre
des opérations, à parcourir de longues étapes à travers
des régions où les localités sont très disséminées, la population clair-semée, la viabilité détestable, les ressources
rares ; aussi leurs effectifs avaient-ils déjà diminué dans
de fortes proportions avant qu'elles eussent pris le contact de l'ennemi. Le bas Danube sur lequel elles arrivaient est large et profond, bordé de marais malsains et
impraticables, et les points sur lesquels un passage pouvait s'effectuer étaient défendus par d'importantes forteresses dont la principale était Silistrie. Les premières
attaques de l'armée russe pour tenter de se porter au-
delà du Danube furent énergiquement repoussées et
l'obligèrent à attendre des renforts qui ne devaient que
lentement lui arriver par suite des distances à parcourir.
Dans l'intervalle, la conférence de Vienne, à l'instigation
du gouvernement français, déclarait dans le protocole du
5 décembre 1853 qu'elle se portait médiatrice entre la
Russie et la Porte, mais la destruction de la flotte turque
à Sinope entraîna la continuation des hostilités. Sept
frégates turques accompagnées de trois corvettes et de
deux vapeurs avaient été envoyées à Batoum, port de
l'Asie Mineure, pour ravitailler la place, menacée par les
Russes. Une tempête les contraignit à relâcher à Sinope
où une flotte russe composée de six vaisseaux de ligne,
de deux frégates et de deux vapeurs, vint la surprendre
le 30 novembre et la brûler ainsi qu'une partie de la
ville. Un seul bâtiment turc put s'échapper et retourner
à Constantinople.

A cette nouvelle les flottes anglaise et française, franchissant les Dardanelles, entrèrent dans la mer Noire, et
le 4 février 1854 les relations diplomatiques étaient rompues entre la France, l'Angleterre et la Russie. L'Autriche refusa de son côté toute promesse de neutralité et
concentra des troupes sur ses frontières. Le 14 mars, les
consuls de France et d'Angleterre remettaient à la Russie
une sommation d'avoir à évacuer les Principautés ; le
27 mars la guerre était déclarée et un traité réglait

les conditions dans lesquelles la France et l'Angleterre allaient agir en Orient. L'Autriche de son côté concluait avec la Prusse un accord pour le cas où l'armée russe franchirait les Balkans.

Les opérations se divisèrent en trois séries : la lutte maritime, la guerre sur le Danube, le siège de Sébastopol.

Sur mer, la supériorité des marines française et anglaise leur permit de bombarder Odessa dans la mer Noire, de bloquer Cronstadt dans la Baltique, d'y prendre Bomarsund et les îles d'Aland, et dans l'Océan pacifique de détruire les arsenaux de Petropaulovsk.

Sur le Danube, les Russes que les concentrations de nombreuses troupes autrichiennes en Transylvanie et le débarquement des Anglais et des Français à Gallipoli et à Varna menaçaient sur leurs flancs, avaient repassé le Danube après avoir fait de vains efforts pour s'emparer de Silistrie dont le siège leur avait coûté 25,000 hommes.

De leur côté les alliés étaient singulièrement éprouvés. Le chef de l'armée anglaise avait reçu de son gouvernement l'ordre formel de ne pas s'engager sur le Danube ; l'objectif pour cette nation pratique, à laquelle l'intérêt de ses alliés a toujours paru fort secondaire, était avant tout la destruction de Sébastopol, le grand port militaire qui assurait aux Russes la domination dans la mer Noire. D'autre part l'Autriche faisait à la France des propositions pour une action commune dans la vallée du Danube. Napoléon III, qui n'avait entrepris cette guerre qu'à l'instigation de l'Angleterre, et dont le caractère indécis était déjà trop visible, voulut tout à la fois donner satisfaction à l'une et à l'autre puissance, d'une part en faisant débarquer l'armée française en Bessarabie, de l'autre en portant la guerre en Crimée. Une grande reconnaissance fut d'abord tentée dans la Dobroudja, afin d'en chasser les Russes. L'avant-garde du corps expéditionnaire composée de spahis ou irréguliers turcs se mit en marche le 22 juillet, suivie par trois divisions françaises.

Les conséquences de cette marche par une chaleur
extrême, dans des plaines couvertes d'herbes où les
hommes disparaissaient jusqu'à mi-corps, à travers des
villages dévastés dont les puits ne fournissaient qu'une
eau infecte empoisonnée par des cadavres d'hommes ou
de bestiaux, furent désastreuses ; le choléra qui avait
déjà fait son apparition à Varna même se développa avec
une intensité effrayante ; le 30 juillet, 500 hommes
étaient atteints dans la seule colonne des spahis. Quelques jours après les malades se comptaient par milliers.
La retraite sur Varna s'effectua dans les conditions les
plus déplorables ; les voitures, les cacolets étaient insuf-
fisants, on entassa les malades sur les fourgons de l'artillerie ; un grand nombre de soldats, que l'on ne pouvait
transporter, restèrent en route. Le quart de l'effectif fut
atteint ; 2,500 hommes succombèrent ; la première division seule en avait perdu 1,886. A Varna, les ravages du
fléau étaient les mêmes, et le maréchal Saint-Arnaud,
commandant en chef, écrivait le 9 août au ministre de la
guerre :

« Le choléra nous foudroie et nous décime ; ceux qu'il
épargne sont laissés dans un état de faiblesse et d'éner-
vation incroyables. Jusqu'ici j'ai 2,000 morts et plus de
5.000 malades, vous savez avec quelles ressources pour
les soigner et les guérir, même pour les abriter ! En présence de cette triste situation, je n'en continue pas
moins mes préparatifs pour entreprendre une expédition
aussi hasardeuse que difficile ; c'est que cette expédition,
si nous pouvons la faire, est notre salut. »

C'était le débarquement en Crimée et le siège de Sébastopol. Décidée le 21 juillet entre les trois généraux
français, anglais et turc, l'opération fut exécutée le
14 septembre, jour où 500 navires débarquèrent l'armée
alliée auprès d'Eupatoria.

La Crimée, où l'on opérait cette descente hardie, est
une presqu'île de 23,000 kilomètres carrés, située entre
les embouchures de deux fleuves, le Dniéper et le Don.
Elle est rattachée à la Russie du Sud par l'isthme de

Pérékop, que des bancs de sable mettent à l'abri d'une attaque par mer. Pays de plaines, de marais et de pâturages dans toute la partie Nord, la Crimée présente au contraire dans le Sud une région montagneuse entrecoupée de vallées accidentées au fond desquelles coulent plusieurs rivières, l'Alma, la Katcha, la Tchernaia, cette dernière se jetant au fond de la baie de Sébastopol. La situation de cette ville comme établissement maritime est à bon droit estimée, et l'on trouverait peu de havres en Europe aussi complétement appropriés aux besoins d'une grande flotte. Un bras de mer d'une largeur imposante s'est creusé un lit profond sur la côte occidentale de la Crimée, il pénètre dans les terres jusqu'à une distance de deux lieues. Point de rochers dangereux, point d'écueils dans ce magnifique bassin ; l'entrée, qui est d'un abord convenable, est défendue par des fortifications redoutables dont la puissante artillerie balaierait sans peine toute la largeur du goulet. Une fois dans cette grande baie, en regardant la côte du Sud, on remarque quatre anses spacieuses d'un abri sûr et d'un abord si facile que l'une d'elles, la baie des vaisseaux, permet aux navires de guerre de venir mouiller sans danger à quelques toises de la côte. Juste entre deux de ces anses est élevée la ville de Sébastopol, dont le nom grec signifie la ville auguste. Les hautes collines qui défendent la rade présentent aussi loin que la vue peut s'étendre l'aspect d'une éternelle désolation : Cette côte est aride et nue, elle n'a pas usurpé le surnom tartare d'Ak Tiar, blanc rocher. (DEMIDOFF, *Voyage dans la Russie méridionale et la Crimée.*)

Tel était le théâtre de la lutte qui allait s'engager et dans laquelle tant de milliers d'hommes allaient succomber de part et d'autre.

Commencé le 14 septembre à huit heures du matin, le débarquement de l'armée française était achevé à six heures du soir ; celui des Anglais et des Turcs ne put être terminé que le lendemain par suite du mauvais temps. Le maréchal Saint-Arnaud, bien que très souffrant lui-même du mal qui avait décimé ses troupes, avait conduit avec habileté cette opération et il écrivait le jour même au ministre de la guerre :

« L'avenir se présente avec des garanties de succès qui semblent très solides. Les troupes sont pleines de confiance. Je juge que l'ennemi qui laisse s'accumuler à quelques lieues de soi un pareil orage sans rien faire pour le dissiper à son origine se met dans une situation fâcheuse dont le moindre inconvénient est de paraître frappé d'impuissance vis-à-vis des populations. »

Le maréchal n'avait pas été le seul à avoir une vision juste des événements ; l'apparition de la flotte anglo-française sur les côtes de Crimée n'avait pas surpris le prince Menchikof qui n'avait cessé de signaler à son gouvernement la nécessité d'augmenter les forces réunies dans la presqu'île ; mais on n'avait pas tenu compte de ses avis. N'ayant pas plus de 40,000 hommes à sa disposition, il avait choisi sur la rive gauche de l'Alma une position très forte sur une ligne de hauteurs garnie de redoutes où il espérait arrêter l'armée d'invasion. Sa confiance était telle qu'il écrivait : « J'attends les Français dans une position infranchissable ; fussent-ils 200,000 je les jetterai à la mer. » La bataille de l'Alma allait lui donner un éclatant démenti.

Le 20 septembre les troupes françaises, qui avaient bivouaqué par une nuit froide et humide, étaient sur pied avant le jour. Les premiers rayons du soleil trouvèrent l'armée tout entière debout et prête à marcher. Tous les drapeaux étaient déployés et les musiques faisaient entendre ces accents aux puissantes ivresses destinés à électriser et enlever les masses. Selon le plan d'attaque concerté entre les généraux alliés, les Anglais devaient menacer la droite des Russes ; une division française commandée par le général Bosquet et les troupes turques avaient l'ordre d'agir sur leur gauche, de manière à les amener à dégarnir leur centre que les deux autres divisions françaises étaient chargées d'enfoncer. L'attaque subit un retard considérable, qui aurait pu en compro-

mettre les résultats, du fait des Anglais qui n'entrèrent
en ligne que vers midi. A la droite, le général Bosquet,
franchissant l'Alma, aborde les hauteurs avec son artillerie. Les zouaves du 3e régiment, vieux soldats rompus
au métier des armes, prennent les devants ; ils escaladent
les pentes abruptes en s'aidant des aspérités du sol, et
sitôt sur la crète ils se déploient en tirailleurs et gagnent
du terrain pour permettre aux autres troupes de débou-
cher. Bientôt après, enlevées au galop par leurs attelages,
poussées et maintenues pas les canonniers, les pièces de la
1re batterie font leur apparition sur le plateau et se placent
derrière un bataillon du 3e zouaves, dont les hommes, dispersés en tirailleurs, sont couchés dans un pli de terrain
et arrêtent l'ennemi par leur feu. D'autres batteries et
une brigade d'infanterie arrivent ensuite avec le général Bosquet en personne. Le premier mouvement produit
chez les Russes par cette attaque de flanc sur leur gauche
fut une véritable stupéfaction bientôt suivie de l'ordre de
jeter à la mer ces assaillants si téméraires. Plusieurs
régiments sont détachés pour les refouler ; ils ne peuvent
y parvenir. De nouveaux renforts sont envoyés, dégar-
nissant le centre de l'armée russe. C'était le moment
prévu par le maréchal Saint-Arnaud qui, lançant ses deux
divisions du centre en avant, contraignit l'adversaire à
la retraite.

Le général Menchikof, qui commandait l'armée russe,
indique dans son rapport quelle fut l'énergie de l'attaque
comme de la défense : « Après avoir occupé les vignes de la
rive droite de l'Alma, les bataillons ennemis se formèrent
en colonnes, passèrent la rivière et se déployèrent de
nouveau en lignes de l'autre côté malgré le feu constant
de nos batteries. L'ordre fut donné à la première ligne
de recevoir l'ennemi à la baïonnette pour le rejeter sur
la rivière. A plusieurs reprises nos bataillons, précédés de
leurs intrépides chefs, se précipitèrent à la charge, baïonnette en avant, mais chaque fois accueillis par le feu terrible de la ligne déployée ou par l'épaisse chaîne de
tirailleurs armés de carabines, ils furent repoussés avec

de grandes pertes. L'infanterie ennemie supportait avec
fermeté et sans broncher le feu parfaitement dirigé de
notre artillerie ; les bataillons déployés se couchaient à
terre et s'abritaient derrière les accidents de terrain, tandis que leurs tirailleurs fusillaient nos servants de pièces.
Dans une de nos divisions de huit pièces, tous les servants et tous les chevaux furent successivement tués. »

Les pertes des Russes s'élevaient à 800 hommes tués et
3,500 blessés ou prisonniers. Les pertes des alliés étaient,
pour les Français, de 144 hommes tués et 1,260 blessés ;
pour les Anglais de 353 tués et 1,030 blessés.

Les Russes avaient la conscience d'avoir fait leur devoir
en gens de cœur ; c'était la justice que leur rendait le maréchal Saint-Arnaud et ce sentiment était partagé par
tous nos officiers. Ils avaient la bravoure, le respect de
la discipline, mais leur tactique était vieille d'un demi-
siècle. « Quoique les modifications de l'armement fussent
en 1854 bien loin de ce qu'elles sont aujourd'hui, elles
avaient déjà sur les formations de combat une influence
qu'il n'était plus permis de négliger. » (CAMILLE ROUS-
SET, *Histoire de la guerre de Crimée*.)

La retraite de l'armée russe ne fut pas troublée, par
suite du manque de cavalerie. Les troupes alliées établirent leur bivouacs à proximité de la rivière, sur le champ
de bataille même. Les deux jours suivants furent con-
sacrés à l'évacuation des blessés sur les navires qui devaient les transporter dans les hôpitaux établis à Constantinople. Le 23, les troupes, munies de vivres pour cinq
jours, se mirent en marche sur Sébastopol. Vers onze
heures du matin, on entendit dans la direction de la ville
de sourdes détonations ; c'étaient les Russes qui, craignant une attaque combinée de la flotte et de l'armée
alliées, venaient de couler une partie de leurs vaisseaux
à l'entrée de la baie afin de rendre la passe infranchissable ; les détonations étaient celles de l'artillerie tirée
sur les bâtiments pour y ouvrir des voies d'eau. C'était
l'indication que les Russes étaient décidés à une résistance désespérée. Les défenses du côté sud de Sébas-

8

topol étant inachevées et les dispositions accidentées du
terrain de ce côté offrant plus de ressources pour repousser une armée de secours, les alliés s'y portèrent et occupèrent, les Anglais le port de Balaclava, les Français la
rade de Kamiech, qui assuraient leurs communications
avec la flotte. Pendant cette marche, le maréchal Saint-
Arnaud, mourant, abandonnait le commandement au
général Canrobert et succombait le 29 septembre à bord
du vaisseau sur lequel il avait été transporté.

Dès le débarquement des alliés en Crimée, la direction
des travaux de défense, fort incomplets, de Sébastopol,
avait été remise au lieutenant-colonel Totleben, qui
allait faire en peu de temps de la ville, sous le feu même
de l'ennemi, une place forte redoutable. 12,000 hommes,
se relayant sous ses ordres, élevaient des retranchements
en terre, creusaient des fossés, établissaient des batteries,
construisaient des magasins à poudre et des casemates.
Les femmes travaillaient comme les hommes ; les condamnés eux-mêmes furent utilisés au service des batteries de rempart. Plus de la moitié s'y firent bravement
tuer. Le plan de Totleben était aussi simple que juste ;
il l'a résumé lui-même en ces termes :

« Rechercher la position la moins étendue en longueur
et la plus rapprochée de la ville, et armer ses points
principaux d'une artillerie formidable, relier ces points
entre eux par des tranchées défendues par la mousqueterie, y établir des batteries séparées, armées chacune
de quelques bouches à feu et concentrer de cette manière
sur tous les abords de la ville un puissant feu de front
et de flanc d'artillerie et de mousqueterie en tâchant de
battre autant que possible toutes les sinuosités de ce terrain coupé, par le moyen desquelles l'ennemi aurait pu
s'approcher de la position occupée par nous. » (TOTLE-
BEN, *Défense de Sébastopol.*)

Les retards dans la marche de l'armée alliée et dans
son attaque de la ville permirent à ses défenseurs de
mettre le plan de Totleben à exécution ; les bastions du
Centre, des Deux-Redans, du Mat, de Malakoff, se cou-

vrirent de gros canons fournis par la marine, les
15,000 hommes de la flotte débarqués complétèrent la garnison sous les ordres des amiraux Kornilof, Nakhimof et
Istomine, qui devaient tous les trois succomber dans
cette formidable lutte.

En réalité ce n'était pas une ville assiégée, car toute la
partie nord était libre et communiquait avec l'intérieur
de la Crimée ; c'étaient deux armées retranchées l'une
vis-à-vis de l'autre, élevant batteries contre batteries,
creusant des parallèles et construisant des bastions.
Dans ces conditions, la résistance pouvait être indéter-
minée et si les alliés réussirent à s'emparer de Sébastopol, c'est surtout parce que grâce à leur flotte leurs
moyens d'action leur parvinrent plus rapidement qu'aux
Russes. La flotte était la base de leurs opérations :

« C'est par ce pont jeté en travers de la mer Noire que
viennent incessamment les munitions, les renforts, les
vivres, tout, jusqu'au bois de chauffage. Pendant ce
temps, une autre armée traverse en toute hâte les plaines
boueuses, les plaines immenses. Elle arrive épuisée par
les fatigues d'une longue marche ; elle a apporté le typhus,
elle trouve en arrivant la famine. En vain la Russie re-
double ses sacrifices et veut soutenir encore cette guerre.
Il faut que Sébastopol succombe, car Sébastopol est
trop loin de Moscou, et tant qu'il y aura des flottes
alliées, Marseille sera trop près de Kamiech. » (Amiral
JURIEN DE LA GRAVIÈRE, *La Marine d'aujourd'hui.*)

La tranchée fut ouverte le 9 octobre 1854, à 900 mètres
de la place ; de 9 heures du soir à 6 heures du matin,
2,000 hommes avaient couvert cinq batteries et creusé
des parallèles les reliant entre elles. Ces batteries furent
armées de pièces de gros calibre empruntées pour partie
à la flotte. Le feu, commencé le 17 octobre, ne devait
cesser qu'à la prise de la ville.

Pendant ce temps, l'armée russe venant au secours de
la place essayait de déloger les alliés de leurs positions
et de les amener à lever le siège. Une première attaque
sur Balaclava, où la cavalerie anglaise fut presque

anéantie, fut repoussée, mais n'empêcha pas les Russes
de revenir à la charge dix jours après et de surprendre
les Anglais à Inkermann. L'arrivée des colonnes françaises sur le champ de bataille sauva l'armée anglaise et
transforma sa défaite en victoire. Les pertes des Russes,
dont l'armement était sensiblement inférieur, furent de
2,980 morts et 7,750 blessés ou disparus ; celles des Anglais
s'élevèrent à 635 morts et 1,948 blessés ; les Français eurent 793 hommes hors de combat. L'aspect du champ de
bataille était affreux : « On a vu bien rarement sur un
terrain aussi limité pareil entassement de cadavres. Les
corps étaient amoncelés les uns sur les autres ; c'était une
véritable foule à travers laquelle il fallait se frayer un
passage, mais une foule d'êtres inanimés et couchés sur
le sol.» (PAUL DE MOLÈNES, *Commentaires d'un soldat.*)

Une sortie effectuée le même jour par la garnison était
énergiquement repoussée. Les opérations du siège continuèrent malgré le mauvais temps. Un ouragan survenu
le 14 novembre causa notamment de graves dégâts dans
les campements des armées alliées ; « le sol détrempé formait un lac de fange, et du sommet des collines descendaient d'impétueux torrents ; on vit en quelques instants
les tentes renversées, leur contenu dispersé, les baraques
servant d'ambulances démolies ; beaucoup de malades et
de blessés, atteints par la chute des matériaux, durent
rester exposés pendant longtemps au vent et à la pluie.
Tout fut déchiré, renversé, enlevé ; les marmites, les bi-
dons, les gamelles tourbillonnaient dans l'air, volti-
geaient, s'entre-heurtaient, se brisaient et leurs débris
disparaissaient pêle-mêle. Pendant trois heures, ce fut
un désastre général. » (Lieutenant VUILLEMOT, *Correspondance :* le *Temps*, 23 janvier 1871.)

La flotte alliée, de son côté, était durement éprouvée
par la tempête. La corvette à vapeur le *Pluton* et le vaisseau de ligne le *Henri IV* étaient jetés à la côte ; plus de
vingt bâtiments de transport se perdaient corps et biens
avec les approvisionnements en hommes, chevaux, vivres
et munitions qu'ils portaient.

La situation des soldats russes n'était pas meilleure ; les abris leur manquaient, les pluies abondantes avaient rempli d'eau les nombreuses excavations causées par les projectiles et les communications avec la ville étaient devenues fort difficiles. Astreints à un service périlleux et fatigant, vivant dans la boue, souffrant du manque de vêtements, ils étaient très éprouvés par le choléra, les fièvres et la dyssenterie. Néanmoins, encouragés par l'exemple de leurs officiers qui partageaient leurs privations, ils supportaient ces épreuves avec résignation. Lorsqu'on voulut relever les marins qui occupaient le bastion n° 4 depuis le commencement du siège, ils réclamèrent l'honneur de rester au poste qui leur avait été confié. (MARCHAL, *Guerre de Crimée.*)

L'hiver éprouva durement les troupes ; dans les tranchées, les soldats étaient exposés pendant douze heures à la pluie, les pieds dans l'eau qui s'y accumulait sans cesse ; en janvier, lorsque la neige commença à tomber, des centaines d'hommes eurent les pieds gelés, le nombre des malades et des blessés dans les ambulances s'éleva pendant ce mois à 9,000 ; il fut de 8,000 en février. Les Anglais, eux, sur 53,000 hommes envoyés en Crimée, n'en comptaient plus en janvier que 12,000 dans les rangs. Les Russes de leur côté voyaient leurs hôpitaux encombrés par 25,000 malades ou blessés.

La descente des Français en Crimée, cette presqu'île protégée par une flotte nombreuse, une armée solide, et des forteresses considérées comme imprenables, puis la défaite de l'Alma, la destruction de la flotte, le siège de Sébastopol avaient été pour la Russie un véritable coup de foudre. « On avait tout attendu du gouvernement, et la guerre de Crimée apparaissait comme une immense banqueroute de l'autocratie. Plus les espérances avaient été grandes, plus il s'était trouvé de gens pour espérer la conquête de Constantinople, le bouleversement de l'Orient, l'extension de l'empire slave, plus profonde, plus cruelle fut la déception. Alors un mouvement prodigieux se manifesta ; les langues se délièrent ; à défaut de presse, une

8.

vaste littérature manuscrite courut sous le manteau et
lapida le gouvernement de revendications inattendues,
accusant tout le monde à la fois, l'empereur, les ministres,
l'administration, les diplomates, les généraux. » (RAM-
BAUD, *Histoire de la Russie.*)

Les échecs successifs de sa politique, les défaites subies
par ses armées avaient vivement affecté le tsar ; quand il
entendit s'élever contre lui la voix immense de la nation
jusque là silencieuse, son cœur saigna, il voulut mourir.
Malade déjà d'une forte grippe, il sortit sans pelisse par
un froid de 23 degrés pour passer une revue. Son médecin voulut s'y opposer. « Vous avez rempli votre devoir,
répondit l'empereur, laissez-moi remplir le mien. » Il
donna ses dernières instructions à son héritier, et dicta
lui-même cette dépêche : «L'empereur se meurt », qu'il fit
expédier dans les grandes villes de la Russie.

Il expira le 19 février 1855 laissant pour successeur son
fils aîné Alexandre II.

ALEXANDRE II.

Alexandre II avait trente-sept ans ; il arrivait au trône dans les conditions les plus difficiles. Les fonds publics, à la nouvelle de la mort de Nicolas, avaient monté dans toute l'Europe ; on prêtait au nouvel empereur des tendances pacifiques qui furent précisées dans une circulaire du ministre des affaires étrangères, M. de Nesselrode, aux autres puissances. Il y demandait la liberté du culte pour les populations chrétiennes de l'Orient, la garantie collective de l'Europe pour les Principautés-Danubiennes que l'Autriche s'était empressée d'occuper d'accord avec les alliés au moment de la retraite des Russes, la libre navigation du Danube au profit du commerce de toutes les nations, la révision du traité fermant les détroits des Dardanelles et du Bosphore.

Une conférence s'ouvrit à Vienne, mais il fut impossible de s'entendre. Napoléon III, poussé par l'Angleterre et d'accord avec elle, exigeait la neutralisation de la mer Noire ou la limitation des forces navales que les Russes pouvaient y posséder à quatre vaisseaux et quatre frégates.

La guerre continua. Le petit royaume de Sardaigne, admis sur sa demande parmi les alliés, envoya 20,000 hommes en Crimée ; l'Autriche prit l'engagement de défendre les Principautés-Danubiennes qu'elle occupait.

A Sébastopol, le bombardement et les travaux de tran-

chée d'une part, les sorties désespérées et la construction
de nouvelles défenses de l'autre, continuèrent avec une
énergie croissante. Au 8 avril 1855 les Russes comptaient
dans la ville 48,500 hommes et 998 pièces en batterie ; de
leur côté les troupes françaises s'élevaient à 102,000 hommes et leurs batteries à 578 pièces ; les Anglais avaient
en ligne 22,000 hommes et 123 pièces.

Le 9 avril, de nouvelles batteries furent démasquées
par les alliés et le bombardement prit des proportions formidables. Le feu de la place en partie éteint, ses plates-
formes brisées, ses embrasures bouleversées, tels en
furent les résultats. L'artillerie continua son tir pendant
la nuit ; mais les Russes parvinrent néanmoins à réparer
les dégâts de la journée. « Ni le feu si meurtrier, dit Totleben, ni le terrain détrempé par les pluies et qui rendait
extrêmement difficile le transport des bouches à feu
n'avaient pu empêcher dans l'obscurité l'assiégé, grâce
aux efforts inouïs et au zèle à toute épreuve de la garnison, de réparer ses fortifications et de remplacer presque
toutes les pièces démontées par de nouvelles bouches à
feu, de façon que le lendemain matin Sébastopol offrait
aux yeux des assiégeants la même force que le jour précédent. » (*Défense de Sébastopol.*)

Du 10 au 14 avril, 46,000 projectiles furent lancés sur
la ville ; plus de 6,000 hommes y furent tués ou blessés.
Enlever les morts en plein jour sous un feu aussi violent
eût été le sacrifice de ceux à qui aurait été confiée
cette triste mission ; on se contentait de déposer les cadavres auprès des images des saints qui se trouvaient
dans chaque bastion. Le soir on venait les recueillir afin
de les transporter avec des barques de l'autre côté de la
rade où ils étaient inhumés. Quant aux blessés, ils allaient
s'entasser dans les ambulances déjà encombrées.

« Dans la rue, où fort souvent venaient tomber des fusées qui labouraient la terre ou des bombes projetant
leurs éclats, une compagnie de soldats de transport se
tenait constamment près de la porte d'entrée de la salle
de réunion de la Noblesse. Pendant les neuf jours du

bombardement de mars, des files non interrompues de soldats portant des civières arrivaient à cette entrée ; les cris et les lamentations des blessés qu'on transportait se mêlaient au fracas des bombes ; des traces sanglantes marquaient le chemin jusqu'à la porte d'honneur de l'assemblée. Durant ces neuf jours, la grande salle, destinée autrefois à la danse, se remplissait et se vidait constamment ; les blessés qu'on apportait étaient posés avec les civières en de longues rangées sur le parquet entièrement imbibé sur une profondeur d'un demi-pouce de sang coagulé ; les gémissements et les cris de douleur des patients, les derniers soupirs des agonisants, en même temps que les prescriptions des médecins retentissaient dans la salle. Les chirurgiens, les aides, les garçons d'hôpital formaient des groupes en continuelle activité et circulaient entre les rangs des blessés qui gisaient, les membres arrachés ou brisés, pâles comme la mort par suite de la perte de sang ou de la commotion produite par les projectiles d'un poids énorme qui les avaient presque écrasés. » (TOTLEBEN, *Défense de Sébastopol*.)

La situation des blessés français n'était guère meilleure :

« Deux grottes d'embuscade, enlevées aux Russes dans les ravins du Carénage et de Karabelnaia, servaient d'ambulance aux tranchées de droite. Elles étaient à l'abri des boulets tirés de plein fouet, mais plus d'une bombe, roulant dans les ravins, vint éclater et faire des victimes à l'entrée de ces tristes retraites qu'habitait la souffrance. Un jour douteux pénétrait dans ces anfractuosités et rendait très difficiles les opérations chirurgicales. La nuit, pour ne pas attirer l'attention de l'ennemi, on se contentait d'une misérable petite lampe suspendue à la voûte ; au milieu du bruit sourd et continu de la canonnade, dominaient par intervalle les cris des oiseaux de proie inquiétés dans leurs paisibles demeures, se précipitant de leurs rochers et emportant dans les airs quelque lambeau de chair humaine. Qui dira jamais tout ce qui s'est passé là de triste et d'émouvant? Dans ces ambulances de tranchée, les plaies béantes, les membres brisés recevaient le premier pansement; le sang qui s'échappait en abondance était contenu par des moyens hâtifs; beaucoup n'entraient que pour mourir, après de navrantes agonies, avec un courage héroïque; les autres étaient transportés dans les ambulances divisionnaires. » (L. BAUDENS, *La Guerre de Crimée*.)

Les derniers jours de la défense mémorable opposée par les Russes approchaient. Le 16 mai, le général Pélissier succédait à Canrobert, à qui des divergences de vue avec lord Raglan, le général en chef anglais, au sujet de la direction des opérations rendaient le commandement de plus en plus difficile. Son successeur, dans sa proclamation aux troupes, lui rendait cette justice d'avoir conservé à la France dans une formidable campagne d'hiver une de ses plus belles armées et de l'avoir mis à même d'engager à fond la lutte. Le général Canrobert reprit simplement le commandement de sa division, donnant ainsi à tous l'exemple du dévouement et de l'abnégation.

Le nouveau général en chef, brusque de manières comme de langage, avait une qualité maîtresse, la volonté. Lorsqu'il eut arrêté son plan d'attaque, qui consistait dans la conquête pièce à pièce et à tout prix de la partie sud que l'on bombardait avant de passer à d'autres opérations, rien ne le détourna du but qu'il s'était assigné. L'effectif de l'armée française avait été porté à 120,000 hommes; celui des alliés, anglais, piémontais et turcs, à 80,000, 875 bouches à feu vomissaient sur la ville des milliers de bombes, de boulets, d'obus et de grenades; les tranchées étaient poussées sur certains points jusqu'à trente mètres des bastions russes qui croulaient sous un feu dont le bruit s'entendait à plus de cent kilomètres, pendant que les artilleurs et les soldats des réserves succombaient par milliers. En un seul jour 70,000 projectiles couvraient la place, et dans les vingt-huit derniers jours de siège les pertes des Russes, par suite du bombardement, dépassaient 18,000 hommes. Enfin, une diver-

sion tentée le 16 août par l'armée de secours sur les bords
de la Tchernaïa, au pont de Traktir, était repoussée avec
une perte de 8,000 hommes pour l'assaillant.

Un premier assaut sur Sébastopol, resté infructueux,
servit à nous démontrer la nécessité absolue d'enlever
Malakof, dont la possession assurerait celle de la ville
entière.

Les dernières heures de la résistance furent vraiment
héroïques; dans les bastions le soleil était éclipsé par la
fumée, la poussière, la terre, les éclats des projectiles et
autres objets qui remplissaient littéralement l'atmosphère; vingt, trente obus y tombaient à la fois, projetant
au loin des masses de terre, mitraillant les hommes
qu'elles ne tuaient ou ne blessaient pas de cailloux et de
gravier. Toute la ville n'était plus qu'un immense mon-
ceau de ruines.

Le 7 et le 8 septembre le feu des alliés redoubla pour
cesser le second jour à midi. C'était l'heure fixée pour
l'assaut. A la division Mac-Mahon avait été réservée l'attaque de Malakof. Au signal donné, le 1er zouaves s'é-
lance en tête au pas de course, suivi par le 7e de ligne, et
escalade le parapet avant que l'ennemi ait pu l'arrêter.
Surpris, les Russes opposent néanmoins une résistance
désespérée; ils sortent en grand nombre de leurs abris
blindés et une effroyable lutte corps à corps s'engage à
la tête du fort. Armés d'écouvillons, de pioches, de
pierres même, les canonniers russes défendent leurs
pièces avec un acharnement furieux; la garnison de la tour
crible les assaillants de balles à travers ses créneaux, mais
bientôt, privés de leurs chefs et de presque tous leurs officiers tombés dans la mêlée, les Russes sont rejetés derrière des traverses qui leur permettent d'opposer encore
une résistance obstinée. D'autres troupes arrivent ren-
forcer le général de Mac-Mahon, et les défenseurs, repoussés au delà des dernières traverses, ne se maintiennent
plus que sur le retranchement de la gorge de Malakof.
Tous leurs efforts pour y rester devaient être inutiles
et vers deux heures le bastion entier était occupé. Un

dernier assaut de trois colonnes russes fut repoussé.

Les attaques des Anglais sur le grand Redan, des autres divisions françaises et des Piémontais sur le bastion central et le petit Redan avaient échoué, mais la conquête de Malakof entraînait, par sa position dominante, celle de la ville.

Les pertes des deux côtés dans cette journée avaient été énormes; elles s'élevaient pour les Français à 7,750 officiers et soldats, pour les Anglais à 2,450 tués ou blessés; pour les Russes à 12,913 hommes. (*Rapport du général Pélissier.*)

Le soir même, après une reconnaissance qui lui démontra l'impossibilité de reprendre Malakof, le prince Gortchakof donnait l'ordre d'évacuer la partie sud de la ville et de transporter de l'autre côté de la baie tout ce qui pouvait être enlevé à l'ennemi. A sept heures, la retraite commença. Les troupes en quittant les fortifications avaient laissé dans les magasins à poudre des mèches allumées de différentes longueurs, de manière à amener des explosions successives et à inquiéter l'ennemi. Trente-cinq magasins sautèrent ainsi graduellement, et la ville entière fut livrée aux flammes.

L'enceinte présentait un aspect effroyable.

Sur la terre bouleversée par de récentes explosions gisaient çà et là des affûts brisés, des cadavres russes et français écrasés, de lourds canons de fonte renversés dans le fossé par une force inouïe, à moitié enterrés dans le sol et pour toujours muets, des bombes, des boulets, des éclats de poutres, et encore des cadavres de soldats en capotes bleues ou grises qui semblaient secoués par de suprêmes convulsions et qu'éclairait par instants le feu rouge des explosions retentissant dans l'air. (TOLSTOI, *Scènes du siège de Sébastopol.*)

« J'aurais voulu, écrivait le général Pélissier, pousser en avant, gagner le pont franchissant la rade et fermer la retraite à l'ennemi, mais l'assiégé faisait à tout moment sauter ses défenses, ses magasins à poudre, ses édifices, ses établissements; ces explosions nous auraient détruits en détail et rendaient cette pensée inexécutable. Nous restâmes en position, attendant que le jour se fît sur cette scène de désolation. Le soleil en se levant éclaira cette œuvre de destruction qui était bien plus grande encore que nous ne pouvions le penser. Les derniers vaisseaux russes, mouillés la veille dans la rade, étaient coulés, le pont était replié, l'ennemi n'avait conservé que ses vapeurs qui enlevaient les derniers fugitifs et quelques Russes exaltés qui cherchaient encore à promener l'incendie dans cette malheureuse ville ; mais bientôt ces quelques hommes ainsi que les vapeurs furent contraints de s'éloigner et de chercher un refuge dans les anses de la rive nord de la rade. »

Le siège de Sébastopol était sans précédent dans l'histoire : « Jamais pareilles masses d'hommes ne s'étaient disputé la possession d'une place forte, jamais un aussi grand nombre de bouches à feu n'avaient tonné sur un même point, jamais assiégés ou assiégeants n'avaient exécuté d'aussi gigantesques travaux. Les alliés avaient mis en batterie jusqu'à 800 pièces d'artillerie, tiré plus de 1,600,000 coups de canon, creusé 80 kilomètres de tranchées. Le montant des pertes des Français pendant les 336 jours de siège s'était élevé à 43,040 hommes, celles des Russes avaient atteint le chiffre formidable de 100,000 hommes. Du commencement à la fin du siège, assiégés et assiégeants, inaccessibles aux défaillances et au découragement, avaient livré de rudes combats, exécuté d'immenses travaux sous un feu incessant, bravé la mort sous toutes ses faces, subi de dures privations et d'incroyables fatigues ; dans les deux camps les chefs n'avaient cessé de donner l'exemple ; la liste de ceux qui tombèrent à l'ennemi serait d'une longueur éloquente. Parmi les défenseurs de Sébastopol un mention toute particulière est due à l'illustre chef des ingénieurs, le général Totleben. Il fut l'âme de la résistance de cette ville héroïque, résistance dont aujourd'hui encore, après plus de trente ans, les Russes ne parlent pas sans un légitime orgueil et dont ils s'attachent avec un pieux

9

respect à recueillir les épisodes. » (MARCHAL, *Guerre de Crimée*).

La prise de Sébastopol ne fut pas suivie d'autres opérations considérables. Dans le courant d'octobre, la flotte alliée se présentant inopinément devant Kinburn, place située à l'embouchure du Dniéper, réduisait la garnison à capituler ; la ville mise en état de défense était occupée par le 95e de ligne.

Les négociations reprirent entre les belligérants, et un congrès s'ouvrit à Paris le 25 février 1856; l'Autriche, la Prusse, la Sardaigne, y figuraient avec la France, l'Angleterre, la Turquie et la Russie.

La paix fut signée le 30 mars. La Russie renonçait à son droit de protection exclusif sur les Principautés Danubiennes; une commission internationale était instituée pour assurer la libre circulation du Danube; la mer Noire était neutralisée, il ne devait y être créé ou conservé aucun arsenal militaire; la Russie enfin renonçait au protectorat des chrétiens d'Orient, cause ou prétexte primitif de la guerre.

Ainsi finit cette lutte de deux années, où de part et d'autre il avait été déployé tant d'héroïsme que, suivant l'expression du général Saussier, il n'y eut vraiment ni vainqueurs ni vaincus.

Quels en ont été les résultats? Il s'agissait en réalité de la prédominence en Orient, nous l'avons reconquise pour une heure; « mais, à moins de recommencer la guerre de Crimée tous les dix ans, pouvions-nous espérer que notre main étendue si loin arrêterait un torrent qui roule fatalement sur sa pente? Cette prépondérance, d'ailleurs, au profit de qui l'avons-nous relevée? Pour nous, ou pour nos alliés de 1854? L'histoire s'est chargée de répondre. Insensiblement elle nous a éliminés de l'Orient qui confine à la mer Noire, elle a rejeté notre activité, nos ambitions, nos vues d'avenir sur d'autres points du globe. Pour qui ne se paie pas de phrases, nous ne sommes plus que des spectateurs désintéressés dans les conflits orientaux. Après une courte période, tous les résultats de la

guerre de Crimée sont anéantis; au point de vue de ses
conséquences pour nos intérêts actuels, cette guerre est un
épisode aussi éloigné de nous que la première croisade. »
(De Vogué, *En Crimée*.)

La guerre de Crimée avait eu, malgré ses désastres,
un avantage pour la Russie ; elle avait démontré à tous
que le peuple chez lequel l'immense majorité de la population agricole était encore réduite à l'état de servage se
trouvait dans un état d'infériorité absolue à l'égard des
autres nations européennes et qu'il était indispensable
de transformer d'abord cet état de choses pour accomplir ensuite les autres progrès. Alexandre II résolut d'y
consacrer tous ses efforts.

L'ensemble des Russes non libres s'élevait à environ
47 millions, comprenant 20 millions de paysans de la
couronne, 4,700,000 paysans dépendant des apanages,
des usines, des mines, etc., 21 millions de paysans serfs
de propriétaires et 1,500,000 gens de service. Pour les
paysans de la couronne et des apanages, il suffit de les proclamer libres et de leur accorder le droit d'acquérir et de
disposer de leurs biens. Pour les serfs de propriétaires et
les gens de service, leur affranchissement, qui devait entraîner en leur faveur la propriété du sol qu'ils culti-
vaient auparavant pour autrui, donna lieu à de nombreuses complications; mais la mesure énergiquement
poursuivie par le tsar, malgré toutes les résistances opposées par les propriétaires dont les intérêts étaient en
cause, finit par aboutir, et l'acte du 19 février 1861 pro-
clama enfin que les paysans, attachés jusqu'alors à la
glèbe, étaient libres désormais, qu'ils auraient, moyennant une redevance fixée par la loi, la pleine jouissance
de leur enclos et d'une certaine quantité de terres suffisante pour assurer leur existence, que les domestiques
deviendraient libres de leur personne après un service de
deux années.

La magistrature temporaire des « médiateurs de
paix », créée pour l'application de la nouvelle loi, rendit
les meilleurs services.

Les paysans affranchis étant organisés en communes, le sol racheté au seigneur restait la propriété de l'ensemble des habitants. Aujourd'hui encore ils ne possèdent le plus souvent en toute propriété que leur enclos et le champ qui y attient ; les terres arables, soumises à des partages périodiques plus ou moins fréquents, ne sont possédées par eux qu'à titre d'usufruit. La loi néanmoins permet de procéder à un partage définitif de la terre lorsque les deux tiers des intéressés le demandent.

D'autres réformes également importantes étaient en même temps poursuivies ; au point de vue judiciaire les débats devenaient publics et contradictoires ; le jury était institué en matière criminelle, et le Sénat appelé à remplir le rôle de notre Cour de Cassation. Les juges de paix, élus par les propriétaires fonciers, voyaient leur compétence étendue ; ils jugent au civil les affaires n'excédant pas 500 roubles et les affaires correctionnelles n'entraînant pas plus d'un an de prison et 300 roubles d'amende. Les châtiments corporels étaient abolis.

Au point de vue industriel et commercial, on voyait les voies ferrées portées de 350 kilomètres à 20,000, les canaux et les fleuves sillonnés de nombreux bateaux à vapeur, plus de 300 filatures de coton, des manufactures de soies, des fonderies de métaux, des aciéries créées sur tous les points de l'empire.

Un mouvement littéraire et artistique considérable se produisait aussi, et la presse elle-même, soumise à une censure moins sévère, acquérait une force et une puissance qu'elle n'avait pas connues jusque là.

C'est ainsi que poursuivant son développement intérieur la Russie, selon l'expression de son chancelier, se recueillait et se préparait à des destinées nouvelles.

Trois événements importants signalèrent le règne d'Alexandre II : l'insurrection polonaise, la guerre de Turquie, la conquête de l'Asie centrale.

Après la mort de Nicolas, les Polonais revinrent à leurs anciennes espérances de rétablissement d'une Cons-

titution et même de réunion avec les provinces lithua-
niennes. C'était alors un moment de réveil pour les peuples ; la théorie des nationalités agitait l'Italie, la Hongrie, l'Allemagne. Un grand nombre de Polonais s'en
remettaient à Alexandre II pour l'avenir de leur patrie ;
d'autres au contraire entendaient poursuivre son complet affranchissement. L'émancipation des paysans et les
difficultés qu'elle entraînait avec elle amenèrent une
grande fermentation, des manifestations à la fois nationales et religieuses, puis des rassemblements et une répression qui ne fit qu'augmenter les colères, car la foule
mêlée de femmes et d'enfants n'opposait qu'une résistance passive aux charges de cavalerie et aux décharges
de la troupe qui firent à Varsovie plus de deux-cents
victimes mortellement atteintes. Toute la population,
malgré la défense de la police, ne se montra plus dans
les rues qu'en vêtements de deuil.

Le tsar, sans aller jusqu'à leur accorder une Constitution, crut devoir faire aux Polonais certaines concessions, telles que la création d'un conseil d'Etat, d'une
direction de l'instruction publique et des cultes, de conseils municipaux dans les principales villes ; elles furent
considérées par le parti anti-russe comme illusoires et
insuffisantes ; un mouvement de réaction de la part du
gouvernement amena de nouveaux troubles. Un essai
de conciliation du grand-duc Constantin, nommé vice-
roi, resta sans résultat ; il y fut répondu par une tentative d'assassinat. Toute entente devenait impossible.
L'enlèvement des recrues par l'autorité militaire dans la
nuit du 15 janvier 1863 détermina l'insurrection. Faute
d'armée régulièrement organisée, elle resta en réalité une
guerre de partisans qui profitaient des immenses forêts de
la Pologne pour harceler les troupes russes et se dérober
à leur poursuite. Une intervention diplomatique de la
France, de l'Angleterre et de l'Autriche n'aboutit à aucun
résultat. La Prusse, par contre, concluait avec la Russie
le 8 février 1863 une convention pour la répression des
manifestations polonaises et préparait ainsi l'alliance

dont elle devait tirer plus tard, au détriment de tous ses voisins, un si remarquable parti.

L'insurrection dans ces conditions devait fatalement succomber. Elle se traduisit pour la Pologne par la perte de son autonomie et de ses institutions ; la langue russe rendue obligatoire dans tous les actes publics, l'enseignement à tous les degrés russifié, les biens confisqués à la noblesse et vendus à des Russes, telles furent les mesures dont elle eut à subir les douloureux effets.

Voyons maintenant les résultats de l'alliance prusso-russe. En 1864, la guerre survenant entre la Prusse, l'Autriche et le Danemark, celui-ci, que la Russie, comme la France d'ailleurs, laissa écraser, perdit les duchés de l'Elbe ; en 1866, les maisons de Hanovre, de Cassel, de Nassau, alliées à la cour de Russie étaient détrônées ; celles de Wurtemberg, de Darmstadt, de Bade, réduites à l'état de vasselage ; l'Allemagne était constituée en une puissance militaire singulièrement inquiétante, et les premières revendications se traduisaient dans la presse allemande à la solde de la Prusse en ce qui concerne d'une part l'Alsace et la Lorraine, réclamées dès lors comme ayant fait partie de l'empire germanique, de l'autre les provinces de la Baltique également considérées comme terre allemande.

La guerre de 1870 survenant, le concours du tsar ne fit pas défaut à notre adversaire, la menace de son intervention obligea l'Autriche à rester neutre, et par suite l'Italie et le Danemark. Le 3 septembre, apprenant la victoire de Guillaume à Sedan, il buvait à sa santé et brisait solennellement son verre ; M. Thiers venant solliciter son intervention échouait dans sa mission ; enfin il reconnaissait l'empire allemand dès le 24 janvier 1871 et accordait aux généraux, nos vainqueurs, les plus hautes distinctions. Mais la nation, qui n'avait pas les mêmes raisons de haine contre nous, ne partageait pas les sentiments allemands de son souverain ; elle voyait plus clairement les dangers qu'une politique imprudente lui

faisait courir dans l'avenir ; elle comprenait mieux la
faute commise à notre égard ; des souscriptions étaient
ouvertes en faveur de nos blessés, et le représentant des
Etats-Unis à Saint-Pétersbourg pouvait écrire ces lignes
caractéristiques : « Le sentiment public envers la France
est ici peut-être plus vif encore depuis les récents succès
de la Prusse. Les officiers de l'armée sont, dit-on, presque unanimes pour désirer une guerre contre cette dernière. Je connais plusieurs occasions où des toasts ont
été portés à la ruine des Allemands. Les journaux pu-
blient chaque jour des articles où ils montrent le danger
qui résulterait pour l'Europe de l'accroissement et de la
consolidation d'un pouvoir militaire comme celui de
l'Allemagne du Nord. »

Il est vrai que, comme compensation d'un appui qui
se traduisait par la conquête de royaumes tout entiers,
la Russie obtenait la radiation de l'article 2 du traité
de 1856 limitant ses forces maritimes dans la mer Noire,
article n'existant même plus alors en fait ; et que, d'autre
part, elle allait trouver à la fin de la guerre de Turquie
l'Autriche poussée par la Prusse, reconnaissante à sa
manière, dans la direction de Constantinople, annihilant
ainsi tous les efforts d'une brillante et pénible campagne.

Pour préciser les causes de cette dernière guerre et en
bien indiquer le but, il est nécessaire d'entrer ici dans
quelques détails sur les peuples qui ont été amenés à y
prendre part.

Les Slaves se divisent en trois grands groupes : 1º les
Slaves occidentaux comprenant les Polonais, les Tchè-
ques répandus dans la Bohême, la Moravie et la Silésie, les Slovaques dans le nord de la Hongrie, et les
Lusaciens ou Vendes restés sur les bords de l'Elbe ;

2º les Slaves orientaux, divisés en grands Russes
habitant le nord et l'ouest de la Russie, les petits Rus-
siens occupant la Russie méridionale, les Russes blancs,
beaucoup moins nombreux, voisins de la Pologne ;

3º les Iougo-Slaves, comprenant les Bulgares répartis

dans la Bulgarie, la Thrace et la Macédoine, les Serbes, les Croates et les Slovènes habitant la Serbie, la Bosnie, le Monténégro, l'Istrie, la Dalmatie, la Slavonie, la Carinthie et la Carniole.

Comme on peut le remarquer à l'examen d'une carte, les peuples slaves occupent à peu près le tiers de l'Europe et une partie se trouve comprise dans l'Allemagne, l'Autriche, la Hongrie et la Turquie.

Partout l'Allemand est l'adversaire du Slave qu'il est parvenu sur divers points à séparer de la masse de la race et qu'il s'efforce d'anéantir, comme il l'a déjà fait sur les bords de l'Elbe, dans les provinces polonaises, ou d'absorber à son profit, comme le fait l'Autriche pour la Bohême, la Gallicie, la Croatie, la Bosnie et l'Herzégovine.

D'autre part le Turc, du Danube à Constantinople, a eu sous sa domination la Moldavie, la Roumanie, la Bulgarie, la Roumélie, la Serbie, la Bosnie. Chacune de ces petites nationalités, opprimée par les Ottomans, s'est efforcée de reconquérir son indépendance et chaque mouvement de l'une d'elles, chaque répression sanglante, ont naturellement amené une vive commotion dans tout le monde slave.

Les Russes, qui se considèrent comme les protecteurs naturels de leurs frères de race et de langue, ont toujours soutenu, soit par la voie diplomatique, soit par les armes, ces tentatives de secouer le joug des Orientaux dont ils sont les ennemis naturels, et l'on s'explique ainsi que des faits, au premier abord insignifiants, qui se passent en Bulgarie, en Serbie, puissent passionner un peuple immense et amener les complications les plus graves.

Il ne faut pas oublier que l'Autriche, qui compte un grand nombre de Slaves parmi ses peuples, occupe militairement la Bosnie et l'Herzégovine, qu'elle est poussée par l'Allemagne vers Salonique et Constantinople, et que dans la presqu'île des Balkans elle combat l'influence russe au profit des Allemands.

En 1874, une insurrection éclatait en Bosnie et en

Herzégovine, et la Porte, malgré ses efforts, ne parvenant pas à l'étouffer, l'agitation gagnait toute la presqu'île des Balkans. En 1876, l'assassinat des consuls de France et d'Allemagne à Salonique amena une entente entre l'Allemagne, la Russie et l'Autriche qui invitèrent la Porte à accorder un armistice aux insurgés et à opérer dans son administration des réformes destinées à protéger plus efficacement les populations chrétiennes contre les exactions dont elles étaient l'objet.

La Turquie, que l'Angleterre poussait à la résistance, rejeta ces propositions. D'autre part, un grand nombre de Circassiens, émigrés lors de la conquête du Caucase par les Russes, avaient été transportés en Bulgarie; dénués de toutes ressources ils pillaient les villages, forçaient les paysans à travailler pour eux et se livraient à leur égard aux plus mauvais traitements. Les habitants essayant de résister, des villages entiers furent massacrés. La Porte s'efforça de rétablir l'ordre mais ses troupes, composées de Tcherkesses et de Bachibouzoucks, tuèrent en moins de trois mois plus de 20,000 chrétiens. De pareils faits, accomplis avec la complicité de l'administration ottomane, soulevèrent l'indignation générale; l'insurrection de l'Herzégovine et de la Bosnie s'étendit à la Serbie; un général russe, Tchernaief, un des héros des campagnes turcomanes, y vint se mettre à la tête d'une armée grossie chaque jour par de nombreux volontaires russes ou slaves d'Autriche.

La guerre, commencée le 1er juillet 1876, fut vigoureusement et glorieusement soutenue par les Serbes, qui n'avaient pas 100,000 hommes à opposer aux 200,000 Turcs par lesquels leur pays était envahi; dans une bataille de cinq jours, à Alexinatz, ils firent subir à l'adversaire des pertes cruelles; concentrés ensuite à Djunis ils y soutinrent une nouvelle lutte qui dura trois jours et parvinrent encore à repousser les assaillants, mais les Turcs ayant reçu de nombreux renforts revinrent une dernière fois à la charge et mirent l'armée serbe en déroute. Les volontaires russes s'étaient fait tuer en masse avec leur général.

9.

L'impression produite par cet évènement fut telle que l'ambassadeur de Russie à Constantinople fut invité à remettre séance tenante à la Porte une sommation d'avoir, dans les quarante-huit heures, à accorder un armistice aux Serbes ; en même temps six corps d'armée étaient mobilisés. L'armistice exigé fut accordé et, sur la proposition de l'Angleterre, une conférence se réunit à Constantinople ; les principales puissances européennes y étaient représentées ; les réformes qu'elle proposa furent rejetées par la Turquie. La Russie avait expressément demandé que la paix fût signée avec le Monténégro comme elle venait de l'être avec la Serbie ; le Parlement ottoman, ce simulacre d'assemblée qui venait d'être créé pour donner le change à l'Europe et échapper à sa tutelle, vota la continuation de la guerre avec le Monténégro. C'était un défi à la Russie qui y répondit en traversant la Roumanie, en franchissant le Danube et en poussant vers les Balkans et Constantinople une armée de 250,000 hommes pendant qu'un corps de 60,000 hommes entrait en Arménie.

Les premières phases de la lutte furent signalées par une série de succès des armes russes. Nicopolis tomba entre leurs mains et le général Gourko, surprenant le défilé de Schipka, pénétra dans la Roumélie. (Juillet 1877). En présence de ces évènements, le généralissime turc, qui avait eu le tort de trop disséminer ses troupes, fut destitué et remplacé par Osman-Pacha qui s'établit à Plevna, où Suleyman-Pacha, chargé de reprendre le défilé de Schipka et Méhémet Ali, venant de Roustouk sur le Danube, devaient le rejoindre et opérer la concentration de toutes leurs forces. Mais la résistance acharnée des Russes au défilé de Schipka, du 16 août au 17 septembre, fit échouer tous les efforts de Suleyman, et Méhémet était battu à Tserkovnia pendant qu'Osman-Pacha, malgré tous ses efforts, se voyait enfermé dans Plevna. Le défenseur de Sébastopol, Totleben, fut chargé des travaux d'investissement ; les généraux Gourko et Skobelef, dans des assauts furieux, enlevèrent les positions avancées des assiégés, et après une lutte de quatre mois Osman-Pacha, blessé dans une dernière sortie, n'ayant plus ni vivres ni munitions, dut se rendre avec son armée réduite à 43,000 hommes.

Suleyman-Pacha, battu à son tour et poursuivi par le gros de l'armée russe qui franchit par un froid de 30 degrés les défilés des Balkans, était rejeté dans les monts Rhodope et l'armée russe, marchant en avant, entrait à Sofia le 3 janvier 1878, puis à Philippopolis, à Andrinople et enfin à Silivri et Rodosto sur la mer de Marmara, aux portes de Constantinople. La flotte des Anglais vint prendre aussitôt position devant cette ville; ils avaient encouragé les Turcs à la résistance, ils ne pouvaient faire moins, mais il était trop tard, ils n'avaient plus avec eux de naïfs alliés pour leur venir bénévolement en aide et d'ailleurs les équipages d'une flotte ne pouvaient défendre une ville de cette étendue. Il leur fut catégoriquement signifié que, s'ils voulaient intervenir, l'armée russe occuperait immédiatement Constantinople. Invités par la Porte elle-même à se retirer, les Anglais allèrent mouiller sur la côte d'Asie, et le 3 mars la paix était conclue à San Stéphano entre la Turquie et la Russie. Par ce traité l'indépendance de la Serbie et de la Roumanie était assurée, la principauté de Bulgarie était constituée, le territoire du Monténégro était doublé, la Russie s'augmentait de la Bessarabie jusqu'au Danube et en Asie d'une partie de l'Arménie comprenant les villes de Batoum et de Kars, conquises pendant cette guerre. Enfin la Turquie s'engageait à payer une indemnité de guerre de 900 millions. C'était en réalité le démembrement de l'empire ottoman et son assujettissement à la Russie, qui assurait ainsi la délivrance des Slaves des Balkans. Mais l'Autriche, l'Allemagne et l'Angleterre étaient singulièrement intéressées à ne pas laisser grandir ainsi l'influence russe et une conférence se réunit à Berlin sous la présidence de M. de Bismark qui, oubliant avec une désinvolture vraiment tudesque, que la Prusse devait sa situation à la Russie, et considérant que les intérêts de l'Autriche sur le Danube étaient des intérêts allemands, usa de toute son influence en sa faveur et obtint pour elle des avantages inespérés. Le traité de Berlin, signé le 13 juillet 1878, assurait en effet à l'Autriche l'occupation de la Bosnie et de l'Herzégovine, séparant ainsi le Monténégro de la Serbie; la Bulgarie était divisée en deux; la principauté de ce nom, du Danube aux Balkans, était maintenue tributaire de la Turquie; la province de Roumélie restait sous l'autorité du sultan avec un gouverneur chrétien; les augmentations de territoire du Monténégro étaient supprimées; le Danube, des Portes-de-Fer à la mer Noire, était neutralisé. Enfin — ce fut le dernier acte de la comédie — au moment de signer le traité, le représentant anglais faisait connaître qu'en échange des bons services rendus, son gouvernement avait obtenu de la Porte le droit d'occuper l'île de Chypre. N'ayant pu défendre le territoire ottoman l'Angleterre, comme le chien de la fable, s'en était assuré sa part.

Pour la Russie, la déception était complète; les millions dépensés, les flots de sang versés, l'héroïsme et l'énergie de ses troupes avaient servi à augmenter les territoires des Autrichiens et des Anglais, qui n'avaient pas tiré un coup de feu, et sous la direction de l'Allemagne l'Autriche était poussée vers Salonique et Constantinople pour y combattre et annihiler si faire se pouvait l'influence russe. Celle-ci, heureusement, avait un autre champ ouvert à son activité, et la conquête de l'Asie centrale, dont nous retracerons les principaux évènements dans le prochain chapitre, devait la dédommager de déboires entièrement dus à la fidèle amitié allemande.

Il y avait aussi pour la Russie un autre élément de luttes intérieures sur lequel il est nécessaire de nous arrêter un instant, car les incidents auxquels il donna lieu amenèrent à la fin du règne d'Alexandre II une effroyable catastrophe. Nous voulons parler du nihilisme, qui a érigé en dogme l'assassinat et la destruction de toutes les institutions, et dont le succès serait l'anéantissement de la nationalité russe.

Après la guerre de Crimée, les transformations opérées
en Russie et surtout la suppression du servage ne passèrent point sans soulever des mécontentements; des sociétés
secrètes se formèrent, des proclamations séditieuses aux
paysans furent répandues dans l'empire et amenèrent
une répression qui entraîna à son tour des représailles.
Recruté surtout dans les universités, parmi les étudiants
qui, ne trouvant pas de carrières ouvertes à l'expiration
de leurs études, formaient de nombreux déclassés, le
parti nihiliste en arriva bientôt à préconiser les mesures
les plus violentes et le régicide; il formulait ainsi son
programme au congrès de Bâle en 1869 : « Liquidation
sociale, dépossession de tous les propriétaires, suppression des États actuels et fondation d'un État international
des travailleurs. »

C'est un programme analogue à celui de nos anarchistes;
c'est la guerre sociale qui, sous diverses formes, a existé
de tout temps entre ceux qui possèdent et ceux qui,
n'ayant rien, veulent prendre le bien des autres. Quoi qu'il
en soit, par suite du mécontentement soulevé par les
réformes, les nihilistes trouvèrent bientôt de nombreux
adhérents dans la noblesse dépossédée d'une partie de
ses terres, chez les paysans obligés pour devenir propriétaires de payer aux anciens seigneurs des annuités de
rachat, dans la jeunesse des écoles qui ne voyait pas
s'ouvrir devant elle les nombreuses carrières où elle
comptait trouver un avenir. Plusieurs attentats en 1866,
en 1873 et 1878 vinrent causer une vive émotion; elle fut
singulièrement augmentée lorsqu'on apprit le 17 avril 1878
l'assassinat du recteur de l'université de Kief, puis le
16 août, à Saint-Pétersbourg, du général Mézentsef, chef
de la troisième section ou police secrète. Les nihilistes
coupables de ces meurtres furent déférés aux tribunaux
militaires, mais rien n'arrêta leurs complices. Le 21 février
1879, le gouverneur de Karkof était blessé mortellement
d'un coup de feu; le 7 mars un colonel de gendarmerie
était assassiné à Odessa; d'autres meurtres avaient lieu
à Moscou, à Saint-Pétersbourg, à Kief, à Arkangel, pen-

dant que des incendies ravageaient Orenbourg, Moscou, Nijni-Novgorod et plusieurs autres villes ; le 14 avril un nommé Solovief tirait cinq coups de revolver sur l'empereur qui n'était pas atteint, et le parti nihiliste publiait dans son journal *Terre et Liberté* une apologie de ses actes où on lisait :

« L'assassinat, que des corps d'armée tout entiers ne peuvent empêcher, qui ne saurait être prévu par des légions d'espions, si habiles, si rusés qu'ils soient, voilà le moyen suprême des amis de la liberté ! Quelques meurtres mesquins que nous avons commis ont déjà contraint le gouvernement à proclamer l'état de siège, à doubler la police politique, à placer des postes de Cosaques dans tous les coins, à répandre dans les campagnes de nombreux gendarmes. Par un petit nombre d'actes résolus, nous avons amené à ces mesures désespérées cette autocratie que n'ont pas pu ébranler des années d'agitation secrète. »

Le gouvernement y répondait en donnant des pouvoirs dictatoriaux aux gouverneurs généraux de Moscou, de Varsovie et de Kief, et en nommant avec les mêmes pouvoirs gouverneurs à Saint-Pétersbourg, Karkof et Odessa les généraux Gourko, Loris-Mélikof et Totleben. Les déportations furent nombreuses, et il y eut un temps d'arrêt dans les assassinats et les incendies, mais les attentats reprirent le 1ᵉʳ décembre 1879 par l'explosion d'une mine pratiquée sous la voie du chemin de fer près de Moscou au moment où le train impérial arrivait de Livadia.

Sur les confins de la vieille capitale russe, là où la cité, à moitié asiatique, immense comme l'ancienne Ninive, se perd dans l'étendue, vaincue par l'espacement toujours plus considérable de ses habitations, là où elle s'efface dans les potagers, les champs, les plaines incultes, s'élevait une petite maison, à un seul étage, mais si vieille, si minée par le temps qu'elle semblait à demi-effondrée. Bien qu'on fût dans une capitale, cette masure ne provoquait aucun étonnement dans le quartier ; les habitations qui l'entouraient avaient le même aspect

mesquin et délabré ; l'herbe croissait en été dans les rues ;
l'automne, au moment des pluies, elles présentaient une
suite de bourbiers coupés de mares où s'ébattaient les
canards et les oies. Tous les habitants de ce pacifique
quartier se connaissent, ils y sont nés, ils y mourront.
C'est une population simple qui semble étrangère à
la civilisation moderne ; elle appartient à une vieille
secte religieuse qui date du douzième siècle et dont
toutes les persécutions n'ont jamais pu venir à bout.
La masure fut un jour occupée par un jeune homme et sa
femme ; ils attendaient, disaient-ils, de vieux parents.
Dans le voisinage, on les considérait comme de braves
gens et on ne s'occupait pas d'eux, les croyant de la
même secte. La nuit, on entendait parfois des voitures
qui s'arrêtaient devant leur porte. C'était la maison d'où
partait la mine qui devait faire sauter le train impérial ;
les voitures qui venaient la nuit apportaient la dynamite
et les instruments nécessaires à l'explosion. Les loca-
taires, homme et femme, étaient des nihilistes. La galerie
de mine, commencée vers le milieu de septembre, fut
achevée en deux mois ; elle faisait partie d'un plan con-
sistant à miner la voie ferrée sur trois points, près de
Moscou, près d'Alexandrowsk et près d'Odessa. Mais
les travaux d'Odessa durent être abandonnés par suite
d'un changement d'itinéraire de l'empereur ; la mine à
Alexandrowsk n'éclata point par la faute de la capsule
que la batterie avait cependant frappée au moment
opportun. A Moscou, le train impérial qui allait entrer
en gare fut projeté hors des voies par l'explosion, mais
le tsar était arrivé dans un train précédent, échappant
ainsi à la catastrophe. (STEPNIAK, *La Russie souterraine*).

Le 17 février 1880, la salle à manger du Palais d'Hiver
à Saint-Pétersbourg sautait avec le corps de garde situé
à l'étage inférieur, 60 soldats étaient tués et 40 blessés ;
par un hasard tout à fait inattendu, il y avait eu un
retard dans l'arrivée de l'empereur à la salle à manger ;
il ne fut pas atteint.

A ces attentats, le gouvernement répondit par la nomination d'une commission exécutive et une dictature militaire confiée au général Loris-Mélikof. Le 3 mars un nihiliste tirait sur lui, le manquait et était exécuté ainsi que cinq des auteurs de l'attentat du Palais d'Hiver. L'empereur pensant d'autre part, sur les conseils de Loris-Mélikof lui-même, qu'il y avait lieu de donner satisfaction à certaines tendances de la nation, se ralliait à l'idée d'accorder à la Russie une sorte de Parlement, en appelant dans le conseil d'État les délégués des Conseils provinciaux, des Assemblées de la noblesse et des Conseils municipaux des villes. Le 1er mars, il donnait l'ordre d'insérer ce document dans le *Journal officiel* et il se rendait ensuite à une revue. Revenant vers trois heures au Palais d'Hiver escorté d'un peloton de Cosaques, et passant le long du canal Catherine, près de la place Michel, il entendit tout à coup une violente explosion près de son traîneau; quelques soldats de son escorte et d'autres personnes assistant à son passage venaient d'être tués par l'explosion d'une bombe jetée par un nihiliste. Il descendit aussitôt sur la chaussée pour voir les blessés ; au même moment une deuxième bombe éclatait, faisant de nouvelles victimes. L'empereur, atteint cette fois, avait les jambes brisées, la figure ravagée et le ventre ouvert. Transporté au Palais d'Hiver, il y expira sans avoir prononcé une parole. Comme pour l'attentat de Moscou, la tentative contre la vie du tsar avait été préparée sur plusieurs points à la fois, et tandis que parmi les nihilistes les uns l'attendaient avec des bombes près du canal Catherine, d'autres avaient préparé une mine dans une rue différente où pouvait avoir également lieu son passage. Les auteurs de l'attentat, sauf un, tué par l'explosion de la seconde bombe, furent bientôt arrêtés, condamnés à mort et exécutés.

LA CONQUÊTE DE L'ASIE

Nous avons déjà indiqué que le rôle de la Russie, par rapport à l'Europe et à notre civilisation, a été d'abord de recevoir le choc des immenses hordes asiatiques et de préserver le reste de l'Occident de l'invasion de ces barbares dont les effroyables destructions épouvantèrent tous les contemporains. Brisée par cette poussée de toute l'Asie, la Russie a subi pendant deux siècles le joug des Mongols ; elle a fini par s'en affranchir et alors a commencé pour elle la seconde partie de la mission qui lui était réservée dans l'histoire, la lutte contre les peuplades asiatiques, divisées après la chute de la domination mongole, et la conquête de l'Asie.

Dès le règne d'Ivan IV, aussitôt après la prise de Kazan, bientôt suivie de celle d'Astrakan, la Russie arrivait à la mer Caspienne et aux monts Ourals. Un des familiers du tsar, Strogonof, ayant obtenu au pied de ces montagnes, le long de la rivière de la Kama, des concessions de terre d'une vaste étendue, y créa des centres de population où il appela des colons de bonne volonté, et prit à sa solde un chef de Cosaques, Irmak Timofévitch. Celui-ci, à la tête d'un millier d'hommes pourvus d'armes à feu, ce qui constituait alors une grande supériorité sur des adversaires ne connnaissant que l'arc et les flèches, traversa les monts Ourals, pénétra en Sibérie et prit possession de toute cette contrée, battant et soumettant les

Tartares, les Kirghises, les Samoiëdes et les autres peuplades qui l'habitaient.

La Russie ainsi agrandie restait toujours en contact avec l'éternel ennemi, le Tartare Mongol, qu'elle retrouvait à l'est du fleuve Oural, sur les bords de la mer Caspienne, et au sud avec les tribus occupant le pied du Caucase, la Crimée et les plaines à l'embouchure du Don et du Dniéper.

Pierre le Grand ne négligea pas plus de ce côté que sur les bords de la Baltique les occasions d'étendre ses frontières. Profitant de l'anarchie dans laquelle était plongée la Perse par suite de révoltes intérieures, et voulant venger les mauvais traitements subis par plusieurs de ses sujets, il commanda lui-même une expédition qui, en 1722, descendit le Volga jusqu'à Astrakan et prit Derbent, près de la mer Caspienne; puis ses troupes occupèrent successivement Bakou et le Daghestan.

Catherine II, qui continua si énergiquement son œuvre, conquit la Crimée et occupa définitivement les bords de la mer Noire et de la Caspienne.

Sous Alexandre Ier, une nouvelle lutte avec la Perse, de 1806 à 1813, assurait à la Russie le Schirvan, le Karabach et le Talisch, provinces au sud des monts Caucase et bordant la mer Caspienne.

Enfin sous Nicolas, après la défaite de Navarin, la Turquie céda au vainqueur la Géorgie. Les montagnes du Caucase étaient ainsi complétement franchies, enveloppées et devenaient territoire russe, mais il fallait les conquérir sur les tribus guerrières qui les occupaient. Ce fut l'œuvre la plus longue du règne de Nicolas, dont les armées se virent tenues en échec pendant vingt-cinq ans au milieu de ces régions d'accès difficile par les Circassiens que conduisait leur iman Schamyl, à la fois prophète et chef guerrier. Soutenu par les Anglais, qui lui fournissaient des armes et même des officiers, il infligea au cours de cette longue guerre des pertes cruelles aux Russes qui ne parvinrent à le réduire et à le faire prisonnier qu'à force d'énergie et de ténacité. L'émigration des

montagnards, qui se réfugièrent en masse en Turquie
après sa reddition, débarrassa le pays de ses éléments
turbulents et permit d'y installer des colons dont les
pacifiques progrès furent protégés par la construction de
nombreuses forteresses.

A l'est de la mer Caspienne et aux abords de la mer
d'Aral s'étendait la masse des tribus mongoles, divisées
en petite, en moyenne et en grande horde. Souvent
assaillies par les Turcomans, elles réclamèrent la protection des Russes leurs voisins, s'engageant d'autre
part à protéger les caravanes qui traverseraient leurs
steppes. La ville d'Orenbourg sur le fleuve Oural et le
fort d'Orsk, à la limite de l'Europe et de l'Asie, servi-
rent la première d'entrepôt pour les produits d'échange
entre l'Orient et l'Occident, le second de gardien vigi-
lant de la sécurité du territoire ainsi agrandi. Mais les
incursions et les brigandages des Mongols et des Turcomans leurs voisins continuèrent ; leurs courses sur le
territoire russe étaient accompagnées de pillage ; des centaines d'hommes, de femmes et d'enfants emmenés par
eux étaient ensuite vendus sur les marchés de Khiva et
de Bokhara. Afin de mettre un terme à ces dévastations,
des colonnes expéditionnaires furent fréquemment orga-
nisées, mais leurs résultats restèrent médiocres ; dès
qu'elles avaient quitté le pays, les désordres reprenaient
leur cours. On les remplaça par la création de postes
fortifiés d'abord sur le s pentes orientales des monts
Ourals, puis sur le territoire même des nomades. Les
Russes se trouvaient ainsi en contact direct avec les
sujets des khans de Khiva et de Bokhara.

Déjà, sous Ivan le Terrible, en 1557, une ambassade lui
avait été envoyée de Khiva pour nouer des relations commerciales ; en 1662 le khan, aux prises avec les incursions des turcomans, avait même demandé la protection
du tsar. La demande fut renouvelée en 1702 et accueillie
par Pierre le Grand qui dirigea sur Khiva une caravane
de marchands ; mais bientôt après, par suite d'un revirement, si fréquent chez ces despotes asiatiques, un am-

bassadeur russe envoyé au khan était assassiné et les
hommes de sa suite réduits en esclavage. Les mêmes
alternatives de trèves et d'incursions sur le territoire
russe se continuèrent sous les successeurs de Pierre le
Grand jusqu'en 1853, mais alors l'activité russe, arrêtée en
Europe, se reporta de ce côté et se décida à en finir avec
toutes ces peuplades. Cette même année le khan de Kho-
kand, qui avait toujours encouragé les pillages de ses
sujets, vit ses Etats envahis et son armée de 15,000 hommes défaite par une colonne de 800 soldats. En 1864,
Tchemkend était pris d'assaut; en 1865 Tachkend était
occupé après une lutte de trois jours, et le khan, réduit
finalement à l'état d'humble vassal, quittait en 1875 ses
Etats qui étaient annexés à la Russie et s'établissait à
Orenbourg avec son harem et ses trésors.

Le khan de Bokhara, entrant à son tour en lutte avec
ces voisins hérétiques qu'il fallait exterminer, était
vaincu en 1866 à Irjdar; en 1868 il était battu de nouveau
et le 14 mai de cette année Samarcande, la ville sainte,
l'ancienne capitale de Tamerlan, voyait entrer dans ses
murs l'armée russe qui, laissant une garnison dans la
citadelle, continuait sa marche sur Bokhara et atteignait
l'ennemi à Serpoul où elle lui faisait éprouver une défaite
complète. Pendant ce temps, les habitants de Samarcande,
aidés par les tribus voisines, s'étaient rués sur la petite
garnison de la citadelle, qui ne comptait que 625 hommes,
y compris les malades. Les assaillants étaient au nombre
de 25,000. Pendant six jours, du 12 au 18 juin, ils livrèrent
à la citadelle une série d'assauts furieux, brûlèrent une
porte, ouvrirent une brèche mais ne parvinrent pas à franchir les murailles. Le retour à marches forcées de l'armée
russe sauva la petite garnison, qui était réduite à toute
extrémité, car elle avait perdu 49 hommes tués et comptait 172 blessés. Le rude châtiment infligé à la population
révoltée amena la pacification complète du pays. La citadelle, autrefois place d'armes de Tamerlan, est aujourd'hui
le quartier général du corps d'occupation russe. Le khan,
battu et abandonné par ses troupes, a fait sa soumission

et payé une contribution de guerre de 2,500,000 francs.

En 1873, le khan de Khiva voyait à son tour sa capitale prise de vive force, perdait une partie de ses Etats et se reconnaissait vassal du tsar. Deux ans après, dénué de toutes ressources, renié par ses sujets, il demandait lui-même à échanger ses Etats contre une pension.

Toute la partie de l'Asie centrale au sud de la Sibérie et de la mer d'Aral étant conquise, fut organisée en gouvernement militaire sous les ordres du général Lomakine, mais il restait entre les nouvelles possessions russes, la mer Caspienne et la Perse, de nombreuses tribus nomades de Turcomans qui ne vivaient que de pillage aux dépens des populations qui les entouraient. En 1879, le gouverneur Lomakine dirigea contre Merv, centre de résistance de ces tribus, une expédition qui, insuffisamment préparée et approvisionnée, dut rétrograder après une perte de 500 hommes. Lomakine fut remplacé par le général Skobelef, qui s'était déjà brillamment signalé par une grande intrépidité, une énergie à toute épreuve et la parfaite connaissance des conditions d'une lutte dans laquelle le plus dangereux adversaire était le territoire aride et désolé pendant des centaines de milles qu'il fallait franchir pour rencontrer l'ennemi. La construction d'un chemin de fer destiné à ravitailler les troupes au fur et à mesure de leur marche en avant fut alors décidée, et c'est dans ce premier but que fut établie la ligne qui, partant de la mer Caspienne, aboutit d'abord à Ghéok-Tépé puis se continue par Askhabad, Merv, Bokhara et Samarcande jusqu'à Tachkend.

C'est à Ghéok-Tépé que fut écrasée l'armée des Turcomans. « Comment ne pas être impressionné par la vue de cette forteresse, dont le nom restera dans l'histoire inséparable de celui du général Blanc? Le chemin de fer longe de près ses murailles; leur crête domine la plaine d'une hauteur de 10 à 12 mètres; leur développement, mesuré à vue d'œil, ne paraît pas inférieur à 6 kilomètres. Des tours font saillie de distance en distance, comme de véritables bastions. Les épaisseurs sont en proportion du relief, et que pouvait faire le boulet dans ces gigantesques levées de terre? L'artillerie russe, amenée à grand peine, ne put entamer ces retranchements primitifs. Les projectiles y entraient comme dans du beurre et ne produisaient nul effet. Il fut donc impossible de faire la brèche, et n'ayant pas assez de monde pour bloquer la place Skobelef eût dû renoncer à son entreprise s'il ne s'était avisé d'employer la mine. Ce genre d'attaque, inconnu aux Turcomans, réussit à souhait. On raconte que ceux-çi, entendant des travaux souterrains, s'attendaient à voir les Russes sortir un à un de dessous terre près du bastion miné, et s'y tenaient tous les jours, sabre en main, pour leur couper la tète. Ces malheureux sautèrent en l'air avec les murailles, et l'infanterie russe s'élança à l'assaut. Derrière l'enceinte, 40,000 hommes étaient massés dont une dizaine de mille cavaliers, tous résolus à combattre jusqu'à la mort. Leur résistance fut héroïque, mais la surprise causée par l'explosion décida de la victoire. » (EDGAR BOULANGIER, *Voyage à Merv.*)

15,000 Turcomans restèrent sur le terrain. C'est dans la nuit du 12 janvier 1881, après trois semaines de cheminement dans des tranchées ouvertes pour aborder la place, qu'eut lieu cet assaut mémorable; jusqu'à la dernière heure l'état-major de l'expédition douta du succès. Skobelef en décida par son impulsion et son ascendant sur les troupes. La prise de Ghéok-Tépé mit fin à la lutte, les Turcomans en gardèrent une véritable épouvante, et l'achèvement de la voie ferrée, assurant les communications et le ravitaillement des divers corps d'occupation dans toute l'Asie centrale, compléta l'œuvre de pacification. Grâce à cette conquête, l'Européen peut maintenant parcourir sans danger d'immenses espaces et des villes où trente ans auparavant il eût été infailliblement massacré ou réduit en esclavage.

Le grand instrument de civilisation dans toute cette partie du monde est la voie ferrée, cette merveilleuse création décidée par le général Skobelef, exécutée par le général Annenkov spécialement chargé de l'installation et de la mise en marche de cette voie jetée à travers une région immense, désolée, en partie couverte de sables mobiles, coupée par un fleuve, l'Amou-Daria, de plus d'une lieue de largeur et dont le lit se déplace d'une manière incessante. L'eau manquait dans ce désert de 1,000 kilomètres de traversée ; il fallut installer des distilleries d'eau de mer pour alimenter les machines et pourvoir aux besoins des troupes ; le sable menaçait de faire disparaître à chaque instant la ligne ; il est retenu par des palissades à claire-voie et fixé par des plantations de saxaoul, arbuste ne formant que des buissons mais aux racines profondes.

Tous les travaux de la voie ont été exécutés par deux bataillons de chemin de fer travaillant à tour de rôle et logés avec leurs officiers dans un train de pose de 34 wagons, abritant 600 soldats et 300 terrassiers indigènes.

« Tous les terrassements et maçonneries sont faits par les ouvriers du pays. Les soldats, en vareuse et casquette blanche, qui manipulent si prestement les rails sous les yeux de leurs officiers à cheval, ne touchent ni à la pioche ni à la pelle. Ils trouvent la plate-forme de la voie préparée à l'avance par les chantiers de terrassiers indigènes conduits par les ingénieurs. La distinction des tâches est parfaitement nette et évite tout froissement d'amour propre entre l'élément civil et l'élément militaire.

« Les projets une fois rédigés par les ingénieurs et approuvés par le général, un premier chantier de Turcomans, dirigé par les ingénieurs, exécute les terrassements. Ce chantier peut être considérable et se subdiviser ; l'essentiel est qu'il tienne toujours la tête. Derrière ce premier chantier marche le bataillon de pose, auquel sont adjoints des manœuvres indigènes, qui épargnent aux soldats toute fatigue inutile. Ces détails montrent bien que si la discipline est sévère dans l'armée russe, du moins les chefs y prennent un soin extrême de la santé des troupes.

« Une fois la voie posée, les ingénieurs la reprennent en sous-œuvre, la parachèvent avec leurs ouvriers civils ;

ils précèdent et suivent le chantier militaire; ils sont également chargés de l'entretien.

« S'étonnera-t-on que des travaux de reprise soient nécessaires, après la pose si rapide à laquelle nous allons assister? Sans doute la voie n'est pas dès le lendemain parfaitement roulante, mais tel n'est pas le but qu'on se propose d'atteindre. Il suffit qu'elle soit assez solide pour livrer passage au train militaire, puis aux convois de matériel qui arrivent deux fois par jour; et ce résultat est obtenu car aucun accident ne s'est produit depuis le début des travaux.

« Maintenant d'où viennent les rails, les traverses et toutes les pièces accessoires? Deux fois par vingt-quatre heures, le matériel nécessaire à la pose de deux verstes est amené par un énorme train de 45 à 50 wagons. Le premier convoi arrive dans la nuit, pour la brigade du matin, qui travaille de six heures à midi. Le deuxième convoi arrive dans la matinée, pour la brigade du soir, qui travaille de midi à six heures. Ces convois s'arrêtent nécessairement derrière le train militaire, car le chemin de fer est à voie unique. Ils déchargent donc leur matériel en arrière de ce train, les rails d'un côté de la voie, les traverses de l'autre. Aussitôt le déchargement effectué, le convoi repart pour chercher les approvisionnements du lendemain. A ce moment, le train militaire de pose s'ébranle à son tour et recule au delà de l'emplacement que vient de quitter le convoi de matériel, de manière que la voie reste libre pour transporter les approvisionnements en tête de la ligne. Cette combinaison, qui n'a l'air de rien, donne des résultats merveilleux. A midi, sauf difficultés exceptionnelles, deux kilomètres ont été posés et le train de pose franchit cette distance apportant avec lui le déjeuner des soldats. A cet instant la brigade du soir se met au travail. Le train de matériel, arrivé dans la matinée, s'approche jusqu'à toucher le train de pose, opère son déchargement et se retire; le train militaire recule à son tour de quelques centaines de mètres et les mêmes opérations recommencent pour l'enlèvement

et la pose des traverses et des rails. Le soir venu, deux
autres kilomètres du Transcaspien sont faits et le camp
roulant du deuxième bataillon en prend immédiatement
possession. Telles sont dans leur ensemble les dispositions qui ont permis d'effectuer en peu de mois la traversée du désert turcoman et de vaincre l'obstacle jugé insur-
montable que la nature semblait avoir placé entre
l'Angleterre et la Russie. » (E. BOULANGIER, *Voyage à
Merv.*)

Depuis l'inauguration de la ligne, cérémonie à laquelle
des Français seuls ont été invités, le nombre des voyageurs a augmenté avec une rapidité incroyable. Une notice
en langue persane rédigée par ordre du général Annenkov,
énumérant les avantages du chemin de fer et distribuée
sur tout le parcours, a produit les meilleurs résultats. Il
y a aujourd'hui des wagons spéciaux pour les musulmans,
d'autres pour les dames musulmanes. Les pèlerins de la
Mecque ont déjà adopté cette route nouvelle ; en 1887 leur
nombre a été de 6,000 ; il a plus que doublé l'année suivante.

Une des grandes difficultés rencontrées par les ingénieurs dans l'établissement du Transcaspien a été la
construction du pont sur lequel s'effectue la traversée de
l'Amou-Daria, surtout si l'on considère qu'il a fallu
amener de très loin et à grands frais tous les bois nécessaires : « Le lit du fleuve est très large ; sur les deux
rives s'étendent des prairies ; après les prairies c'est le
désert. Au milieu des eaux, des bancs de sable et des îles
de limon apparaissent tour à tour et disparaissent au
gré du courant. Quant au lit même du fleuve, il se compose d'une couche de limon et de sable reposant sur un
banc compact d'argile dans lequel on a fait pénétrer les
pilotis nécessaires à la construction du pont. Ces pilotis
sont au nombre de 3,530. Réunis cinq par cinq et reliés
par des pièces horizontales et obliques, ils forment les
piles du pont. Ce dernier se compose de quatre parties
non solidaires, afin de limiter les dégâts que peuvent
occasionner la violence des courants ou l'amoncelle

10

ment des glaces. Pont hardi mais fragile en somme. Il a une longueur totale de 2,075 mètres. Au centre est une partie mobile sur barques qui permet la navigation. A droite et à gauche des rails on a ménagé pour les piétons des trottoirs où ne peuvent passer ni les voitures ni les animaux de bât. Le niveau des rails dépasse de dix mètres 70 centimètres celui des basses eaux. Depuis son inauguration, le pont a été traversé chaque jour pendant tout le temps qu'a duré la construction du chemin de fer par deux ou trois trains chargés de rails et de traverses. Il a donc fait ses preuves de résistance. Il a été établi sur les plans de l'ingénieur Balinski et a coûté 350,000 roubles. L'intention du général Annenkov est de le remplacer par un pont en acier aussitôt qu'il aura à sa disposition les fonds nécessaires. » (N. NEY, *En Asie centrale à la vapeur*.)

La conquête de l'Asie centrale met en présence les Anglais qui occupent l'Inde, et les Russes dont les avant-postes sont aux frontières de l'Afghanistan. Il est certain que tout mouvement en Europe aura son contre-coup de ce côté et qu'une guerre ne sera plus engagée par l'Angleterre dans la mer Noire ou la Baltique sans qu'elle s'expose à de terribles revanches en Asie. Quelles complications cette situation nous réserve-t-elle dans l'avenir ? Il est difficile de le prévoir, mais le chemin de fer construit par le général Annenkov a singulièrement modifié les positions et assuré bien des chances de succès à sa patrie.

ALEXANDRE III

Aussitôt après l'attentat qui l'appelait au trône par suite de la mort si terrible de son père, Alexandre III reçut le serment des troupes ; les nihilistes le menaçant également d'assassinat il désigna aussitôt son frère, le prince Vladimir, pour occuper la régence si ces menaces étaient mises à exécution. Le ministère fut composé d'hommes résolus à la résistance. Le général Ignatief, chargé de l'intérieur, poursuivit énergiquement les nihilistes, dont les agissements devaient prolonger quelque temps encore les inquiétudes de la nation et retarder jusqu'au 15 août 1883 le couronnement du tsar à Moscou.

D'autre part, une violente agitation antisémite se manifestait en 1881 et 1882 sur différents points de la Russie ; dans plusieurs villes les maisons juives étaient pillées, quelques juifs étaient tués, un grand nombre blessés. Sévèrement réprimée, cette agitation, en grande partie motivée par le mécontentement des paysans dont les usuriers s'appropriaient les biens, finit par se calmer.

Depuis Pierre le Grand et plus particulièrement sous le dernier règne, les Allemands avaient littéralement envahi la Russie, se glissant dans les fonctions les plus importantes et surtout les mieux rétribuées, se répandant en nombre dans l'intérieur, y créant de véritables colonies, gagnant chaque jour du terrain, surtout dans les provinces frontières, et prétendant bientôt y être les maîtres. Dès les premiers mois de son règne, Alexandre III réagit contre cette invasion dont nous ne connaissons que trop les dangers. Un ukase vint interdire aux Allemands d'acquérir des propriétés dans les provinces comprenant l'ancien royaume de Pologne, la Bessarabie et le voisinage de la mer Baltique. Il leur fut également défendu de gérer des terres appartenant à des Russes. Si une propriété était grevée d'hypothèques au nom d'un Allemand, celui-ci était contraint de la faire vendre aux enchères et de se contenter du prix de la vente. En cas d'héritage d'une propriété foncière, l'Allemand était tenu de la vendre dans un délai de trois ans.

Il est inutile de dire combien cette expulsion des Allemands a été applaudie par tous les Slaves. Déjà lorsqu'il s'était agi du choix d'un précepteur pour le fils d'Alexandre II, il avait été question de désigner un professeur de cette nation et un écrivain célèbre, Hertsen, traduisant le sentiment de ses compatriotes, avait osé écrire à la tsarine : « Si votre fils était appelé à monter sur un trône allemand, même alors je le plaindrais d'être entre les mains d'un précepteur de cette nationalité. Or cet élève est destiné à devenir un tsar russe. Qu'est-ce que son précepteur allemand lui apprendra de la Russie ? Est-ce qu'il la comprend ? Est-ce qu'elle l'intéresse ? Ne se serait-il pas chargé d'aussi bon cœur de l'éducation du fils du bey d'Alger pourvu qu'on lui offrit des émoluments convenables ? Le cœur de cet Allemand vibre-t-il lorsqu'il entend une chanson russe ? Ce cœur saigne-t-il à la vue des misères du pauvre moujik ? Les vers de Pouchkine lui disent-ils quelque chose et comprend-il les aspirations de notre peuple ? Qu'est-ce que cet Allemand enseignera donc à votre fils russe ? Peut-être ignorez-vous la haine hautaine des Allemands contre tout ce qui est russe, leur mépris pour nous, qu'ils ne réussissent même pas à dissimuler sous le masque de courtisan rampant qui rappelle les esclaves rhéteurs du monde antique ? »

Ce sentiment d'Hertsen est celui de la nation tout entière, qui entend à bon droit ne pas être éternellement exploitée par une autre race à laquelle elle ne reconnaît aucun mérite qui lui permette de prétendre à cette supériorité. Le peuple surtout demande qu'on l'en débarrasse, et il suffit pour le comprendre de voir quelle situation a été faite pendant trop longtemps aux étrangers au détriment du Slave :

« Pendant que le paysan russe, réduit au servage, restait attaché à la personne de son seigneur qui pouvait disposer de lui comme de son bétail, le gouvernement russe faisait venir des Allemands de leur pays, leur payait les frais de voyage et à leur arrivée les comblait de terres à profusion choisies parmi les plus fertiles ; en outre il leur fournissait les outils, le bétail, et non content de ces faveurs ne manquait pas, s'il survenait une épizootie ou une mauvaise récolte, de leur venir en aide. En un mot, les colons allemands étaient les enfants gâtés du gouvernement russe. Pendant ce temps, le paysan moscovite vivait dans de misérables villages composés de huttes, entre lesquelles de maigres troupeaux privés de fourrage cherchaient quelques touffes d'herbe à brouter. Il voyait à côté les fermes florissantes des colons, les vigoureuses vaches allemandes aux pis gonflés de lait, et il se disait que si ses vaches à lui étaient si maigres et son isba si pauvre c'est que c'était à lui de payer la prospérité du laboureur étranger, que les sommes énormes que coûtait au gouvernement la colonisation allemande étaient couvertes à l'aide des redevances qu'il donnait au fisc, et qui absorbaient tout le fruit de ses labeurs. Voilà pourquoi le paysan russe a pu s'écrier: Ce qui est bon pour l'Allemand est la mort du moujik. » (MICHEL DELINES, *L'Allemagne jugée par la Russie*).

Aussi les mesures prises pour renvoyer le Germain dans sa patrie et pour en débarrasser le sol russe ont-elles été accueillies avec un enthousiasme qui a valu au tsar le nom d'empereur des paysans.

Tous les écrivains russes traduisent pour ainsi dire à chaque ligne ce sentiment anti-allemand de leur nation,

10.

mais il est un homme, dont nous avons trop brièvement
indiqué les exploits dans les guerres contre la Turquie et
les Turcomans, qui un jour a résumé la pensée de tous
les Slaves; c'est le général Skobelef. En 1882, se trouvant
à Paris, il recevait une députation d'étudiants serbes, et
il leur adressait ces paroles enflammées qui eurent en
Europe un écho retentissant :

« Il est inutile de vous dire, mes amis, combien je suis
profondément touché des manifestations chaleureuses
auxquelles vous venez de vous livrer. C'est avec un véritable bonheur que je me trouve entouré des jeunes
représentants de cette nation serbe, qui a été la première à déployer l'étendard des libertés slaves dans
l'Orient slave. Je dois vous parler franchement, et je
vais le faire. Il faut que je vous confesse pourquoi la
Russie n'est pas toujours à la hauteur de ses devoirs pa-
triotiques en général et de son rôle slave en particulier.
C'est parce que, au dedans aussi bien qu'au dehors, elle
est aux prises avec l'influence étrangère. Chez nous, nous
ne sommes pas chez nous ! Oui, l'étranger y est partout.
Sa main est dans tout. Nous sommes dupes de sa politique, victimes de ses intrigues, esclaves de sa force.
Nous sommes tellement dominés et paralysés par ses
influences innombrables et funestes que si nous nous
en délivrons, comme je l'espère, un jour ou l'autre, nous
ne pourrons le faire que le sabre à la main ! Et si vous
voulez que je vous dise comment s'appelle cet étranger,
cet intrus, cet intrigant, cet ennemi si dangereux pour les
Russes et pour les Slaves, je vais le nommer, vous le connaissez tous, c'est l'Allemand ! Oui, je le répète et je vous
prie de ne jamais l'oublier, l'ennemi c'est l'Allemand !
La lutte est inévitable entre le Slave et le Teuton; elle
sera longue, sanglante, terrible, mais pour ma part j'ai
la foi qu'elle finira par la victoire du Slave !... »

Il ne faut pas s'étonner, en présence des tendances
d'une nation aussi énergiquement manifestées, qu'un
sentiment de réaction se soit produit et se continue contre
l'introduction des coutumes et des modes allemandes,

que les Russes essaient maintenant de se suffire à eux-
mêmes et qu'ils aient commencé par établir à leurs frontières des tarifs de douane véritablement prohibitifs.
Imitant en cela les Etats-Unis, ils ont voulu permettre à
leur industrie de se développer largement à l'abri de toute
concurrence étrangère, et ils y ont réussi. L'Angleterre
est fière de ses mines de houille, mais la Russie n'est
pas moins riche à cet égard : depuis le charbon noir de
la Kama, près de Perm, jusqu'aux immenses gisements
du bassin du Don et aux inépuisables sources de naphte
de la mer Caspienne, la Russie a sur son territoire le
grand aliment d'une puissante industrie, et celle-ci, intel-
ligemment et efficacement soutenue par le gouvernement, prend chaque jour un plus grand essor. Les hauts
fourneaux, les usines, les filatures, les fabriques de
tissus, de sucre, se sont élevés sur tous les points et ont
trouvé dans les possessions russes en Asie des débouchés considérables. Les cotonnades imprimées des fabri-
cants russes, bien faites et d'un bon dessin, sont renom-
mées et vendues dans tout l'Orient jusqu'en Chine ; leurs
draps ont déjà supplanté les produits anglais sur plusieurs marchés de l'Asie ; la Chine, l'Afghanistan, la
Perse et le Nord-Ouest de l'Inde s'habillent avec des
tissus russes que les Orientaux estiment tout autant que
les tissus anglais ; ils sont moins solides mais infiniment moins chers. L'orfèvrerie russe est renommée
pour son élégance et sa beauté ; le cuir de Russie n'a
pas de rival. L'industrie de la soie a pris un développement énorme, elle ne possède pas moins de 200 manufactures à Moscou et dans les environs. (H. BARRY, *La
Russie contemporaine*.)

Transformation sociale, transformation industrielle,
telle est l'œuvre poursuivie de nos jours en Russie.
Quelles en seront les conséquences ? L'avenir seul pourra
répondre à cette question, mais le passé autorise toutes
les espérances et la ténacité, qui est un des caractères du
grand Russe, est une garantie que le monde trouvera dans
la race slave un nouvel élément de civilisation. Placée

aux portes de l'Asie, elle a continué les traditions du monde ancien, de l'empire grec, dont elle a gardé la religion ; elle a reconstitué l'empire d'Orient pendant que la France, à l'Occident, héritière de Rome, a continué sa civilisation, propagé ses idées, développé ses tendances. Aujourd'hui réunies par des aspirations communes, par le même amour de la patrie, la même haine du barbare, de la race dont la protestation contre le monde romain, contre l'esprit de Rome et sa mission a été éternelle, elles attendent patiemment l'heure de la justice, du droit, de la libération des frères opprimés. L'exposition de Moscou où nos compatriotes ont été si bien accueillis, et la réception de la flotte française à Cronstadt marquent suffisamment pour tous la sympathie qui unit les deux nations.

Le tsar actuel, Alexandre III Alexandrowitch, empereur de toutes les Russies, tsar de Moscou, de Kief, de Vladimir, de Novgorod, d'Astrakan, souverain de Pologne, de Sibérie, de la Chersonèse taurique, seigneur de Pskow, grand-duc de Smolensk, de Lithuanie, de Volhynie et de Finlande, prince d'Esthonie, de Livonie, de Courlande, etc., est né à Saint-Pétersbourg, le 10 mars 1845, de l'empereur Alexandre II et de l'impératrice Marie, princesse de Hesse, morte le 3 juin 1880. Il a épousé le 9 novembre 1866 la princesse Marie-Sophie-Frédérique Dagmar, fille du roi de Danemark, née à Copenhague le 29 décembre 1847. Il a cinq enfants :

Nicolas Alexandrowitch, grand-duc héritier, né en 1868 ;

Georges Alexandrowitch, né en 1871 ;

Xénie Alexandrowna, née en 1875 ;

Michel Alexandrowitch, né en 1878 ;

Olga Alexandrowna, née en 1882.

« Tout ce qu'on peut dire au sujet du tsar, écrivait Tourguenef lors de l'avènement du nouvel empereur, c'est qu'il est Russe et rien que Russe ; partout en le voyant on nommerait sa patrie. »

Quant à la tsarine, tous ceux de nos compatriotes qui

ont eu la bonne fortune, soit par l'intérêt que présente le voyage en lui-même, soit pour leurs affaires, de se rendre à Saint-Pétersbourg, ont été accueillis par elle et protégés avec une grâce et une courtoisie dont ils lui sont profondément reconnaissants. Nos artistes ont toujours reçu d'elle l'accueil le plus affable et il n'est sorte de délicates attentions dont ils ne soient l'objet de sa part. Un récent incident survenu à l'exposition de Moscou témoigne de son affabilité à l'égard des nôtres : le 30 mai dernier, pendant que l'empereur et l'impératrice parcouraient les galeries, les ouvriers français avaient résolu de leur offrir un magnifique bouquet de roses entouré d'un ruban à nos couleurs nationales. Mais qui porterait la parole et prononcerait le compliment d'usage ? Personne n'osait se risquer. Enfin deux des plus anciens, un vernisseur de la maison Pleyel-Wolf et un monteur des forges de Firminy, délégués par tous leurs camarades, finirent par se décider à la démarche. Dieu sait avec quelle émotion ils s'en acquittèrent et comment ils arrivèrent au bout de leur discours ; mais au milieu de l'attendrissement général l'impératrice s'avança vers eux et, non contente de les remercier, elle leur serra les mains avec effusion. La mère n'avait pas oublié l'accueil fait à son fils, le prince héritier, dans nos colonies, au cours du voyage qu'il achève d'accomplir, et l'émotion qui le 12 mai dernier s'était manifestée en France lorsqu'on y avait appris qu'il avait été l'objet d'une tentative de meurtre de la part d'un fanatique japonais.

Un mot pour terminer sur la Constitution russe. La Russie a une monarchie absolue et héréditaire. L'Etat compte trois grands corps : le Conseil d'empire qui comprend 60 membres, s'occupe de la législation, des affaires civiles et des cultes, des questions économiques et financières; la chancellerie privée de l'empereur, qui a remplacé l'ancien Sénat, constitue la Cour de cassation, enregistre et publie les ordonnances impériales ; le Saint Synode est chargé de la direction des affaires de l'Eglise nationale.

L'administration est répartie entre dix ministères : présidence du Conseil, maison de l'empereur, affaires étrangères, guerre, marine, intérieur, instruction publique, finances, domaines, voies et communications.

L'empire russe est partagé en 61 gouvernements ayant à leur tête des gouverneurs représentants du tsar. Les gouvernements sont divisés en districts administrés par des ispravniks, dont les fonctions correspondent à celles de nos sous-préfets. Dans chaque gouvernement et chaque district il existe depuis 1864 des assemblées électives nommées pour trois ans, avec des commissions de permanence siégeant dans l'intervalle des sessions. Les communes, où depuis l'émancipation des paysans en 1861 ceux-ci ont pu devenir propriétaires du sol, sont administrées par l'assemblée des chefs de famille qui nomme dans son sein le staroste ou ancien, et qui répartit l'impôt, opère le partage des terres communes, etc.

La Russie, qui comptait 15 millions d'habitants en 1723, 20 millions en 1784, 41 en 1812, 65 en 1835, 75 en 1878, 89 en 1883, en comprend 109 millions en 1890. Son territoire qui sous Ivan III, en 1505, était de 40,000 milles carrés, sous Ivan IV de 70,000, a atteint sous Pierre le Grand 282,000, sous Catherine II 352,000, sous Alexandre Ier 367,000 et sous Alexandre III 400,000 milles carrés.

En 1813, l'armée russe s'élevait à 570,000 hommes ; aujourd'hui ses effectifs pour le pied de paix sont de 775,000 hommes et pour le pied de guerre de 3,600,000 hommes se composant comme suit :

    Infanterie : officiers, 40,000 ; — hommes, 3,000,000
    Cavalerie :   —   6,500 ;   —   220,000
    Artillerie :   —   5,300 ;   —   277,000
    avec 5,000 pièces, 15,700 caissons, 5,800 voitures ;
    Génie : officiers, 1,200 ; — hommes, 50,000
        avec 3,500 voitures ;

Plus les troupes du gouvernement transcaspien, de l'Asie centrale et de la Sibérie.

L'armée de campagne est divisée en armée active, y compris les cosaques de première levée ;

En troupes de réserve avec les Cosaques de deuxième et troisième levées ;

En milice divisée en deux bans.

Outre ces troupes destinées à agir en rase campagne, il y a encore des corps de forteresse, de frontière, et la gendarmerie.

L'infanterie russe, comprenant des troupes de ligne et des chasseurs, compte 12 régiments de la garde, 16 régiments de grenadiers, 164 de ligne, 87 de réserve, 87 bataillons de réserve indépendants et 488 bataillons de milice.

La cavalerie russe compte 10 régiments de la garde, 8 régiments de Cosaques de la garde, 40 régiments de dragons, 117 régiments de Cosaques, 34 sotnias indépendantes de Cosaques, 72 sotnias de milice.

L'artillerie de campagne se compose de 3 brigades montées de la garde, 4 brigades d'artillerie montée de grenadiers, 41 brigades d'armée, 3 batteries de montagne indépendantes, 5 batteries à cheval de la garde, 23 batteries d'armée, 35 de Cosaques, 23 brigades d'artillerie de réserve.

Les troupes techniques comprennent 17 bataillons de sapeurs, 8 de pontonniers, 4 de chemins de fer, 5 compagnies de mineurs torpilleurs, 34 compagnies de sapeurs de réserve et 1 bataillon de chemin de fer de réserve.

Les troupes de forteresse forment 21 régiments d'infanterie, 16 batteries d'artillerie, 50 bataillons d'artillerie.

Les troupes de frontière se composent de 18 brigades et de 2 détachements indépendants répartis sur les frontières de Prusse et d'Autriche.

Les troupes de remplacement de cavalerie consistent en 112 escadrons de dépôt.

L'armement de l'infanterie est le fusil Berdan, modèle 1872, à un coup, calibre, $10^{mm}7$; il pèse 4 kil. 300. La cartouche métallique pèse 42 gr. 5. La portée est de 1,100 mètres. Le soldat a sur lui 84 cartouches ; les caissons des troupes en contiennent 48 par homme.

L'uniforme de l'infanterie est vert foncé, avec écussons

au col et manteau gris clair ou brun jaunâtre. Pour les officiers, l'uniforme est à peu près semblable à celui de la troupe ; les signes distinctifs se trouvent sur les pattes d'épaules. L'insigne de service pour tous les officiers est une ceinture d'argent sans franges.

La cavalerie est armée du sabre et de la carabine Berdan. Le premier rang des Cosaques a la lance de 3ᵐ10 de longueur. Les dragons portent la tunique vert foncé ; les uniformes des autres corps sont variés : les hussards ont le dolman à brandebourgs, les Cosaques la tunique, bleue pour les uns, verte pour les autres ; ceux du Kouban portent une veste rouge ; ceux de Terek une bleue avec dix étuis métalliques sur la poitrine.

Le matériel d'artillerie se compose de canons se chargeant par la culasse, en acier fondu, modèle Krupp, 1877 et 1879 ; ils sont fabriqués à l'usine d'Oboukhov.

La tenue de l'artillerie est également vert foncé.

La plupart des jeunes gens qui aspirent au grade d'officier passent par les écoles de cadets, au nombre de 22, réparties entre toutes les provinces d'Europe et d'Asie. Ces écoles, réorganisées en 1882, ont acquis un développement considérable et donnent d'excellents résultats. Les élèves peuvent y entrer de dix à dix-huit ans ; ceux qui ont achevé leurs études avec succès sont désignés pour passer dans les écoles spéciales, au nombre de 5, dont 2 pour l'infanterie, 1 pour la cavalerie, 1 pour l'artillerie et 1 pour le génie. Chaque école spéciale compte de 150 à 200 élèves. La durée des cours y est de deux ans pour l'infanterie et la cavalerie, de trois ans pour l'artillerie et le génie. A leur sortie, les élèves qui ont satisfait aux examens sont nommés sous-lieutenants.

A ces écoles il faut ajouter le corps des pages impériaux, où sont seuls admis les fils des hauts fonctionnaires ou les jeunes gens de grande famille que le tsar appelle auprès de lui. Ils suivent des cours spéciaux et sortent sous-lieutenants dans la garde.

Les diverses écoles fournissent la presque totalité des officiers de la garde et des armes spéciales, et [un cinquième des officiers de ligne. Le supplément considérable d'officiers nécessaire aux besoins de l'armée est fourni par le volontariat et exceptionnellement, en temps de guerre, par l'avancement direct des sous-officiers au grade d'officier.

En vertu de la loi de recrutement du 1er novembre 1876, tout sujet russe âgé de plus de dix-sept ans et possédant une instruction justifiée par des diplômes ou certificats d'études peut entrer au service en qualité de volontaire, avec choix du corps. Les volontaires sont, suivant leur instruction, répartis en trois catégories et astreints à un, deux ou trois ans de service. Ils reçoivent une instruction spéciale et sont soumis à des examens semestriels. A leur sortie, ils sont promus sous-lieutenants. Mais beaucoup d'entre eux ne sont pas en mesure de subir l'examen final sans une préparation spéciale ; ils se font alors envoyer dans une des seize écoles de Younkers destinées à leur donner l'instruction suffisante ; ils y suivent des cours pendant deux ans et sont nommés officiers à leur sortie.

Le recrutement des officiers supérieurs est assuré par l'académie d'état-major, qui correspond à notre école supérieure de guerre. La grande majorité des officiers qui y sont reçus chaque année provient des écoles spéciales et du corps des pages.

L'avancement des officiers a lieu par corps au fur et à mesure des vacances jusqu'au grade de général.

Les médailles et décorations sont nombreuses en Russie. Les ordres de Saint-Alexandre Newski, de Saint-André, de Sainte-Anne, de Saint-Wladimir, et surtout celui de Saint-Georges dont la croix ne se donne que pour faits de guerre, sont les plus estimés. Les décorations se portent, selon la classe, à la poitrine, au cou ou à la dragonne du sabre.

Il semblerait que le sort du soldat russe, au premier aspect, est digne de pitié : il n'a jamais quitté son isba, la maison de bois où il est né, et il se trouve brusquement transporté à des centaines de lieues de son village,

11

abandonnant pour six ans ses parents et souvent sa femme, car il se marie jeune. Il n'a guère l'espoir, pendant tout son temps de service, d'aller revoir les siens, car les congés sont rares et sa solde lui interdit les dépenses d'un long voyage. Des nouvelles, il en reçoit et en envoie rarement, car souvent il est illettré, et cependant il est satisfait de son sort, il est content et fier de servir le tsar et il attend gaiement, sans impatience, le jour de sa libération. C'est que le paysan russe ignore l'amour du clocher, le mal du pays ; il sait que la Russie est grande, que partout où il ira il verra des pays appartenant à l'empereur et la croix russe scintiller au-dessus des églises. Les règles sévères de la discipline ne provoquent chez lui ni étonnement, ni révolte, il est dès son enfance plié à l'obéissance et au respect du chef, père de famille ou fonctionnaire. Obligé de passer au quartier la plus grande partie de son temps, il s'accoutume vite à sa vie nouvelle, il s'attache à ses camarades, à ses supérieurs, il se distrait avec ses chansons et ses danses populaires.

Nous terminerons ces quelques données sur l'armée russe en reproduisant le *Memento du soldat*, rédigé par le général Dragomirov, commandant l'académie d'état-major à Saint-Pétersbourg. Ce document a été distribué à toutes les troupes et doit leur servir de guide pendant leur séjour sous les drapeaux, et principalement en campagne. Ce Memento, dont la forme originale frappera le lecteur, fait appel à la foi religieuse des hommes, à leur bon sens, à l'esprit du devoir, au mépris de la mort ; il donne l'impression exacte des sentiments qui animent l'armée russe. Nous en devons la traduction, ainsi que les renseignements qui précèdent sur l'armée russe, à la très intéressante *Revue du cercle militaire*, à laquelle les lecteurs que ces questions intéressent pourront utilement se reporter.

MEMENTO DU SOLDAT

« Le soldat est le guerrier du Christ ; c'est ainsi qu'il doit se considérer et se comporter.

« Vois dans la troupe dont tu fais partie une famille ; dans ton chef un père, dans ton camarade un frère, dans ton subordonné un parent plus jeune ; alors on est gai, on est en famille et on se moque de tout.

« Ne pense pas à toi, pense à tes camarades ; les camarades penseront à toi. Toi-même péris s'il le faut, mais dégage ton camarade.

« Sous le feu, éparpillez-vous ; dans l'attaque, marchez groupés ; on frappe avec le poing et non avec les doigts écartés. Le pied soutient le pied ; la main renforce la main.

« Attache-toi à ton groupe : un malheur seul ce n'est point un malheur ; deux malheurs ce n'est que demi-malheur ; la débandade, voilà le malheur.

« N'attends pas qu'on te relève, on ne te relèvera pas ; le soutien viendra. Tu auras tout le temps de te reposer quand tu auras bien tapé.

« On ne bat que celui qui a peur.

« Frappe toujours, ne t'amuse jamais à parer. Ta baïonnette se rompt, frappe avec la crosse ; la crosse te manque, frappe avec tes poings ; tes poings sont meurtris, accroche-toi avec les dents. On ne bat que si on lutte en désespéré et jusqu'à la mort.

« Dans le combat, le soldat est une sentinelle ; même en mourant ne lâche pas ton arme des mains.

« Conserve une balle trois jours, et quelquefois toute la campagne, quand on ne peut en trouver nulle part ; tire rarement, mais juste, pique ferme avec la baïonnette. La balle s'égarera, la baïonnette ne s'égarera pas. La balle est folle, la baïonnette est une luronne.

« Ajuste chaque coup ; tirer à tort et à travers ne fait qu'amuser le diable. L'ennemi est atteint par une balle bien ajustée et non par une balle folle. Sois avare de la cartouche : si tu tires de loin au hasard, quand tu arriveras à bonne distance là où il serait bon de tirer, tu n'auras plus rien dans ta giberne. Pour un bon soldat 30 cartouches suffisent dans l'affaire la plus chaude.

« Ramasse les cartouches des tués et des blessés.

« Tombes-tu à l'improviste sur l'ennemi ou lui sur toi, frappe sans réfléchir ; ne lui laisse pas le temps de se reconnaître. Celui-là l'emporte qui le premier crie : Hourra ! Trois tombent sur toi, le premier tu l'embroches, le second tu le fusilles, contre le troisième encore la baïonnette. Dieu protège le brave.

« Là où le hardi se tire d'affaire, il n'y aura pas de Dieu pour le timide.

« Le bon soldat n'a ni flancs ni derrières, il est toujours front du côté d'où vient l'ennemi.

« Contre la cavalerie fais toujours face ; laisse approcher à 200 pas : feu, croise la baïonnette et immobile !

« A la guerre tu ne mangeras ni ne dormiras ton saoûl, tu seras exténué, c'est la guerre. Le métier est parfois difficile pour le bon soldat ; il est tout à fait pénible pour le soldat mou. Mais s'il est dur pour toi, il n'est pas plus facile pour l'ennemi, il est peut-être même plus dur que pour toi, seulement tu vois ta peine, et celle de l'ennemi tu ne la vois pas ; elle existe pourtant toujours. Aussi ne te décourage pas, plus cela va mal pour toi, plus tu dois combattre avec acharnement et en désespéré ; tu vaincras et aussitôt tu seras mieux et l'ennemi plus mal ; celui qui persévérera jusqu'au bout sera seul sauvé.

« Ne crois pas que la victoire se gagne d'un seul coup ; l'ennemi aussi peut être ferme. Quelquefois tu ne réussiras ni à la seconde ni à la troisième fois ; attaque une quatrième fois et davantage jusqu'à ce que tu aies atteint ton but.

« Tant que tu combats, occupe-toi de sauver les bien portants ; ce n'est qu'après avoir battu l'ennemi que tu songeras aux blessés. Celui qui s'en soucie pendant le combat et quitte les rangs est un mauvais soldat et non un homme compatissant ; ce ne sont pas ses camarades

qui lui sont chers, c'est sa peau. Tu battras l'ennemi :
tout le monde s'en trouvera bien, et les bien portants
et les blessés.

« Dans les marches, n'abandonne pas ta place ; on s'est
arrêté une minute, on est en arrière de 120 pas. Marche
gaiement, ne t'abandonne pas. On est arrivé au bivouac,
le repos n'est pas pour tout le monde ; l'un dort, l'autre
veille. Si tu dois dormir, dors tranquillement jusqu'à ce
qu'on te réveille ; les camarades gardent. Es-tu placé
pour garder, tiens-toi gaillardement à ton poste, lors
même que tu aurais 100 verstes dans les jambes.

« Si tu as un commandement, tiens tes hommes solidement dans la main, donne des ordres sensés et ne com-
mande pas comme une brute : « En avant marche ! »
Commence par dire ce qu'on doit faire, pour que chaque
homme sache où et pourquoi il va, alors tu pourras com-
mander ton : « En avant marche ! » Tout militaire doit
comprendre sa manœuvre.

« Meurs pour la foi orthodoxe, pour le tsar bien-aimé,
pour la sainte Russie : l'Eglise priera Dieu pour les
morts et ceux qui resteront vivants auront honneur et
gloire.

« Ne maltraite pas l'habitant, c'est lui qui nous donne
à manger et à boire. Le soldat n'est pas un brigand.

« Tiens-toi proprement, veille à ce que tes vêtements
et ton équipement soient toujours en ordre. Soigne ton
fusil, tes cartouches, ton biscuit et tes jambes plus que
la prunelle de tes yeux. Apprends à bien envelopper tes
pieds de linges et pour la route enduis-les de graisse ;
c'est plus tendre pour le pied.

« Le soldat doit être bien portant, brave, ferme,
décidé, juste, pieux ! Prie Dieu, c'est lui qui donne la
victoire ! Héros sublimes ! Dieu vous conduit, c'est lui
votre général ! »

GEOGRAPHIE

Après avoir parcouru l'histoire de la Russie dans ses grandes lignes, il nous reste à donner quelques détails sur la situation géographique de ce pays. C'est ce que nous ferons en recourant aux descriptions d'auteurs ou de voyageurs qui en ont parcouru les diverses parties, nous attachant de préférence à ceux dont l'impartialité et la bonne foi nous ont paru de sûrs garants de leur véracité.

Mais, d'abord, jetons un coup d'œil sur l'ensemble de cet immense empire. Nous le voyons borné au nord par les mers polaires, du côté de l'Europe par la Suède, la mer Baltique, l'Allemagne, l'Autriche ; par la Turquie d'Europe et la mer Noire au sud ; en Asie par la Turquie d'Asie, la Perse, l'Afghanistan, la Chine et l'Océan Pacifique.

Son territoire renferme, au milieu des steppes, entre l'Europe et l'Asie, deux mers, dont l'une surtout présente une vaste étendue, la Caspienne, et la mer d'Aral.

Pays de plaines, la Russie d'Europe, de la mer Blanche à la mer Noire et des frontières d'Allemagne à l'Oural, se divise en deux régions :

Celle des bois, qui depuis les marécages glacés du nord descend jusqu'au centre de l'empire et à l'ouest jusqu'à Kief ; les essences dominantes y sont le pin sylvestre et le bouleau ; on y trouve aussi le sapin, l'aulne, le mélèze et le tremble, et dans le centre le tilleul, l'orme, l'érable ainsi que le chêne ;

Celle des steppes ou plaines du Sud, qui se distinguent elles-mêmes en terres noires, voisines de la région des forêts, vaste champ pour ainsi dire sans limites s'étendant sur des centaines de lieues, où le sol, d'une admirable fécondité, donne sans fumure de magnifiques récoltes de blé et constitue une Beauce de 680,000 kilomètres carrés ; en steppes à sol fertile qui se continuent au sud des terres noires jusqu'à la mer ; ce sont des prairies couvertes au printemps d'herbes de toute sorte qui en font un interminable tapis de verdure ; en steppes infertiles, impropres à toute agriculture, s'étendant du Don au Volga puis autour de la mer Caspienne et dans l'Asie Centrale.

« Là, toute couche végétale disparaît pour ne laisser voir que la pierre, le sable ou un sol imprégné de sel plus défavorable encore à la culture. Cette région inféconde est formée de la vaste dépression ouralo-caspienne, fond de mer récemment desséché où l'eau en s'évaporant a laissé le sel, et qui est encore çà et là couverte de petits lacs salins. C'est un vrai désert qui n'offre à l'homme que de rares oasis. Une parties de ces steppes salines sont au-dessous du niveau de la mer, comme la Caspienne elle-même, dont elles forment l'ancien bassin et qui, rétrécie et abaissée, se trouve aujourd'hui à 28 mètres au-dessous de la surface de la mer Noire. Cette steppe ouralo-caspienne est de toute la Russie la partie la plus sèche, la plus dénuée de bois, la plus exposée à des saisons excessives. » (A. LEROY-BEAULIEU, *La Russie et les Russes*.)

Cette division de la Russie en pays de forêts au nord, de steppes au sud bien établie, voyons quel est son aspect général :

« Le principal caractère de la Russie, c'est l'unité dans l'immensité. Au premier coup d'œil, en comparant les extrémités de ce vaste empire, les marais glacés du Nord aux déserts brûlants des bords de la Caspienne, les lacs à vasques de granit de la Finlande aux chaudes montagnes de la côte méridionale de la Crimée, on est frappé de la grandeur des contrastes. Il semble qu'entre ces limites,

entre la Laponie où vit le renne et les steppes du Volga
où vit le chameau, l'intervalle soit si vaste qu'il faille
bien des régions différentes pour le remplir. Il n'en est
rien. La Russie, à ses extrémités, en Europe même, a
des échantillons de tous les climats ; mais les contrées
de l'aspect le plus tranché, la Finlande, la Crimée, le
Caucase, ne sont que des annexes de l'empire, annexes
naturelles quoique bien différentes de la Russie proprement dite. Dans l'intervalle, entre les contreforts des
Karpathes et l'Oural, s'étend une région d'une analogie
de climat, d'une monotonie de structure impossible
à rencontrer à pareil degré sur de tels espaces. De
l'énorme muraille du Caucase à la Baltique, cet empire,
à lui seul presque aussi grand que le reste de l'Europe,
présente dans ses nombreuses provinces moins de variétés
que les nations occidentales dont le territoire est dix ou
douze fois plus petit. C'est l'uniformité de la plaine. »
(A. LEROY-BEAULIEU.)

Cette plaine, qui occupe la moitié de l'Europe, est ar-
rosée par des fleuves importants ainsi que de nombreuses
rivières, servant de voies de transport, et dont plusieurs
canaux mettent les eaux en communication les unes avec
les autres ; la Petchora et la Dvina au nord se jettent
dans la mer Blanche ; le Dniester, le Dniéper, au sud,
aboutissent à la mer Noire ; le Don se répand dans la
mer d'Azof et le Volga dans la Caspienne, à laquelle se
rendent également les eaux de l'Oural.

L'aspect général de la Russie étant ainsi indiqué, nous
allons la parcourir du nord au sud, depuis les côtes de
la Sibérie jusqu'au Turkestan.

La mer glaciale, bien que gelée et impraticable pendant
sept ou huit mois de l'année, voit arriver chaque été sur
ses côtes des baleiniers et des chasseurs de morses, dont
l'existence pleine de dangers offre un réel attrait aux caractères aventureux. Leur mode de pêche lui-même, au
milieu de ces mers d'une navigation si dangereuse, mérite
de nous arrêter quelques instants :

« Qu'on se représente une troupe de morses se délectant au soleil sur un banc de glace; ils sont là quasi endormis et ne se remuant que lorsqu'un nouvel arrivant survient, demandant lui aussi sa place au soleil. Un harponneur et trois rameurs, montés dans une barque, s'avancent sans souffler mot : le faible bruit des avirons qui frappent la mer en cadence ne donne pas l'éveil aux lazzaroni hyperboréens. Le canot est muni le long de sa lisse, échancrée à cet effet, d'une vingtaine de mètres d'une corde très solide quoique très mince ; à une extrémité est fixée une sorte de gaffe emmanchée librement à un bâton, qui se retire dès qu'un animal est atteint : c'est le terrible harpon.

« Voici l'embarcation à portée de sa proie ; sans perdre un instant, le harponneur, debout, lance avec force l'arme meurtrière dans le corps d'un des morses les plus rapprochés ; un cri épouvantable frappe l'air et d'un bond le blessé se roule dans l'eau entraînant avec lui le fer et la corde, qui se déroule parfois si vite qu'elle fait voler en éclats les obstacles de la lisse ; ses compagnons, réveillés en sursaut, roulent à leur tour ; la mer laisse voir une large traînée de sang. Les rameurs donnent de vigoureux coups d'aviron pour retenir le canot, car le puissant remorqueur, en allant au fond, menace d'entraîner avec lui l'embarcation qui, la proue à fleur d'eau, semble devoir sombrer ou chavirer à chaque seconde. Moment de transes cruelles, qui n'est que le prélude de plus graves dangers.

« Au bout de quelques instants, on voit reparaître à la surface un large dos, puis une grosse tête d'où sortent deux yeux terribles. L'animal respire l'air avec force ; de ses pattes de derrière il frappe l'eau avec violence et disparaît pour remonter bientôt à la surface. Ses compagnons, d'abord étonnés, se hâtent à son secours, se rassemblent autour du bateau en troupes formidables de dix à trente, et lancent en mugissant des regards furieux à leurs perturbateurs. C'est alors que la chasse réclame toute l'attention de ceux qui s'y livrent. Si le harponneur est bien armé, il atteint et prend, en tant que suf-

11.

fisent les cordes, tous les spectateurs successivement, et le bateau doit parfois supporter ainsi l'effort d'une dizaine de ces colosses qui tirent chacun de leur côté. Les captifs sont halés l'un après l'autre vers l'embarcation ; le harponneur saisit sa lance à deux tranchants, en frappe l'animal à la tête, ce qui oblige ordinairement celui-ci à se tourner vers son antagoniste qui alors lui enfonce l'arme meurtrière dans la poitrine. La victime agonisante se débat en désespérée, le canot craque de toutes ses membrures et la mer devient pourpre de sang. La même scène se répète avec les autres proies. Une fois que l'animal est mort, il est hissé sur un glaçon, dépecé et dégraissé ; puis on le fend en deux moitiés et la partie antérieure du crâne est tranchée pour l'enlèvement des défenses.

« On le conçoit aisément, le harponneur et ses compagnons qui exposent ainsi leur vie ne sortent pas toujours vainqueurs de leur lutte avec de si puissants adversaires. » (E. NORDENSKIOLD, *Expédition polaire : Tour du Monde*, 1877.)

Sur les rivages désolés de l'Océan glacial et de la mer Blanche vivent des tribus de race finnoise, Samoièdes et Lapons, les unes s'occupant de pêche, les autres se livrant à l'élevage du renne et parcourant avec leurs troupeaux les maigres pâturages qu'une nature ingrate leur a départis.

« Parmi les animaux, le renne tient le premier rang par son importance. Sans lui toutes les peuplades polaires vivraient dans la misère. C'est à la fois le cerf, le cheval et la vache de ces contrées. Son tempérament robuste, qui le rend insensible au froid, son industrie à chercher en été des herbes, des baies, des champignons qu'il aime beaucoup et à déterrer sous les neiges, même profondes, sa mousse chérie, l'excellence de son lait, si gras, ou plutôt si glutineux qu'on est obligé de le délayer dans de l'eau, sa chair succulente et fort supérieure à celle du mouton, sa peau solide et douce, tout rend pré-

cieuse la possession de cet animal. Mais il est comme
tous les biens de ce monde, et peut-être plus encore que
nos bêtes à cornes, une possession très précaire et très
difficile à soigner. Le troupeau vagabond et récalcitrant
se disperse souvent dans les bois, n'obéit pas toujours
aux chiens et aux bergers fatigués de le surveiller, se
laisse difficilement traire, et ne donne son lait qu'en très
petites quantités. Aussi, pour se nourrir abondamment,
soit de lait, soit de viande, le Lapon a-t-il besoin d'un
troupeau très nombreux et de pâturages très étendus,
très variés. Forcément nomade, il cherche tantôt la fraîcheur des montagnes, et tantôt un asile contre le vent
glacial.

« Le renne n'appartient proprement qu'au plateau central de la Laponie; il languit en été sur les côtes du golfe
de Bothnie et en hiver dans les îles nébuleuses du Fin-
mark. Il est sujet à de nombreuses maladies qui souvent
détruisent en peu de jours les richesses patriarchales du
Lapon le plus heureux et le plus indépendant. Alors ce
roi pasteur descend du haut pays vers les bords de la
mer, et, comptant sur les produits hasardeux de ses filets,
il languit parmi ces tribus de pêcheurs que naguère il
dédaignait. Le plus grand danger auquel les pasteurs de
rennes sont exposés résulte des dégels universels mais
momentanés, suivis d'une nouvelle gelée subite qui re-
couvre la neige d'une croûte trop forte pour que le renne
puisse, en la perçant, s'ouvrir l'accès au lichen nécessaire
à son existence. Ce sont là les seuls mais redoutables
moments de famine. Le renne vit d'ordinaire quinze ans. »
(MALTE-BRUN, *Géographie universelle, Russie boréale.*)

Presque au sortir des solitudes glacées de la région
polaire, nous arrivons à la Finlande, couverte d'une
multitude de lacs, aux côtes bornées d'innombrables rochers, dangereux écueils pour la navigation, et nous
trouvons au fond du golfe du même nom la capitale de
l'empire, Saint-Pétersbourg.

« La nouvelle capitale de la Russie éclate et brille aux yeux de l'étranger par la régularité, la propreté et la longueur des rues, par l'immensité des places et la beauté des maisons, et par de superbes trottoirs en granit.

« C'est surtout en hiver que Saint-Pétersbourg est intéressant pour le voyageur. Mille traîneaux ou voitures montées sur patins glissent rapidement. Chacun est chargé de fourrures plus ou moins riches ; le paysan, le marchand russe, l'ouvrier reprennent leurs pelisses et leurs hauts bonnets fourrés ; tout change d'aspect. La Néva et tous les canaux, quelques semaines auparavant encore chargés de barques et de riches navires, ne portent plus que des traîneaux qui s'y croisent dans tous les sens. Le froid, qui saisit les hommes et les chevaux, semble donner des ailes à tous, et c'est un spectacle vraiment fantastique que celui de Pétersbourg surtout par une belle nuit d'hiver, quand le ciel si limpide du nord a allumé toutes ses étoiles et que les rues et les riches magasins de la Perspective Newski sont éclairés. On voit alors circuler comme des ombres dans les rayons de lumière qui arrivent de tous côtés le piéton hâtif, le modeste traîneau de louage et les somptueux équipages des seigneurs avec leurs lanternes, dont les feux courent et se croisent sans cesse. Le bruit, amorti par la neige, n'est plus qu'un frottement sourd à peine sensible, et qu'interrompent de temps en temps les cris et les jurements des cochers.

« L'été étant très court, tous les seigneurs vont le passer, les uns dans leurs terres, les autres dans les riches maisons de campagne qu'ils possèdent aux environs de Saint-Pétersbourg. C'est aux îles et dans les résidences impériales que se rendent les plus grands seigneurs. Ces îles n'étaient, il y a cent ans, que des marais ou des dunes formés par la Néva à son entrée dans le golfe de Finlande ; mais le temps en a fait un lieu de délices pour la voluptueuse mollesse des grands. Entrecoupées de canaux, que sillonnent sans cesse des barques aux couleurs variées, unies entre elles par des ponts élégants, parsemées de cottages brillants de fraîcheur et de coquetterie, ces îles, pendant le mois de juin où la nature en s'éveillant tout à coup semble vouloir se dédommager de son long sommeil, sont bien le séjour le plus délicieux qui se puisse rêver sur terre. En outre, chaque maison est entourée des plantes exotiques les plus rares, conservées à grands frais pendant neuf mois dans des serres, les plus riches du monde après celles de Moscou.

« La pensée qui domine l'esprit lorsqu'on se promène dans les rues si larges et si propres de Saint-Pétersbourg, au milieu de ces palais de la ville monumentale, comme l'appellent les poètes russes, c'est la pensée de Pierre le Grand, de ce rude et puissant génie qui fit surgir tant de merveilles du milieu des marais impraticables de l'Ingrie; aussi parlerai-je avant tout du monument que lui fit ériger la grande Catherine.

« Il fallait à Pierre Ier un monument simple mais imposant comme lui, durable comme ses œuvres, impérissable comme sa renommée; aussi Falconet, artiste appelé de France à cet effet par Catherine II, alla-t-il arracher aux montagnes de la Finlande un immense rocher, qu'il jeta presque brut au milieu de la place d'Isaac, pour servir de piédestal à la statue équestre du héros. Sur le roc, Catherine fit graver cette inscription ambitieuse, mais qu'ont justifiée les grands événements politiques accomplis sous son règne :

A Pierre Ier, Catherine seconde.

« Sur la même place, à l'autre bout, entre le palais d'hiver et l'hôtel de l'Etat-Major, s'élève la colonne Alexandrine, ainsi nommée parce qu'elle a été érigée par l'empereur Nicolas à son frère Alexandre. Cette colonne, d'un beau granit rouge pris aussi dans les carrières de la Finlande, est monolithe.

« L'église de Saint-Isaac, située à l'angle qui fait face à la statue de Pierre le Grand, est un des plus beaux monuments de ce genre qui aient été érigés depuis bien des siècles dans la chrétienté. M. de Montferrand, artiste français d'un grand mérite, en traça le plan et fut chargé de l'exécution.

« La cathédrale de Notre-Dame de Kasan a été construite sur le modèle de l'église Saint-Pierre, mais ses proportions sont beaucoup moins vastes ; la grande colonnade qui en précède l'entrée est en briques plâtrées ; la voûte de l'intérieur est ornée de drapeaux recueillis sur la neige ou enlevés aux mains glacées de nos soldats lors de la désastreuse retraite de 1812.

« Parmi les bâtiments curieux de Pétersbourg, il faut mettre en première ligne le Palais d'Hiver, ainsi nommé parce qu'il sert de résidence à la Cour pendant cette saison. Une fois par an, le 31 décembre, les salles de cet immense et riche palais s'ouvrent au peuple ; tous les habitants munis de billets, dont il se distribue plus de 30,000, peuvent circuler à leur aise dans la somptueuse demeure de leur souverain : le tsar reçoit son peuple ; les gentilshommes de la chambre, en grande tenue, sont chargés d'en faire les honneurs, et jamais cette fête n'a été troublée par le moindre accident malgré la foule compacte qui se presse dans toutes les parties de ce vaste édifice (1).

« Un peu au-dessus du Palais d'Hiver est l'Ermitage, autre palais où est réunie la collection de tableaux la plus riche de Russie. Plus haut encore se trouve le Jardin d'Eté, dont la grille en fer est d'une grande magnificence.

« En face du Palais d'Hiver, de l'autre côté de la Néva, sur une île formée par la grande et la petite Néva, s'élève la sombre forteresse où l'on enferme les prisonniers d'État et où repose la cendre des souverains.

« Parlerai-je du vieux palais Michel, où périt le mal-

---

1. Depuis l'attentat du Palais d'Hiver et la mort tragique de son père, Alexandre III a quitté ce séjour et s'est installé au palais Anitskoff, précédemment résidence des princes héritiers. La garde de cet édifice est rendue plus facile par ses proportions restreintes et son isolement.

heureux Paul, du jardin de Tauride, de l'arsenal, des
théâtres, des superbes casernes élevées par l'empereur
Nicolas, de l'Académie, de la Bourse, des bazars? Mais
je n'ai pas la prétention de faire un livre, et je ne veux
offrir que des observations plus ou moins incomplètes.

« Et maintenant que je viens d'esquisser rapidement la
physionomie extérieure de la capitale russe, il n'est pas,
je crois, sans intérêt de jeter un coup d'œil sur sa physionomie morale.

« Séjour de la Cour la plus fastueuse de l'Europe,
cœur de l'empire le plus vaste de la terre, où viennent se
concentrer les forces de la moitié d'un hémisphère,
habité par tous les grands fonctionnaires russes, possédant dans son enceinte des corporations savantes de
toute espèce, des écoles militaires pour toutes les armes,
et une garnison de 80,000 hommes dont les chefs sont la
fleur de la société russe, Saint-Pétersbourg est sans contredit une des villes les plus somptueuses de l'Europe.
Qu'on joigne à tous ces éléments de grandeur et de prospérité l'activité d'un port très commerçant, un concours
immense d'étrangers qu'attire et retient l'amour du gain,
les relations si actives du corps diplomatique avec toutes
les contrées du globe, et l'on comprendra comment la
ville de Pierre le Grand, sortie des marais glacés de
l'Ingrie en 1710, qui en 1750 n'avait encore que 60,000 habitants, en compte maintenant 930,000.

« Si Lyon craint le Rhône, Pétersbourg ne redoute pas
moins la Néva, cause cependant de tant de richesses. En
automne, lorsque le vent d'ouest souffle avec violence, il
refoule les vagues du golfe sur la Néva, dont les eaux,
refluant alors vers leur source, inondent la ville et la
menacent d'une destruction complète. Des vingt inondations à peu près qui ont eu lieu depuis la fondation de
Pétersbourg, celle du 7 novembre 1824 a été la plus
funeste. Toute la ville, à l'exception de trois quartiers,
fut sous les eaux qui s'élevèrent à plus de quatre mètres
au-dessus de leur niveau. Des vaisseaux furent lancés au
milieu des rues; 482 maisons furent détruites de fond en

comble; près de 400 furent plus ou moins endommagées,
tous les ponts. excepté ceux en pierre, furent emportés.
En voyant sur les maisons des quais la ligne rouge indi-
quant la hauteur des eaux en 1824, on ne peut s'empêcher de frémir en pensant qu'à chaque automne cette cité
si populeuse et si fière peut être engloutie sous les flots.
Et pourtant la crainte d'une pareille catastrophe ne
chasse personne de la ville.

« Dès le mois de novembre, et quelquefois même en
octobre, la Néva est gelée à deux pieds de profondeur,
malgré la rapidité de son cours ; la navigation est fermée
jusque vers le milieu d'avril. En décembre et au commencement de janvier le soleil n'apparaît au-dessus de
l'horizon que vers onze heures ; son disque est d'un
rouge sanglant, toujours enveloppé de brouillards, et ses
rayons pâles et obliques sont entièrement privés de chaleur. A neuf heures du matin on est encore obligé d'avoir
de la lumière, et dès trois heures les magasins sont éclairés. En revanche, la dernière moitié de juin est constamment éclairée, et fait de quinze jours un seul jour sans
nuit. Rien de plus bizarre que Saint-Pétersbourg à cette
époque vers deux heures du matin. Les rues sont désertes, les boutiques fermées, le silence règne partout, et
cependant il fait déjà grand jour ; on se croit transporté
dans une ville enchantée dont une baguette de magicien
aurait frappé de mort tous les habitants au milieu de
leur sommeil. » (*Bulletin de la Société de géographie,*
3ᵉ série, t. II.)

Une des cérémonies curieuses de Saint-Pétersbourg est
le baptême de la Néva, dont un de nos plus brillants écrivains, Théophile Gautier, nous a retracé les détails dans
son *Voyage en Russie* :

« La Néva, dès qu'elle est prise, devient l'artère principale de la ville.

« La glace, de deux à trois pieds d'épaisseur malgré
quelques dégels temporaires suffisants pour faire fondre

la neige, ne bougera plus qu'au printemps, à la grande
débâcle; elle est assez forte pour supporter des chariots
pesants, de l'artillerie même. Des branches de pin dési-
gnent les chemins à suivre et les places qu'il faut éviter.
A certains endroits la glace est coupée pour qu'on ait la
facilité de puiser l'eau qui continue à couler sous ce
plancher de cristal. L'eau, plus chaude que l'air extérieur,
fume par ces ouvertures comme une chaudière bouillante, mais tout n'est que relatif, et il ne faudrait pas se
fier à sa tiédeur.

« La Néva est une puissance à Saint-Pétersbourg; on
lui rend ses honneurs et l'on bénit ses eaux en grande
pompe. Cette cérémonie, que l'on appelle le baptême de
la Néva, a lieu le 6 janvier russe; nous y avons assisté
d'une fenêtre du Palais d'Hiver, dont une gracieuse protection nous avait permis l'accès. Les vastes salles du
palais étaient remplies d'une affluence d'élite. Les hauts
dignitaires, les ministres, le corps diplomatique, les
généraux tout brodés d'or, tout étoilés de décorations,
allaient et venaient entre les haies de soldats en grand
uniforme, attendant que la cérémonie commençât. L'on
célébra d'abord le service divin dans la chapelle du
palais. Après la messe, le cortège se mit en marche et
défila à travers les salles du palais pour procéder au
baptême ou plutôt à la bénédiction de la Néva; l'empereur, les grands-ducs, en uniforme, le clergé avec ses
chapes de brocart d'or et d'argent, ses beaux costumes
sacerdotaux de coupe byzantine, la foule diaprée des
généraux et des grands-officiers traversant cette masse
compacte de troupes alignées dans les salles, formaient
un spectacle aussi magnifique qu'imposant.

« Sur la Néva, en face du Palais d'Hiver, tout près du
quai, auquel une rampe couverte de tapis le rejoignait,
on avait élevé un pavillon ou plutôt une chapelle avec
de légères colonnes soutenant une coupole de treillis,
peints en vert et d'où pendait un Saint-Esprit entouré de
rayons. Au milieu de la plate-forme, sous le dôme, s'ouvrait la bouche d'un puits entouré d'une balustrade et

communiquant avec l'eau de la Néva, dont on avait brisé la glace à cet endroit. Une ligne de soldats largement espacés maintenaient le passage libre sur le fleuve à une assez grande distance autour de la chapelle ; ils restaient là tête nue, leur casque posé à côté d'eux, les pieds dans la neige, si parfaitement immobiles qu'on eût pu les prendre pour des poteaux indicateurs.

« Sous les fenêtres même du palais piaffaient, contenus par leurs cavaliers, les chevaux des Circassiens, des Lesghines, des Tcherkesses et des Cosaques qui composent l'escorte de l'empereur : c'est une sensation étrange de voir en pleine civilisation, ailleurs qu'à l'Hippodrome ou à l'Opéra, des guerriers pareils à ceux du moyen âge, avec le casque et la cotte de mailles, armés d'arcs et de flèches ou vêtus à l'orientale, ayant pour selle des tapis de Perse, pour sabre un damas courbe historié de versets du Coran, et tout prêts à figurer dans la cavalcade d'un émir ou d'un khalife.

« Le cortège sortit du palais, et de notre fenêtre, à travers la double vitre, nous vîmes l'empereur, les grands-ducs, les prêtres entrer dans le pavillon, qui fut bientôt plein à ne saisir qu'avec peine les gestes des officiants sur l'orifice du puits. Les canons rangés de l'autre côté du fleuve, sur le quai de la Bourse, tirèrent successivement à l'instant suprême. Une grosse boule de fumée bleuâtre, traversée d'un éclair, crevait entre le tapis de neige du fleuve et le ciel, d'un gris blanc ; puis la détonation faisait trembler les carreaux des fenêtres.

« La cérémonie était terminée ; les troupes défilèrent, et les curieux se retirèrent paisiblement, sans embarras, sans tumulte, selon l'habitude de la foule russe, la plus tranquille de toutes les foules. »

De la nouvelle capitale de la Russie, transportons-nous à l'ancienne, à la vraie pour parler plus exactement, car Saint-Pétersbourg, création due au génie et à la volonté de Pierre le Grand, est surtout, comme tous les ports dont le commerce est étendu, une ville cosmopolite renfermant de nombreux étrangers. Moscou, au contraire, est la ville sainte, elle est essentiellement russe, elle a toujours la préséance sur les autres cités de l'empire, les empereurs viennent s'y faire couronner, les familles les plus anciennes et les plus riches de la noblesse y résident, c'est là surtout qu'il faut chercher l'esprit qui anime la nation tout entière et que l'on peut le plus exactement se rendre compte de son passé parfois sanglant, souvent glorieux, de ses traditions et de ses tendances; c'est en un mot la vieille capitale du monde slave et, à ce titre, elle doit particulièrement nous intéresser.

Nous en trouvons d'abord une courte description en l'an 1600 dans un curieux ouvrage d'un de nos compatriotes, le capitaine Margeret, ayant pour titre : *Estat de l'empire de Russie.*

« La ville de Moscou, dit-il, est une grande ville par laquelle passe une rivière plus grande que la Seine. Elle est enclose d'une muraille de bois qui a de circuit, comme j'estime, plus que Paris; après elle a une grande muraille, qui a de circuit autant que la moitié de celle de bois, mais non au delà de la rivière; puis il y a la troisième qui est de briques, qui enclot toutes les boutiques de pierres des marchands. Puis il y a le château qui est grand, et fut basty par un italien. Dans le château il y a diverses églises de pierres, entre lesquelles il y en a quatre toutes couvertes de cuivre doré. La ville est pleine de bâtiments de bois, chaque bâtiment n'a que deux étages, mais une grande place entoure leurs logis à cause du feu auquel ils sont fort sujets depuis peu de temps; ils ont bâti beaucoup d'églises de pierres, il y en a aussi un nombre infini de bois et même les rues sont pavées ou planchéiées de bois. »

Voyons maintenant Moscou en 1812, au moment où la grande armée arrive devant la cité sainte, dans laquelle elle croyait trouver la paix ou tout au moins de bons cantonnements

« Le temps était beau, on hâtait le pas malgré la chaleur

pour gravir les hauteurs d'où l'on jouirait enfin de la vue de cette capitale tant annoncée et tant promise.

« Arrivée au sommet d'un coteau, l'armée découvrit tout à coup au-dessous d'elle, et à une distance assez rapprochée, une ville immense, brillante de mille couleurs, surmontée d'une foule de dômes resplendissants de lumière, mélange singulier de bois, de lacs, de chaumières, de palais, d'églises, de clochers, ville à la fois gothique et byzantine, réalisant tout ce que les contes orientaux racontent des merveilles de l'Asie. Tandis que des monastères flanqués de tours formaient la ceinture de cette grande cité, au centre s'élevait sur une éminence une forte citadelle, espèce de Capitole où se voyaient à la fois les temples de la Divinité et les palais des empereurs, où au-dessus de murailles crénelées surgissaient des dômes majestueux portant l'emblème qui représente toute l'histoire de la Russie et toute son ambition, la croix sur le croissant renversé. Cette citadelle, c'était le Kremlin, ancien séjour des tsars...

« Nos officiers erraient avec une égale curiosité au milieu de cette cité, qui ressemblait à un camp tartare semé çà et là de palais italiens. Ils contemplaient avec surprise plusieurs villes concentriquement placées les unes dans les autres : d'abord, au centre même, sur une éminence et au bord de la Moskowa, le Kremlin, environné de tours antiques et rempli d'églises dorées; au pied du Kremlin, sous sa protection en quelque sorte, la vieille ville, dite ville chinoise, renfermant l'ancien et le vrai commerce russe, celui de l'Orient; puis tout autour, et enveloppant la précédente, une ville large, espacée, brillante de palais, dite la ville blanche; puis enfin les englobant toutes trois, la ville dite de terre, mélange de villages, de bosquets, d'édifices nouveaux et imposants, ceinte d'un épaulement en terre. Ce qu'on voyait surtout répandu également dans ces quatre villes enfermées les unes dans les autres, c'était plusieurs centaines d'églises surmontées de dômes qui affectaient comme en Orient la forme d'immenses turbans, de clochers qui étaient aussi élancés que des minarets, et révélaient d'anciennes fréquentations avec la Perse et la Turquie, car, chose étrange, les religions, en se combattant, s'imitent du moins sous le rapport de l'art. » (THIERS, *Histoire de l'Empire*, liv. XXVI.)

Moscou est encore aujourd'hui composée, comme au début de ce siècle, de quatre parties principales : le Kremlin, la ville chinoise, la ville blanche et la ville de terre. Chacun de ces grands quartiers a une enceinte particulière; le Kremlin occupe le centre autour duquel les autres parties s'étendent en zones divisées en vingt arrondissements.

Le Kremlin a été construit sur le plateau d'une colline qu'il enveloppe de sa muraille flanquée de tours.

« Au-dessus de la muraille à créneaux échancrés, entre les tours à toits ouvragés, semblent monter et descendre comme des bulles d'or étincelantes des myriades de coupoles, de clochetons bulbeux aux reflets métalliques, aux brusques rehauts de lumière. La muraille, blanche comme une corbeille d'argent, enserre ce bouquet de fleurs dorées et l'on a la sensation d'avoir devant soi, en réalité, une de ces villes féeriques telles qu'en bâtit prodigieusement l'imagination des conteurs arabes. Et quand l'hiver saupoudre de son mica diamanté ces édifices étranges comme le rêve, on se croirait vraiment transporté dans une autre planète, car rien de pareil n'a jamais frappé votre regard.

« En débouchant de la porte Spasskoi, on se trouve sur l'Esplanade du Kremlin, au milieu du plus splendide entassement de palais, d'églises, de monastères que l'imagination puisse rêver. Cela ne se rapporte à aucun style connu. Ce n'est pas grec, ce n'est pas byzantin, ce n'est pas gothique, ce n'est pas arabe, ce n'est pas chinois; c'est russe, c'est moscovite. Jamais architecture plus libre, plus originale, plus insoucieuse des règles, plus romantique, en un mot, ne réalisa ses caprices avec une telle fantaisie.

« En contre-bas de cette esplanade, où se groupent les principaux édifices du Kremlin et qui forme le plateau de la colline, serpente, suivant les infractuosités du terrain, le rempart doublé de son chemin de ronde et flanqué de tours d'une variété infinie, les unes rondes, les autres carrées, celles-ci sveltes comme des minarets, celles-là massives comme des bastions, avec des collerettes de machicoulis, des étages en retraite, des toits à pans coupés, des galeries à jour, des lanternons, des flèches, des écailles, des cotelures, toutes les manières imaginables de coiffer une tour. Les créneaux découpant profondément la muraille, entaillés à leur sommet d'un cran pareil à la coche d'une flèche, sont alternativement pleins ou percés d'une barbacane. Nous ignorons, au point de vue stratégique, la valeur de cette défense, mais au point de vue de la poésie elle satisfait pleinement l'imagination et donne l'idée d'une citadelle formidable.

« Au delà se déploie à perte de vue un immense et prodigieux panorama de Moscou, auquel la crête dentée en scie de la muraille forme un admirable premier plan et un repoussoir pour les fuites d'horizon que l'art, en l'inventant, ne saurait mieux disposer. La Moskova, large à peu près comme la Seine et sinueuse comme elle, entoure d'un repli tout ce côté du Kremlin.

« On ne saurait rêver rien de plus beau, de plus riche, de plus splendide, de plus féerique, que ces coupoles surmontées de croix grecques, que ces clochetons en forme de bulbe, que ces flèches à six ou huit pans cotelées de nervures, évidées à jour, s'arrondissant, s'évasant, s'aiguisant sur le tumulte immobile des toitures neigeuses. Les coupoles dorées prennent des reflets d'une transparence merveilleuse et la lumière au point saillant s'y concentre en une étoile qui brille comme une lampe. Les dômes d'argent ou d'étain semblent coiffer des églises de la lune; plus loin ce sont des casques d'azur constellés d'or, des calottes faites en plaques de cuivre battu, imbriquées comme des écailles de dragon, ou bien

encore des oignons renversés peints en vert et glacés de
quelque pavillon de neige; puis à mesure que les pans
se reculent, les détails disparaissent même à la lorgnette,
et l'on ne distingue plus qu'un étincelant fouillis de
dômes, de flèches, de tours, de campaniles de toutes les
formes imaginables dessinant d'un trait d'ombre leur
silhouette sur la teinte bleuâtre du lointain et en déta-
chant leur saillie par une paillette d'or, d'argent, de
cuivre, de saphir ou d'émeraude. Pour achever le tableau,
figurez-vous, sur les tons froids et bleutés de la neige,
quelques traînées de lumière faiblement pourprées, pâles
roses du couchant polaire semées sur le tapis d'hermine
de l'hiver russe. » (Théophile GAUTIER, *Voyage en
Russie.*)

Le Kremlin renferme dans ses murs plusieurs églises,
des monastères et des casernes. On y remarque surtout
l'église de l'Assomption, où sont sacrés et couronnés les
souverains. Bâtie sous Ivan III par un architecte italien,
Fioraventi, elle est presque carrée. Quatre énormes piliers, gros comme des tours, supportent la coupole posée
sur un toit plat, dans le style asiatique, et flanquée de
quatre coupoles plus petites. Tout l'intérieur de l'église
est revêtu de peintures en style byzantin sur fond or.
Les piliers eux-mêmes sont historiés de personnages éta-
gés par zones. « Rien de plus étrange que cette décoration,
où des milliers de figures vous enveloppent comme une
foule muette, montant et descendant le long des murs,
marchant par files en panathénées chrétiennes, s'isolant
dans une pose d'une raideur hiératique, se courbant aux
pendentifs, aux voussures, aux coupoles, et habillant le
temple d'une tapisserie humaine au fourmillement immobile. »
Citons encore la cathédrale de l'Archange Saint-Michel,
qui a servi jusqu'à Pierre II de sépulture aux tsars; celle
de l'Annonciation, aux neuf coupoles dorées, dont le
plancher est carrelé en agates, tandis que les murs sont
ornés de peintures à fresque; l'église du Sauveur-des-

Bois, la plus ancienne de Moscou, dont la construction date de 1330 ; le clocher d'Ivan Vasilikoi, près duquel se trouve sur un piédestal la fameuse reine des cloches, pesant 163,700 kilogrammes, d'une hauteur de six mètres et d'un diamètre de 6 m. 70. Ce clocher est un des monuments les plus remarquables de Moscou; sa hauteur est de 81 mètres ; sa forme est octogone, sa coupole est couverte en or, on y compte 32 cloches. Il domine toute la ville et la vue, de la galerie de la tour, découvre un admirable panorama.

« La ville chinoise, attenant au Kremlin, tire son nom de ce que les caravanes chinoises y venaient jadis faire le commerce. Elle forme un polygone irrégulier autour d'une moitié du Kremlin, et constitue avec lui l'arrondissement de la cité. Une muraille l'entoure, excepté du côté où elle est contiguë au Kremlin; six portes ouvrent des communications entre son enceinte et les diverses autres parties de la ville. Ce quartier offre l'aspect d'une foire permanente, les boutiques sont sous des arcades qui décorent le frontispice des bâtiments. Les bazars sont plus riches que ceux même de Pétersbourg. On trouve encore dans la ville chinoise la douane et la fameuse église de la Protection de la Vierge. Sur la place qui décore cette église s'élèvent à l'extrémité opposée les bâtiments gothiques où siègent les tribunaux, et au centre le Monument, beau groupe en bronze représentant le patriote russe Minine engageant le prince Pojarski à marcher pour la défense de son pays.

« La ville blanche, appelée aussi ville du tsar, environne les deux quartiers précédents, et tire son nom des murs qui l'entouraient et que remplace aujourd'hui une belle ceinture de boulevards dont les deux extrémités aboutissent à la Moskova. On y trouve le dépôt de l'artillerie, les édifices de l'université, le gymnase du gouvernement, la maison impériale des enfants trouvés, la plus vaste et la plus belle, la mieux tenue peut-être qui existe en Europe ; la pension des nobles, l'école des

Arméniens, l'académie médico-chirurgicale, l'hôtel du gouvernement civil, la direction des mines, le dépôt du matériel des incendies.

« La ville de terre entoure la ville blanche. Elle est ainsi appelée des remparts de terre qui l'enveloppaient. Il s'y trouve 96 églises, la manufacture de draps, l'école de commerce. Les faubourgs, compris dans l'enceinte de la ville, renferment aussi de beaux édifices et de grands établissements soit militaires, soit d'instruction publique ou de bienfaisance. » (MALTE-BRUN, *Géographie universelle.*)

Le climat de Moscou est des plus sains ; la ville est située sur un plateau assez élevé, la largeur des rues et le peu de hauteur des maisons, dont la plupart n'ont qu'un étage ou même un rez-de-chaussée, laissent à l'air une libre circulation. Les maisons sont le plus souvent espacées ; presque toutes ont une cour et souvent un jardin. Cela tient à ce que la plupart du temps elles sont bâties par des propriétaires qui en font leur demeure plutôt que par des spéculateurs cherchant dans le loyer d'appartements un intérêt rémunérateur de leurs capitaux. Il en résulte pour la ville un luxe de terrain et un air de richesse qui n'existent pas dans les autres capitales où la population est enserrée dans de plus étroites limites.

Aux alentours de Moscou se sont créées de nombreuses usines, filatures, fabriques de porcelaine, de soieries, fonderies de suif, tanneries, etc.

Moscou ne manque d'aucun des établissements qui distinguent les grands centres. Les théâtres, les concerts, les bals, les clubs permettent d'y passer des soirées fort agréables ; les montagnes russes, en bois l'été, en glace l'hiver, y sont très fréquentées ; ces descentes vertigineuses en traîneau sont un véritable plaisir national. Il en est un autre, qui plaît à ce peuple vigoureux, mais qui paraît moins convenir à nos nerfs plus délicats, ce sont les bains russes. Un de nos compatriotes, qui s'y est

risqué tout récemment, nous en donne la description
humouristique que voici :

« N'ayant jamais pratiqué le bain russe à Paris ni ailleurs avant mon arrivée sur les bords de la Moskova,
je me réveillai un matin avec l'idée et l'envie folle,
hélas ! de connaître cette jouissance qui ne devait pas
être sans mélange. Un iswosnik m'eut bientôt amené à
l'Ermitage, cet établissement où j'avais dîné l'autre soir
d'une façon un peu fantaisiste et où l'on trouve, au rez-
de-chaussée, les bains les mieux installés et les plus en
renom. Un pareil immeuble, approprié à tant d'actes de
l'existence, ne peut être banal.

« Moyennant le versement de 1 rouble 50 pour un
complet, — c'est en somme le prix du Hammam à Paris,
— je suis introduit dans un numéro. C'est ainsi qu'on
désigne le petit appartement réservé aux diverses immer-
sions qui composent le bain.

« L'inspection des lieux est vite faite. D'abord un
buen-retiro. Puis une véritable chambre à coucher servant de garde-robe, de salle de repos et de cabinet de
toilette. Elle est garnie de divans et de sofas que recou-
vrent des tapisseries ; par dessus, on dispose, à l'arrivée
du client, des draps propres et frais. Des glaces au mur,
des tapis par terre, des meubles et objets de toilette aux
quatre coins, rien n'y manque. Et le jour, pénétrant à
flots par les grandes fenêtres encadrées de rideaux blancs,
jette sur l'ensemble une note gaie à l'œil. La température de la pièce est assez douce : le thermomètre marque
20 degrés Réaumur.

« De cette chambre, je passe dans la salle de bains
proprement dite, qui est extrêmement luxueuse. Le dal-
lage est en marbre ; une baignoire en marbre s'enfonce
démesurément dans le sol ; une gigantesque plaque en
marbre blanc fait songer, évocation macabre, à celles
sur lesquelles à l'hôpital ou à l'École de médecine nos
carabins travaillent leur sujet. Le mobilier est complété
par un formidable appareil à douches qui réserve des

surprises. La température est plus élevée que dans le cabinet précédent : 25 degrés Réaumur.

« Continuant mon pélerinage dantesque, j'arrive à une dernière pièce, où la chaleur, presque intolérable dès l'entrée, peut être portée, au gré du baigneur, jusqu'à sa complète asphyxie. C'est un genre de suicide à signaler aux amateurs d'inédit, 50 degrés Réaumur. Cette étuve est humide ou sèche, suivant la volonté du client. Il y a là une sorte de fourneau chargé de pierres chauffées à blanc sur lesquelles on jette de l'eau bouillante. L'opération produit un dégagement considérable de vapeur, et une élévation de température en conséquence.

« J'eus bientôt fait de me dépouiller de mes vêtements pour descendre dans la superbe baignoire. L'eau en était tellement chaude qu'à peine me fut-il possible d'y rester quelques minutes. On y aurait cuit un homard! Je sonne. Un grand escogriffe apparaît dans une tenue primitive. Pour tout vêtement une sorte de scapulaire en étoffe autour du cou, avec l'image d'un saint quelconque. Cet emblême de piété servait surtout à faire ressortir les salières du malheureux, maigre comme un cent de clous : un décharné, un cadavre ambulant. Mon type s'avance une sébile à la main, il la remplit d'eau chaude qu'il jette sur la table de marbre, autant pour l'échauffer que pour la laver sans doute, car l'opération est renouvelée plusieurs fois. Puis il me tend la main pour m'aider à sortir de ma tombe surchauffée et me conduire à la table, pas sainte du tout celle-là, en me priant de m'y étendre aussitôt tout de mon long.

« Grands dieux! quel supplice j'endurai là pendant un quart d'heure! Plusieurs jours durant j'en devais demeurer brisé Les deux mains pleines de copeaux de bouleau qu'il a enduits au préalable de mousse de savon, le grand diable me frotte jusqu'au sang, n'oubliant aucune partie du corps, n'en ménageant surtout aucune. Je plains les douillets. Il vous tourne et retourne comme une cuisinière ferait, sur le gril, d'une côtelette qu'elle ne trouverait jamais assez cuite. Et si vous ne sortez pas de ses

mains blanc comme neige, c'est que vous êtes rouge
comme un cardinal des mers !

« Cette première cérémonie est suivie d'aspersions
d'eau chaude sur la tête et le reste du corps. L'homme
manœuvre son seau en bois comme le bedeau le goupil-
lon, gardant tout le temps un sang-froid et une gravité
de pontife, d'antique sacrificateur. Et il me traîne, toujours sans mot dire, sous l'appareil à douches. Pas un
avertissement : tout d'un coup il manœuvre et lâche tout.
Pour une douche d'eau froide, c'en fut une, je le jure !
J'en arrivai à claquer des dents, ayant ainsi passé par
toutes sortes de sensations, qui peuvent être très agréables
à la condition qu'on en ait le goût.

« Je n'étais pas encore au bout de mes peines. Comme
à un feu d'artifice, le bouquet m'était réservé pour mon
passage à l'étuve. Là, j'ai franchement maudit les horreurs et les rigueurs du bain russe. Libre à d'autres
d'en vanter les douceurs. Bain de vapeur et inhalation,
je goûtai les deux plaisirs à la fois.

« Attenant au four s'élèvent au-dessus les uns des autres trois gradins qui servent de sièges. L'artiste ou opé-
rateur qui m'accompagne m'invite à en faire l'ascension.
Puis il jette à maintes reprises de l'eau bouillante dans
la fournaise. Des nuages de vapeur s'en dégagent alors,
qui m'enveloppent entièrement et me brûlent la peau.
Assis à la première marche, j'y suis déjà fort mal ; à la
seconde je n'y tiens plus, et à la troisième l'asphyxie
commence. C'est tout simplement un avant-goût de la
crémation finale, ce petit exercice qui clôture dignement
l'opération balnéaire si en honneur chez les Russes.

« N'importe, j'irai jusqu'au bout, je subirai le coup de
grâce, ce qu'on appelle le parizza. Cela consiste à se faire
fouetter, pour faciliter la réaction et rétablir la circulation, au moyen d'un petit balai de bouleau garni de
feuilles. Le balai est trempé dans l'eau froide, et pendant
l'extraordinaire inhalation même, on vous fustige de la
plus raide façon. Le petit fagot sert encore à un autre
usage singulier. Quand vous ne pouvez plus respirer,

suffoqué par la chaleur et la vapeur, on vous le passe
sous le nez, toujours après l'avoir plongé dans l'eau
froide. C'est l'effet de la moutarde qui vous monte au nez
et vous réveille, plus même qu'on ne voudrait.

« L'expérimentation était complète. Plus mort que vif,
la tête en feu, je revins prestement au salon de repos, me
laissai entortiller de couvertures par mon grand másseur
et demeurai quelques instants allongé sur un des sofas.
Mais aussitôt les forces recouvrées, je passai mes vêtements et je cours encore. » (NITROF, *Au pays des
roubles*.)

Chaque âge a ses plaisirs, et chaque peuple aussi.
Celui dont nous venons de lire la description convient à
des hommes soumis à toutes les rigueurs d'un dur climat, à des températures passant des extrêmes chaleurs
des étés du Midi aux froids les plus violents des hivers
polaires. Il constitue une véritable nécessité pour la
majorité de la population, — nous parlons des ouvriers
et des paysans — qui se couche toujours habillée.

Quelques mots sur la vie du moujik, du paysan russe,
qui représente l'élément le plus solide, la masse même
de la nation, feront aisément comprendre par quelles
causes il est arrivé au degré de résistance qui le distingue :

« Les villages du Nord et du Centre de la Russie se
composent uniformément d'un amas de constructions en
bois, qui ressemblent à des boîtes et se parent du nom
de maisons ; le toit, les murs, tout est en bois ; pas un
brin de chaume, pas un bout de gazon, pas une fleur ou
un objet coloré quelconque ne viennent rompre la monotonie de la teinte de sépia répandue sur tout le tableau.
L'intérieur de ces habitations est aménagé en vue des va-
riations extrêmes de la température. La partie de la maison où se tient en été la famille est abandonnée aux
approches du froid ; chacun se réfugie alors dans une
pièce qui est munie d'un grand poêle et qui sert de cuisine pendant la saison chaude ; près du poêle sont des

hamacs suspendus à environ dix-huit pouces du plafond. C'est là que juchent les enfants, tandis que les membres plus âgés de la famille couchent sur le poêle même. Les seuls meubles qu'on aperçoive dans ces pauvres demeures sont une table, un grand banc de bois fixé aux parois et faisant le tour de la chambre, quelques images de saints dans les coins et un grand coffre peint de couleurs vives et relié par des cercles de fer. Ce coffre contient toutes les richesses de la famille, savoir : un costume ou deux, qui voient la lumière dans les grandes occasions et proviennent souvent des grands-parents; quelques serviettes ornées de belles dentelles, auxquelles le paysan attache un grand prix. Quand deux nouveaux mariés viennent présenter leurs hommages au barine, la femme lui offre une de ces serviettes sur une assiette; il la prend et la remplace par un mouchoir contenant quelques roubles.

« Outre les vêtements et les serviettes, le grand coffre contient parfois quelques biscuits, un peu d'épicerie et d'autres menus objets.

« Près du poêle est aménagé un étroit espace spécialement réservé à la cuisine et pourvu des ustensiles nécessaires.

« Les enfants vivent en pleine liberté; personne ne s'occupe de les former ni de les instruire; mais du reste ils sont toujours bien traités et il n'est pas de parents plus attachés à leurs enfants que les paysans russes.

« Les moujiks sont robustes et sains; comme chez les Spartiates les faibles succombent; leur vie est si rude ! Il s'en suit que toute la race est vigoureuse et le devient chaque jour davantage par la lutte pour l'existence. Pendant les grands froids, il faut que les enfants s'endurcissent ou qu'ils meurent, car ils passent constamment et sans transition de l'atmosphère étouffante de la cabane à l'air glacé du dehors.

« Dans chaque maison est installée une baignoire où tous les membres de la famille se mettent cuire chaque samedi sans manquer. Le reste de la semaine ils ne font pas usage d'eau, sauf qu'ils se lavent les mains avant les repas. Ils dorment tout habillés et ne quittent jamais leurs vêtements que pour le bain du samedi. » (Herbert BARRY, *La Russie contemporaine.*)

Les rigueurs de l'hiver, contre lesquelles les habitants des villes comme les moujiks prennent tant de précautions, ont du reste leur utilité, ainsi que nous allons le voir :

« La neige, qui partout ailleurs arrête les communications, les ouvre au contraire en Russie, où les chemins sont à peu près impraticables pendant les quatre à cinq mois que durent le printemps, l'été et l'automne. L'hiver sec, l'hiver dur, l'hiver continuel, voilà ce qu'on y souhaite le plus. Un dégel est une véritable calamité. Non seulement le temps est alors malsain, mais la capitale se trouve menacée de famine et les provinces fertiles privées de leurs débouchés. Quand la mer est fermée Saint-Pétersbourg s'approvisionne, comme Moscou, par les arrivages de l'intérieur. On envoie, des extrémités de l'empire, non seulement les grains ou le charbon, mais encore des quantités de bœufs, de moutons, de porcs, de volailles, de gibier, de poisson, qui arrivent tout gelés sur les marchés des grandes villes, où on les coupe à la hache, et qui peuvent attendre les acheteurs sans plus de péril que le blé ou les pommes de terre. Qu'un dégel survienne quand ces provisions sont en route, les charretiers s'arrêtent, les viandes se gâtent, tout est perdu.

« La neige est donc un bien, une nécessité pour ceux qui produisent et pour ceux qui consomment. Mais elle n'est pas seulement utile, en ouvrant des communications générales, en assainissant l'air, en préparant la terre à son prodigieux travail de l'été, à cette fécondité si rapide qu'on peut surprendre sans recourir aux instruments des physiciens le secret de la végétation, qu'on voit littéralement pousser les feuilles et les plantes, la neige est encore belle et pittoresque. Tout en l'admirant dans nos pays, où elle ne fait guère qu'apparaître, on peut du moins accuser de monotonie le spectacle qu'elle donne au Nord cinq ou six mois de suite. C'est une erreur ; la

neige offre des aspects presque aussi variés que la mer,
accusée du même défaut par ceux dont elle est mal
connue.

« Je n'ai pas besoin de dire toutes les formes et toutes
les couleurs que prend la face de l'Océan, qui est pourtant toujours une masse d'eau liquide ; la neige, masse
d'eau congelée, change et se transforme aussi chaque
jour et presque à chaque instant. Unie d'habitude,
elle se ride quelquefois et s'ondule au souffle du vent,
ou quelquefois elle vole en poussière. Suivant l'état du
ciel et l'heure de la journée, sa blancheur se colore
de teintes grises, roses, aurores, violettes, bleuâtres ;
tantôt elle est mate et terne comme une table de marbre,
ou cotonneuse comme de la ouate ; tantôt elle scintille
comme une nappe de diamants où le soleil, toujours bas
à l'horizon, reflète mille et mille fois les nuances de son
prisme. Elle suit d'ailleurs toutes les ondulations de la
terre, offrant ici de profondes vallées obscurcies par l'ombre
qui s'y projette, là de hautes montagnes, taillées à pic,
majestueuses, inaccessibles comme les glaciers des Alpes ;
et la teinte uniforme du blanc linceul dont elle revêt
le paysage est coupée par la teinte sombre des noires
forêts de pins, et des villages aussi noirs que les forêts.
C'est surtout pendant les nuits, dont elle éclaire la longue
obscurité par une espèce de reflet permanent, quand la
lune jette une clarté plus pâle, plus argentée, plus mystérieuse que dans nos contrées, c'est alors que la neige
offre à l'imagination la moins poétique, la moins rêveuse,
des spectacles étranges et fantastiques. » (Louis VIARDOT,
Souvenirs de chasse en Russie.)

Descendons maintenant vers le Sud ; nous allons
trouver dans les vastes territoires qui s'étendent de
Moscou à la mer Noire d'autres paysages dont un écrivain russe, Gogol, s'est attaché à rendre l'aspect poétique
et varié. Et d'abord nous rencontrons un grand fleuve,
le Dniéper, le Borysthène des anciens, celui que les Varègues descendaient pour aller piller les côtes de l'empire

grec dans la mer Noire et essayer de surprendre Constantinople.

« Merveilleux est le Dniéper par une temps tranquille, quand il roule d'un cours libre et reposé ses pleines eaux à travers les forêts et les montagnes. Pas 'la moindre secousse, pas le moindre fracas. Regardez, vous ne savez pas si sa largeur majestueuse marche ou ne marche pas ; c'est vaguement l'aspect d'une nappe de verre coulé. On dirait qu'une route de glace bleue, sans mesure dans la largeur, sans fin dans la longueur, décrit ses sinuosités dans la verte étendue. Quel charme alors pour le soleil brûlant de tourner au-dessus ses regards en tous sens et d'enfoncer ses rayons dans la fraîcheur des flots vitreux, et pour les arbres du voisinage de se réfléchir avec netteté dans ce miroir ! Mêlant leurs vertes chevelures, ils se groupent en foule avec les fleurs des champs dans le voisinage de l'eau et après s'être inclinés, ils y regardent et ne peuvent se rassasier de regarder. Ils ne peuvent admirer assez leur claire image, ils lui sourient et ils la saluent en agitant leurs branches. Au milieu du fleuve ils n'osent pas jeter un regard ; personne, excepté le soleil et le ciel bleu, ne regarde là. Quelque rare oiseau peut voler jusqu'au milieu du Dniéper ; oh ! le géant qu'il est ! il n'y a pas un fleuve qui l'égale au monde !

« Merveilleux encore il est par une chaude nuit d'été, quand tout s'endort, et l'homme et la bête et l'oiseau. Les étoiles s'allument, éclairent le monde, et toutes, au même instant, reparaissent dans le Dniéper. Toutes ils les tient en son giron sombre, pas une ne s'échappera à moins qu'elle ne s'efface du ciel. La noire forêt ponctuée de corbeaux dormants et les montagnes déchirées de temps immémorial s'efforcent en s'éclairant de le couvrir de leur grande ombre. En vain ! Il n'y a rien au monde qui puisse couvrir le Dniéper. Toujours bleu, il marche dans son cours reposé, et par la nuit et par le jour. On le voit d'aussi loin que peut voir le regard humain.

« Mais quand les nuages noirs s'avancent par montagnes dans le ciel, la sombre forêt oscille jusqu'à la

base ; les chênes craquent, la foudre, se brisant en zig-
zag à travers la nue, éclaire tout d'un coup le monde
entier. Terrible alors est le Dniéper. Les colonnes d'eau
grondent en se heurtant contre ses bords, puis avec éclats
et gémissements se retirent et pleurent, et fondent en
larmes au loin. Par taches noires émergent sinistre-
ment du milieu des vagues en lutte les troncs d'arbres
carbonisés et les rochers de la côte élevée, et à la rive se
heurtent en se levant et s'abaissant les bateaux amarrés.
Qui oserait monter dans son canot au moment où le
vieux Dniéper est en courroux? Apparemment celui-là ne
sait pas qu'il engloutit les hommes comme des mouches!»
(Ernest DUPUY, *Les grands maîtres de la littérature
russe au dix-neuvième siècle.*)

Puis ce sont les steppes, les plaines sans fin couvrant
tout le Sud de la Russie, que Gogol nous dépeint avec ce
sentiment puissant et plein de charme que l'on retrouve
dans toutes ses descriptions :

« Le soleil s'était levé dans un ciel sans nuage et ver-
sait sur la steppe sa lumière chaude et vivifiante. Toute la
surface de la terre semblait un océan de verdure dorée,
qu'émaillaient mille autres couleurs. Parmi les tiges
fines et sèches de la haute herbe croissaient des masses de
bluets, aux nuances bleues, rouges et violettes. Le genêt
dressait en l'air sa pyramide de fleurs jaunes. Les petits
pompons de trèfle blanc parsemaient l'herbage sombre,
et un épi de blé apporté là, Dieu sait d'où, mûrissait solitaire. Sous l'ombre tenue des brins d'herbe glissaient en
étendant le cou des perdrix à la marche rapide. Tout
l'air était rempli de mille chants d'oiseaux. Des éper-
viers planaient immobiles, en fouettant l'air du bout de
leurs ailes, plongeant dans l'herbe des regards avides. De
loin on entendait les cris aigus d'une troupe d'oies sauvages qui volaient, comme une épaisse nuée, sur quelque
lac perdu dans l'immensité des plaines. La mouette des
steppes s'élevait d'un mouvement cadencé et se baignait

voluptueusement dans les flots de l'azur ; tantôt on ne la voyait plus que comme un point noir, tantôt elle resplendissait blanche et brillante, aux rayons du soleil. O steppes que vous êtes belles !

« Le soir venu, la steppe changeait complétement d'aspect. Toute son étendue bigarrée s'embrassait aux derniers rayons d'un soleil ardent, puis bientôt s'obscurcissait avec rapidité et laissait voir la marche de l'ombre qui, envahissant la terre, la couvrait de la nuance uniforme d'un vert obscur. Alors les vapeurs devenaient plus épaisses ; chaque fleur, chaque herbe exhalait son parfum, et toute la steppe était imprégnée de vapeurs embaumées. Sur le ciel d'un azur foncé, s'étendaient de larges bandes dorées et roses qui semblaient tracées négligemment par un pinceau gigantesque. Çà et là blanchissaient des lambeaux de nuages légers et transparents, tandis qu'une brise fraîche et caressante comme les ondes de la mer se balançait sur les pointes des herbes, effleurant à peine la joue du voyageur. Tout le concert de la journée s'affaiblissait, et faisait place peu à peu à un concert nouveau. Des gerboises à la robe mouchetée sortaient avec précaution de leurs gîtes, se dressaient sur les pattes de derrière et remplissaient la plaine de leurs sifflements. Le grésillement des grillons redoublait de force, et parfois on entendait, venant d'un lac lointain, le cri du cygne solitaire qui retentissait comme une cloche argentine dans l'air endormi. » (Nicolas GOGOL, *Tarass Boulba*, traduction Louis Viardot).

Les steppes du Don, aux abords de la mer d'Azof et en Crimée, sont occupées par diverses tribus d'origine Tartare que le gouvernement russe essaie patiemment de fixer au sol. Il y est parvenu dans nombre d'endroits, mais l'homme habitué à la vie errante et pastorale se décide bien difficilement à transformer sa tente en maison reposant à demeure sur la terre. Nous en trouvons un exemple dans une des nouvelles cités, Nogaisk,

dont la création est due à un Français passé au service
de la Russie lors de la révolution de 1789.

« Nogaisk est une capitale ; elle est la métropole d'une
tribu étrangère, mais d'une tribu nomade que les mœurs
citadines n'ont point encore entièrement convertie : on
s'en aperçoit à la structure de cette cité nouvelle. Le
chaume et l'argile sont la principale matière employée
dans les constructions. Abattez-en la mosquée, le bazar,
quelques pauvres boutiques dans le genre oriental, et
vous n'avez plus sous les yeux qu'un misérable village.
L'histoire de cette ville est assez récente pour qu'on
puisse remonter sans effort jusqu'à son origine.

« Vers la fin du siècle dernier, à l'époque où la grande
Catherine songea à peupler ses vastes et nouveaux Etats
du Midi, une horde nombreuse de Tartares, purs descendants, disait-on, de la race que Gengis-Khan avait traînée
après lui, vivait encore dans les steppes d'Astrakan. Le
gouvernement les attira, par des concessions utiles, vers
les terrains qu'ils occupent aujourd'hui, et ils s'y trouvèrent bientôt établis au nombre de trente mille. Mais l'instinct vagabond revenait toujours, et les voisins en étaient
souvent inquiétés. Un Français émigré entreprit de civiliser ces hommes et de les former tout à fait à la vie agricole. Le comte de Maison, tel est le nom de ce digne
gentilhomme, apporta à cette œuvre une telle persévé-
rance qu'il parvint à réunir en colonies disciplinées ces
vagabonds de la steppe. Il leur enseigna à cultiver cette
terre qui n'attend que des bras ; la terre cultivée ne fut
pas ingrate. Alors naquit le commerce, et avec le commerce une industrie qui s'accordait parfaitement avec les
goûts voyageurs des Nogaïs. De longues caravanes partent chaque année après la récolte et conduisent jusqu'à
Kaffa et jusqu'à Kertch les produits de ces plaines fécon-
des. A peine distinguez-vous tout au loin la longue file
de chariots que déjà les vents vous ont apporté l'affreux et
strident fracas de leurs roues criardes. Ces chars grossiers, construits en bois, sans qu'il y entre une seule par-
celle de fer, sont traînés par de puissants dromadaires

d'une taille vraiment gigantesque. La lourde charge, qui
pèse sur des essieux rarement graissés au moyen d'une
sorte de bitume, produit un frottement dont le bruit est
assourdissant. Les bons Nogaïs aiment cette harmonie, et
si on leur conseille de graisser leurs essieux : « A quoi
bon, disent-ils, il n'y a que les voleurs qui craignent le
bruit. » (DEMIDOFF, *Voyage dans la Russie méridionale*.)

Dans les plaines du Don, les Tartares Nogaïs ou Kalmouks soumis à la Russie se livrent à l'élevage du bétail,
particulièrement du mouton et du cheval. Le gouvernement et de riches particuliers y ont installé des haras
dont les nombreux et excellents produits servent principalement à la remonte de la cavalerie. Les étalons proviennent de divers pays, la plupart sont anglais, arabes
ou persans. Les chevaux vivent en liberté dans la steppe,
surveillés par des gardiens Kalmouks. Lorsqu'on veut
les amener au haras ou les dresser, des cavaliers les
prennent au lasso. Ce sport ne manque ni d'animation
ni de danger, comme nous allons le voir par le récit d'un
de nos compatriotes :

« Nous avions encore assez d'heures de jour pour aller
visiter les tabouns ou troupeaux de chevaux qui depuis
la veille avaient été amenés à notre intention autour de
l'étang. On devait en prendre plusieurs au lasso ; c'était
un spectacle à ne pas manquer. Nous montons à cheval...

« Il y avait là environ deux mille chevaux bien trapus,
bien formés. Pendant qu'ils défilaient devant nous, trois
Kalmouks gardiens de tabouns commençaient à galoper
dans la plaine, laissant traîner derrière eux leur lasso,
pour bien le détordre ; car ils le portent toujours roulé,
accroché à un anneau de leur selle, derrière leur cuisse
droite. C'est une forte corde de crin tressé, de quinze
mètres environ, terminée à l'une de ses extrémités par un
coulant en bois de bouleau ; l'autre extrémité, celle qu'ils
tiennent dans la main, n'offre aucun point d'arrêt, mais
au moment où ils le lancent ils le passent vivement autour de leur cuisse droite, et les bonds les plus désordon-

nés du cheval captif ne peuvent leur faire lâcher prise.

« Ils vinrent nous demander quel cheval nous voulions voir lasser. Un étalon dominait tous les autres par sa taille, et il avait attiré aussi nos regards par ses hennissements ; ce fut lui que nous désignâmes. Aussitôt nos Kalmouks partirent à fond de train dans sa direction. Un instant après, le cheval comprit que les chasseurs s'adressaient à lui et prenant sa course il alla se joindre aux tabouns voisins. Les trois Kalmouks voulaient le cerner, mais il leur était difficile de se placer assez près pour lancer leur lasso. Le cheval devenait affolé, tout a coup il s'élance au milieu des steppes seul, et tous nous le suivons au galop ; c'est la chasse fantastique de la ballade allemande.

« Une longue ligne noire se détache sur le bleu du ciel, le nœud coulant tombe sur le cou du cheval, la poursuite s'arrête presque subitement : l'étalon est pris : le dressage va commencer ; nous arrivons au moment dramatique.

« Je ne saurais peindre le calme avec lequel les deux Kalmouks qui n'avaient pas lancé le lasso mettant pied à terre entravèrent leurs chevaux : l'un d'eux, se glissant le long de l'arcane, commença à le tirer tout doucement à lui, tandis que l'heureux chasseur, toujours en selle, immobile, maintenait de son côté le captif en fureur. Cheval et cavalier semblent se comprendre : ils font avec l'horizon un angle aigu que les brusques saccades imprimées au lasso ne peuvent faire varier.

« Quand l'étalon vit arriver l'homme à six ou sept pas de lui, il se mit à hennir, à bondir, à râler, puis tout d'un coup il se jeta à terre. Non moins rapidement, les deux Kalmouks à pied se précipitent sur lui : l'un lui serre le nez dans un tord-naseaux, l'autre lui passe la queue entre les deux jambes de derrière : il ne peut plus bouger : maintenant on peut lui enlever le lasso, le rôle du troisième chasseur va commencer. Il descend de son cheval, l'entrave, lui enlève sa selle ; la porte sur le dos du cheval couché, le sangle aussi solidement que possible, se met à califourchon sur son dos un pied dans un étrier,

l'autre jambe accroupie vers la terre ; on lâche tout. Le
cheval ahuri ne bouge pas tout d'abord ; puis subitement, d'un bond, il se relève, mais il sent sur son dos un
solide cavalier et il commence une série de sauts, de
coups de reins : il ne hennit plus, il crie, et le voilà qui
part comme un fou. Vite les deux Kalmouks sont remontés
en selle, ils suivent le cheval emballé, le frappent avec
leur lasso, tandis que le cavalier roue sa monture de
coups de fouet : efforts nécessaires pour qu'il ne lui
prenne pas l'idée de se coucher de nouveau sur la terre.
Il s'arrête, se dresse sur ses pieds de derrière ; on redou-
ble les coups : s'il se renverse le cavalier est presque toujours tué, et chaque année nombre de Kalmouks péris-
sent ainsi.

« Un quart d'heure après, l'étalon revint au petit trot,
tremblant comme une feuille mais dompté. » (F. DE MÉLY,
Quatre mois en Russie : Tour du Monde, 1878.)

A travers les steppes, qui finissent par se transformer
peu à peu en déserts de sable, nous arrivons au Volga,
le plus grand des fleuves de l'Europe, qui, prenant sa
source au plateau de Waldaï, traverse toute la Russie et
après un cours de 3,500 kilomètres va déverser ses eaux
par plus de 70 embouchures dans la mer Caspienne.

« Ce fleuve, qui reçoit les eaux d'une infinité de grosses
et de petites rivières, sans compter les torrents et les
ruisseaux, est d'une dangereuse navigation par la quantité d'angles, de coudes, de bas-fonds, d'eaux mortes,
d'îles et de bancs de sable qu'il présente. Ce n'est que
dans les mois de mai et juin que les rivières qui s'y rendent, surtout vers le nord, considérablement grossies par
la fonte des neiges, faisant monter les eaux du Volga
beaucoup au-dessus de leur niveau ordinaire, en rendent
la navigation sûre et facile aux gros bâtiments. L'accroissement de ces eaux est tel que non seulement les îles
basses en sont couvertes de manière à pouvoir naviguer
par dessus, mais que toutes les terres basses qui bordent

les deux côtés du fleuve sont inondées au point qu'il n'y
a que la cime des plus grands arbres qui paraisse au-
dessus de la superficie de l'eau.

« Le Volga forme une étrange quantité d'îles ; c'est
surtout aux environs d'Astrakan qu'elles sont en plus
grand nombre, et plus ce fleuve s'approche de son embouchure, plus ces îles se multiplient. » (GMÉLIN, *Additions
aux voyages de Pallas.*)

C'est dans les embouchures du Volga que se trouvent
les célèbres pêcheries d'esturgeons, dont les œufs, sous
forme de caviar, sont aujourd'hui connus dans toute
l'Europe et appréciés des gourmets.

« Les pêcheries des embouchures du Volga sont considérables, les habitations des pêcheurs et autres employés
y forment un village composé d'une centaine de maisons.
Leur trait principal est un immense barrage pratiqué
dans un des bras du fleuve, où la navigation est inter-
ceptée. La circulation des bateaux se fait par une seule
ouverture. Sur la rive s'étendent de vastes bâtiments
dont la plupart sont construits sur pilotis ; de larges
escaliers en descendent jusqu'au bord de l'eau pour faciliter le transport du poisson aussitôt qu'il est pêché.

« Les pêcheurs du Volga ne parlent guère qu'avec dé-
dain des poissons de toute espèce qu'on sale et fait sécher
pour les transporter dans l'intérieur de l'empire ; ils ré-
servent leur estime pour l'ichthyocolle, l'esturgeon ordinaire et le bélouga. Chaque pêcherie est pourvue de
bateaux de différentes dimensions. Dès que le poisson
est pris, on le porte au bateau ; c'est là qu'il est ouvert,
fendu et nettoyé. En arrière, sur la terre ferme, s'élèvent
les bâtiments où sont creusés, en forme de caves, des
magasins ; des auges s'y étendent d'un bout à l'autre ; on
y fait une forte saumure et on y étale les poissons qu'on
range par couche, puis que l'on couvre de sel. Tous les
espaces libres entre les auges sont garnis de morceaux
de glace, dans le but d'y entretenir une grande fraîcheur.

« Outre les filets, on se sert d'un grand appareil composé d'immenses câbles de cent mètres de long, auxquels sont assujettis des cordages pourvus d'hameçons. Ces câbles, ajoutés les uns aux autres, sont fixés au fond du fleuve par des ancres et maintenus à fleur d'eau par des poutres ; ce sont des lignes de fond gigantesques dont chaque hameçon peut accrocher un poisson de trois ou quatre mètres. Aussitôt après notre arrivée, plusieurs bateaux vont visiter les câbles, et en moins d'une heure ils reviennent avec plus d'une centaine de poissons, dont quelques-uns sont d'une taille colossale. Il faut plus d'une barque pour saisir et amener le plus gros de tous. Notre curiosité s'attache à ce monstre, et nous décidons de le suivre. On le monte à grand'peine dans une vaste salle meublée d'une centaine de baquets ; là, après lui avoir fendu la tête d'un coup de hache, on lui ouvre le ventre jusqu'à la queue ; puis on en tire successivement les œufs, les entrailles, la vessie et enfin le nerf dorsal appelé vésiga, avec lequel les Russes font des pâtés dont ils sont très friands. Toute cette boucherie dure un quart d'heure, avant que l'animal cesse de se tordre convulsivement. Les œufs sont préparés pour nous être servis en caviar frais.

« Voici comment se fait cette opération : on se sert d'un gros tamis pour séparer les œufs des peaux et des veines ; on sale l'amas d'œufs dans des auges ; on le laisse à peu près trois quarts d'heure dans le sel, on le presse ensuite sur des tamis pour l'égoutter, puis on le foule légèrement dans de petits barils de bois blanc que l'on bouche avec soin. On prépare ainsi du caviar salé pour être exporté, et du caviar frais qui doit être mangé dans un assez court délai. La chair du poisson est ensuite portée dans un de ces grands magasins qu'on peut appeler des glacières. On la tient plongée dans la saumure pendant douze heures, puis elle est salée et transportée en bateau dans la Russie centrale. Il ne faut pas oublier un produit qui augmente le commerce des pêcheries : c'est la colle de poisson faite avec les vessies et les vésigas.

« La pêche d'hiver est sans contredit la plus curieuse
et la plus originale de toutes. Il arrive un moment où le
poisson est forcé par le froid de quitter les bas-fonds
pour se réfugier dans des eaux profondes. Les pêcheurs
prennent grand soin de remarquer ces endroits. Vers la
fin de novembre, quand le fleuve se couvre en partie
d'une mince couche de glace, les pêcheurs s'avancent un
à un avec précaution, presque en rampant, jusqu'aux
lieux où le courant a empêché la glace de prendre ; la
tête enveloppée d'une étoffe sombre, ils observent le poisson, ses passes, les endroits où il se tient tranquille, et
ils prennent note du tout pour en faire leur profit en
temps opportun.

« La pêche d'hiver ne commence réellement qu'en janvier, alors que la glace est bien prise et que les traîneaux glissent sans danger sur le Volga : un chef est
nommé ; c'est l'hetman de la pêche ; c'est lui qui fixe le
jour et l'heure ; c'est lui qui accorde les permissions, qui
inspecte les engins. Il a autorité entière sur tout ce qui
se rapporte à la pêche. Les officiers ont droit à plusieurs
permis qu'ils vendent ou dont ils profitent eux-mêmes
en louant des travailleurs. Parfois deux pêcheurs, trop
pauvres pour avoir chacun un permis, se cotisent pour
en acheter un seul, et pêchent au même trou. Les instruments sont fort rudimentaires ; ils consistent en perches
de bois armées d'un fer recourbé, en bâtons courts également munis de crochets pour saisir le poisson lorsqu'il
se débat au bout de la perche, et enfin en pioches, leviers
et pelles pour briser et détourner la glace.

« La veille de l'ouverture, on voit s'agglomérer sur
les rives du fleuve un concours de monde incroyable ;
les pêcheurs, avec leurs aides, leurs familles, les marchands qui arrivent de tous côtés et qui établissent là
une sorte de foire, les spéculateurs qui viennent acheter
le poisson. Tous amènent leurs traîneaux, leurs bêtes de
somme ; tous campent sur la rive. C'est un vacarme
assourdissant de gens qui crient, qui appellent, qui
chantent. Les chiens aboient, les chevaux hennissent.

Les traîneaux n'avancent qu'à grand'peine à travers
cette cohue, malgré les imprécations des conducteurs.
On boit du wodka à profusion, on tire des coups de
fusil, on se reconnaît, on s'embrasse. C'est une fête et
malgré la fatigue, malgré le travail du lendemain, on
passe la nuit à table.

« A peine l'aurore a-t-elle paru que sur le rivage bêtes
et gens sont rangés, attendant avec anxiété le signal de
l'hetman. Ce dernier semble se jouer de leur impatience;
il va, il vient, il semble s'occuper de toute autre chose
que de ce qui est en question; il donne enfin le signal.
Une avalanche de corps humains se précipite alors vers le
fleuve. Chacun n'occupe pas toujours la place qu'il a
choisie. Sur un terrain aussi glissant, les rixes se termi-
nent bien vite par des chutes. Tout le monde finit cependant par se caser. C'est alors qu'arrivent les spéculateurs. Leurs valets établissent sur le fleuve même des
huttes de peau. Ils apprêtent les tonneaux où doivent
être enfermés le caviar et le sel dont on doit couvrir le
poisson. Sur la rive sont les tentes où le poisson doit
être fumé. Pendant ces préparatifs, les pêcheurs ont
fait les leurs. La glace est percée de mille trous de deux
à trois pieds de diamètre. Les perches y sont plongées.
Le fleuve qui retentissait tout à l'heure de cris si
bruyants est calme maintenant. Chaque pêcheur, la main
sur la perche, attend silencieusement que le poisson,
troublé par ce bruit soudain, vienne donner du museau
sur l'épieu immobile. Alors il relèvera aussi lestement
que possible l'instrument dont le crochet acéré pénètrera
dans les chairs de l'animal si le coup a été bien calculé.
Tout à coup, au milieu du silence général, on entend une
exclamation de joie. Un pêcheur tire violemment à lui
la perche dont le manche frémit dans ses mains. L'aide
arrive et engage un de ses épieux recourbés dans le
corps de la proie; ils tirent à eux et l'on entrevoit le
corps gigantesque d'un esturgeon qu'ils amènent à grand'
peine sur la glace. Parfois aussi la perche reçoit un coup
sec plein d'espoir. Le cœur palpitant, le pêcheur ferre

habilement la proie qui vient de se trahir, et c'est quelque bélouga en bas-âge, quelque alose maladive qu'il achève, qu'il jette dédaigneusement aux chiens au milieu des rires des camarades. D'audacieux industriels achètent parfois le coup bien avant que le poisson ne soit accroché.

« Peu à peu la pêche s'anime, la glace craque sous les pas pressés des pêcheurs ; lorsqu'ils attirent une grosse pièce, elle se rougit de sang ; des monceaux de poissons s'élèvent sur le sol. La soif du lucre s'allume, les marchands circulent, recevant des rebuffades par-ci, dupant un naïf pêcheur par-là. C'est merveille de voir cette forêt de perches, ces groupes nombreux et animés au milieu desquels circule l'hetman, le knout à la main, apaisant les querelles par des arguments irrésistibles. Il se mêle parfois à la pêche des incidents remarquables : la glace crie et se brise sous les pieds du pêcheur, ou bien un faux pas le fait glisser à l'eau. La place est alors perdue, il faut aller ailleurs. La nuit arrive, les trous sont abandonnés, on charge les poissons salés et fumés sur des chariots. Le caviar et l'ichtyocolle, renfermés dans des barils, seront exportés à l'étranger tandis que le poisson sera consommé en Russie. Ce travail achevé, de copieux repas réunissent les pêcheurs entre eux. » (Moynet, *Le Volga : Tour du Monde*, 1867.)

Dans un pays de plaines comme la Russie, où les voyageurs ont souvent d'une ville à l'autre des centaines de kilomètres à parcourir, le lecteur se demande sans doute à quels moyens de transport on a recours ; ils sont, il faut le reconnaître, des plus simples, sinon des plus confortables.

« En fait de véhicules le tarantasse est celui qui présente le moins de chances de rupture, et qui, avec l'habileté particulière aux paysans russes pour travailler le bois, en offre le plus de pouvoir être réparé partout. Cette voiture, particulière à la Russie, se compose de cinq longues pièces de bois en rondin, de deux mètres et demi

environ de longueur, renforcées au- dessous de bandes de
fer, reposant par un bout sur l'arrière-train, par l'autre
sur un avant-train armé d'une forte cheville ouvrière, et
dont les évolutions se font avec une grande facilité. Les
roues sont de moyenne hauteur et un peu plus espacées
que la voie des voitures ordinaires, ce qui diminue de
beaucoup la chance de verser. Une caisse de calèche
ordinairement, et quelquefois de berline, est fixée sur
ces longues pièces de bois qui, par leur longueur, offrent
une certaine élasticité ; un siège assez élevé est posé
sur le train de devant ; là prennent place le yemtchik,
postillon, et le domestique qui vous accompagne. Trois
chevaux sont attelés de front au véhicule ; on nomme
cet attelage *troïka*, du mot tri, trois. Celui du milieu est
placé entre les brancards, maintenus par une solide
courroie attachée à l'essieu qui dépasse les moyeux des
roues de devant et vient aboutir à la *douga*, forte pièce
de bois en forme ogivale, qui s'élève au-dessus de la tête
du cheval et est retenue à son collier et aux brancards
par des attaches de cuir serrées de la manière la plus
rigide. Du sommet de la douga part un bridon qui sert à
soutenir la tête du cheval ; et pour en compléter la description il ne faut pas oublier les deux clochettes, généralement accordées à la tierce, qui servent à animer les
chevaux, et à l'harmonie desquelles le yemtchik n'est
certainement pas insensible.

« La télègue, voiture russe par excellence, se retrouve
dans toutes les parties de l'empire. La base en est la
même que celle du tarantasse, quatre ou cinq perches sur
deux trains ; mais celles-ci sont plus courtes et par conséquent manquent totalement d'élasticité ; puis au lieu
d'une caisse de calèche, c'est une simple caisse de char-
rette, étroite d'en bas, évasée par le haut et maintenue à
grand renfort de cordes. C'est dans une voiture de cette
espèce, qui se trouvent en grand nombre dans toutes les
postes, que les courriers du gouvernement franchissent
d'une traite des distances énormes, 10 à 12,000 verstes
quelquefois, assis sur un siège composé de cordes entre-

13.

lacées, recouvert d'un dur coussin de cuir rembourré de crin, dans l'impossibilité de s'appuyer sur quelque chose, luttant contre le sommeil pendant tout le voyage, et ne s'arrêtant jamais à aucune station que le temps rigoureusement employé à changer les chevaux.» (BLAN-CHARD, *De Tiflis à Stavropol: Tour du Monde*, 1861.)

C'est la télègue qui permet aux Russes de parcourir rapidement, sans trop d'accidents, des routes souvent informes, pavées de troncs d'arbres couchés en travers, et d'atteindre pendant des centaines de lieues des vitesses auxquelles il semblerait impossible de résister au bout de quelques kilomètres avec une voiture aussi dépourvue de souplesse et d'élasticité. « Mais, comme le dit Gogol dans son roman célèbre, *Les Ames mortes*, quel Russe n'aime pas la vitesse en voyage ? Lui qui se plaît à tourbillonner, à franchir d'un bond l'espace, à toucher sans délai le bout et le fond des choses, lui qui, pour un désir même extravagant, est prompt à envoyer tout au diable, le moyen qu'il n'aime pas la vitesse, cette vitesse qui pour lui a quelque chose de magique, d'enchanté, de fascinateur et de triomphant.

« La vitesse en voyage, c'est comme une force secrète, une puissance occulte qui vous a pris et qui vous transporte sur ses ailes ; vous traversez les airs, vous fuyez, tout fuit avec vous ; les poteaux indicateurs fuient, les convois de marchandises fuient d'un et d'autre côté ; des forêts aux sombres rangées de pins et de sapins fuient, volent en rendant un bruit de haches destructives ou de croassements voraces ; la route tout entière fuit, se perd dans un lointain où l'on ne distingue plus rien qui ait une forme accusée, si ce n'est peut-être un pan du ciel, et la lune sans cesse déchiquetée par l'interposition des nuages mobiles. O troïka, oiseau troïka! il ne faut pas demander qui t'a inventée ; tu ne peux avoir été conçue, tu ne pouvais naître et paraître qu'au sein d'un peuple vif et agile, sur un territoire géant qui s'étend sur la moitié du globe, et où, en route, nul sous peine de vertige ne s'amuse à compter les poteaux.

« Dans ta configuration, tu n'as pas une bien belle apparence, ô télègue, ô voiture rustique, équipage de route, d'hiver ou d'été ; tu n'es pas un objet d'art fait pour arrêter les regards : du bois sec, une hache, une doloire, un bras agile et te voilà sur pied : il n'y a pas un paysan qui ne soit propre à cette construction. La troïka est attelée ; et l'homme ? — Quel homme ? — L'homme pour conduire ! — Tenez, c'est si vous voulez ce même paysan. — « Bien ! qu'il chausse donc ses bottes fortes ! » — Plaisantez-vous ? Il n'est pas postillon allemand, il n'a pas de bottes fortes et se passe même de toute chaussure. Il a ce qu'il faut, des mitaines aux mains et de la barbe au menton ! Voyez-le, Dieu sait sur quoi il se tient en équilibre ; il a entonné sa chanson, il est parti, c'est le tourbillon, les jantes des roues sont confondues et semblent une surface plane du centre à la circonférence ; la route frémit à l'approche de l'impétueux attelage ; le piéton se range, en jetant une malédiction qui n'est qu'un cri d'épouvante, puis il regarde bouche béante, mais la trombe a passé, elle fuit, fuit ! et là-bas, tout là-bas, un nuage de poussière s'élève en spirale, puis fond, se partage et se dissout en vastes draperies qui s'abaissent obliquement sur les côtés du chemin. Tout a disparu. »

Pour compléter le tableau des régions naturelles de la Russie, il nous en reste une à indiquer, de moindre étendue et d'acquisition récente, mais à laquelle un sol montagneux et un climat méridional donnent dans l'empire une place à part. C'est le Caucase, et la côte sud de la Crimée, dont la haute muraille n'est que le prolongement de la chaîne caucasique.

« La nature, qui n'a marqué à la Russie de limite nulle part, ni vers l'Europe, ni vers l'Asie, semblait ne lui avoir opposé de vraie barrière que d'un côté, entre la Caspienne et la mer Noire. Quelle frontière mieux marquée que cette chaîne de 4,000 à 6,000 mètres de haut, dressée entre deux mers ? C'était comme des Pyrénées près de deux fois plus élevées que celles qui nous séparent de l'Espagne. Et pourtant cet obstacle, qui paraissait devoir lui fermer la route, la Russie l'a franchi. La nature même, en lui opposant cette muraille, lui avait fourni les moyens de la tourner. Etendu au milieu d'un isthme, d'une longueur à peu près égale à sa largeur, entre deux mers fatalement soumises à l'influence russe du jour où la Russie aurait atteint leurs rivages, le Caucase devait être débordé des deux côtés, et aisément pris à revers par les armes des tsars. C'est ce que nous avons vu.

« C'est par le versant méridional, par la Georgie, par Bakou et les anciennes provinces persanes que la Russie s'en est emparée, et ce n'est qu'au Nord, parmi les montagnards mahométans des hautes vallées qu'elle a rencontré une sérieuse résistance. Il lui fallait franchir cette barrière pour atteindre le Midi, l'éternelle tentation des peuples du Nord. Le Caucase et la côte méridionale de Crimée nous offrent non pas une nouvelle région du sol russe, — la nature russe finit avec la plaine, — mais une contrée toute différente, aussi multiple et variée que sont uniformes dans leur immensité les régions de la Russie proprement dite. Là se retrouvent dans les vallées du Caucase les forêts disparues depuis le centre de l'empire, non plus maigres, monotones et diffuses comme dans le Nord, mais épaisses, vigoureuses et d'une puissance de végétation inconnue à l'Occident et à l'Europe. Là réussissent les arbres fruitiers et toute cette variété de plantes et de cultures que la Russie eût en vain demandée à ses plaines, des rives de la mer Glaciale à celles de la mer Noire, la vigne, qui sur les bords du Don et même en Bessarabie ne trouve encore qu'un abri précaire, le mûrier, l'olivier. Il semble que les diverses zones de culture, ailleurs désignées par ces trois arbres, se soient rapprochées et réunies sur les pentes de ces montagnes comme pour dédommager la Russie de la monotonie de ses plaines. Il y a peu de plantes qu'on

n'ait acclimatées dans les jardins suspendus sur la mer
de la Corniche de Crimée. Dans la Transcaucasie on
cultive avec succès le coton et la canne à sucre, et les
marchands russes ont déjà parlé d'y introduire des plantations de thé. » (LEROY-BEAULIEU, *La Russie et les
Russes.*)

Un mot maintenant sur les fameuses sources de pétrole ou naphte, des bords de la mer Caspienne, dont
l'exploitation a déjà produit en quelques années plus de
10 millions de mètres cubes de liquide ayant fourni
3 milliards de litres d'huile à brûler et 6 millions de
tonnes de résidus, dont il est fait usage pour le chauffage
des machines. Le centre d'exploitation se trouve à
Bakou. Cette ville a pris depuis plusieurs années une
grande importance en raison des usines qui s'y sont fondées pour l'exploitation des gisements de naphte.

« Ces gisements sont d'une richesse dont on peut difficilement se faire une idée. Dans une seule usine, on
traite par an 20,410,000 kilogrammes d'huile minérale.

« Le pétrole, qui est le produit de la distillation du
naphte, est presque sans valeur à Bakou. On s'en sert
pour arroser les rues, chauffer les machines, et même
nettoyer le linge. Aucune ville n'est mieux éclairée
grâce à ce combustible dont on ne sait que faire.

« Comme la plupart des gisements se trouvent à quelques kilomètres de la ville, à une altitude assez grande,
il arrive très fréquemment que le naphte accumulé se
livre un passage sous terre et vient se déverser dans la
mer où il forme une épaisse couche dont on voit fort
bien les reflets métalliques. Il est alors à craindre que
la matière ne soit poussée au large et ne devienne, étant
donné son extrême inflammabilité, un danger pour les
navires. Aussi de temps à autre procède-t-on à une opération des plus intéressantes. Un petit vapeur construit
en acier va jusqu'au centre de la nappe d'huile, y met le

feu puis se retire très vite. La mer alors, sur un espace
de plusieurs kilomètres, flambe comme un punch colossal, et cet incendie dure souvent trois ou quatre semaines.

« Un des ingénieurs de l'usine Nobel s'est mis très
obligeamment à notre disposition pour visiter les puits.
Sur un espace relativement restreint plus de quatre cents
forages ont été opérés. Tous n'ont pas donné des résultats
également satisfaisants. Un certain nombre ont été vite
épuisés, d'autres ont été abandonnés. Mais il en est d'où
le pétrole n'a cessé de jaillir et qui ne font pas mine de
s'épuiser. Tout dépend de la richesse des poches que les
sondages vont rencontrer. Chaque jour de nouveaux puits
sont creusés, mais la profondeur où il faut aller chercher
le naphte devient de plus en plus grande. La profondeur
moyenne, qui était de 120 mètres en 1881, avait atteint
près de 170 mètres en 1883 et dépassait 200 mètres en 1885 ;
il faut aujourd'hui aller jusqu'à 250 mètres et plus pour
rencontrer de nouvelles couches. Les frais d'exploitation
sont ainsi très augmentés. Cependant en Amérique la
profondeur de certains puits d'Oil City (Pensylvanie) a
dépassé 800 mètres. A ce prix, l'huile naturelle donnait
encore des bénéfices.

« De grandes cages en bois, d'une hauteur variant de 20
à 25 mètres, s'élèvent au-dessus de chacun de ces puits,
et leur donnent l'aspect de puits artésiens. Elles aident
le jeu des appareils de forage, généralement du système
américain, un trépan à pointe d'un poids très lourd retenu
par une simple corde et d'un effet beaucoup plus puissant que la tige de sonde à raccords usitée en France. Ces
cages de bois, dressées les unes contre les autres, offrent
un coup d'œil étrange, analogue de loin aux exploitations
houillères du nord de la France et de la Belgique. Seulement ici, au lieu d'un ciel brumeux, un ciel la plupart
du temps implacablement bleu ainsi que l'or des sables
environnants donnent à ce paysage singulier un caractère tout spécial. » (Napoléon NEY, *En Asie Centrale à la
vapeur*.)

Au delà de la mer Caspienne, nous trouvons les steppes sablonneuses du Turkestan, qui se continuent sur une grande partie de l'Asie centrale jusqu'au désert de Gobi, en Chine. Dans ces vastes espaces, qui ne conviennent qu'à la vie nomade, errent des peuplades Kirghises et Mongoles tour à tour exposées aux chaleurs torrides des étés sahariens ou aux froids de la Sibérie, et conduisant leurs troupeaux brouter les rares plantes salines que peut porter ce sol aride. Elles sont fractionnées en tribus, chacune d'elles est soumise à l'autorité d'un chef ou sultan qui se donne souvent comme descendant de Gengis-Khan. Leurs mœurs sont restées primitives, il suffit pour s'en convaincre de lire la description que nous donne le voyageur Atkinson d'un banquet auquel il a assisté dans une de ces hordes:

« Comme un banquet kirghis est un événement peu ordinaire pour un Européen, je vais essayer de décrire celui que m'offrit le sultan Baspasihan. Les convives étaient beaucoup trop nombreux pour qu'il pût avoir lieu dans la tente du sultan. Un tapis de Bokhara fut étendu à l'entrée. Baspasihan m'y fit asseoir et prit place auprès de moi. On laissa un espace vide en face du sultan; les invités s'assirent en cercle autour de cet espace, les plus âgés ou les plus considérables de la tribu près du maître, au nombre de plus de cinquante, hommes, femmes et enfants. Les garçons se tenaient derrière les hommes; les femmes et les jeunes filles occupaient la dernière place ; je ne compte pas les chiens qui, placés à quelque distance, avaient l'air de s'intéresser à la fête autant que les bimanes.

« Quand tout le monde fut prêt, deux hommes entrèrent dans l'intérieur du cercle portant un vase de fer fumant ayant l'apparence d'une cafetière. L'un s'approcha du sultan, l'autre de ma personne. Ils nous versèrent de l'eau chaude sur les mains; mais ici chaque convive doit être pourvu de sa serviette. La même cérémonie se répéta pour chaque homme, depuis le sultan jusqu'au pasteur de ses troupeaux. On laissa les femmes et les jeunes filles

s'acquitter elles-mêmes de cette besogne. Les ablutions
terminées, les cuisiniers apportèrent des vases exhalant
une fumée épaisse : c'étaient de longues auges en bois semblables à celles dont se servent les bouchers de Londres
et dans lesquelles des quartiers de mouton bouilli étaient
empilés les uns sur les autres. L'un des vases placé entre
moi et le sultan était plein de mouton et de riz cuits ensemble.

« Chacun tira son couteau de sa gaîne ; il n'était pas
besoin de couverts. Mon hôte saisit un magnifique morceau de mouton dans le tas, me le mit dans la main et
recommença l'opération pour lui-même. C'était le signal
attendu. A l'instant les mains se plongèrent dans les auges. Les Kirghis placés au premier rang choisissaient ce
qu'ils préféraient, et après en avoir mangé une partie
chacun tendait le morceau au convive qu'il avait derrière
lui. Quand celui-ci en avait enlevé une bouchée ou deux,
il passait le surplus à un troisième. Puis venait le
tour des jeunes gens. Après avoir passé par toutes
ces mains et toutes ces bouches, les os arrivaient aux
femmes et aux jeunes filles à peu près dépouillés. Finalement, lorsque ces pauvres créatures les avaient rongés
de manière à n'y plus rien laisser, elles les jetaient aux
chiens. Pendant le cours du dîner, je remarquai trois enfants nus rampant derrière le sultan, dont l'attention était
dirigée vers le cercle d'en face. Leurs petits yeux suivaient ses mouvements avec anxiété ; quand ils furent à
une portée convenable, leurs mains saisirent une pièce
de mouton dans l'auge ; ils se retirèrent de la même manière furtive derrière un morceau de voile où ils dévorè-
rent leur butin. Je les vis recommencer deux ou trois
fois ce manège ; leur habileté m'amusait beaucoup. Plus
loin que les femmes, environné d'une troupe de chiens,
un enfant de quatre ans était assis, tenant à la main l'os
d'un gigot de mouton dont il s'escrimait fort habilement
contre les nez d'une multitude de chiens affamés qui l'entouraient en aboyant.

« En quelques instants le mouton eut disparu ; d'énormes vases pleins de liquide dans lequel il avait bouilli commencèrent à circuler de main en main. Les Kirghis avalaient ce bouillon avec délices. Enfin, le dîner fini, deux hommes apportèrent des aiguières et nous versèrent de l'eau chaude sur les mains, après quoi chacun se leva pour aller vaquer à ses occupations. » (ATKINSON, *Voyage sur les frontières russo-chinoises et dans les steppes de l'Asie Centrale: Tour du Monde. 1863.*)

Terminons notre excursion géographique par quelques détails sur la Sibérie, cette province russe de 1,680 lieues de longueur, occupant tout le nord de l'Asie et dont l'étendue, trois fois aussi considérable que la Russie, dépasse celle de l'Europe tout entière. Elle est séparée de la Chine par les massifs montagneux de l'Altaï et par le fleuve Amour. La direction générale de la pente du sol est du sud au nord, vers lequel coulent toutes les rivières sibériennes, parmi lesquelles il suffit de citer l'Obi, l'Iénisséi et la Léna. Deux grands lacs, véritables mers intérieures, couvrent au sud de vastes superficies, ce sont les lacs Balkach et Baïkal. Toute cette contrée est, par excellence, la région des neiges, des froids et des vents. Pendant les rigueurs de l'hiver, le thermomètre y descend parfois à 50°.

« Les voyageurs qui ont subi l'hiver sibérien dans toute sa rigueur en parlent avec un effroi mêlé d'admiration. Un silence infini pèse sur l'espace. Tout semble endormi ; les mousses, les herbes sont cachées dans la neige ou saisies par la gelée ; les animaux sont blottis dans leurs tanières ; les fleuves ont cessé de couler et, comme leurs rives, disparaissent sous la glace ou la neige ; la terre, éblouissante de blancheur au centre du paysage, mais grise dans le lointain, n'offre pas un objet sur lequel puisse s'arrêter la vue. Ni ligne brusque, ni couleur vive ne rompent l'uniformité de l'espace. Le seul contraste avec la morne étendue de la terre est celui de l'inaltérable azur, où chemine le soleil en s'élevant de quelques degrés à peine au-dessus de l'horizon. L'astre

se lève et se couche, par des froids de 30 à 40 degrés centi-
grades, avec des contours nets, sans cette auréole rougeâtre qui l'entoure d'ordinaire au bord de l'horizon; la force
de ses rayons est telle que la neige fond sur le côté des
toits exposé à la lumière, tandis qu'à l'ombre la température varie de 24 à 30 degrés au-dessous du point de
glace. La nuit, quand l'aurore boréale n'étend pas dans
le ciel ses draperies multicolores et n'éclate pas en fusées
silencieuses, les étoiles et la lumière zodiacale brillent
avec un singulier éclat; peut-être sur nulle autre partie
de la terre ne s'étend un ciel aussi favorable aux observations des astronomes. Dans cette région du pôle du
froid, l'atmosphère est d'une clarté parfaite; on n'y voit
aucun nuage, si ce n'est au bord des rivières, d'où
s'échappe un épais brouillard composé de particules glacées, ou bien dans le voisinage des troupeaux, cachés par
les amas de vapeur que forme leur haleine; mais l'air
qui contient les fins cristaux du brouillard n'est pas
moins sec que l'atmosphère transparente. L'homme ose
affronter ces froids terribles, mais les animaux restent
dans leurs trous; seul le corbeau se hasarde dans l'air,
d'un vol faible et lent, en laissant après lui une légère
traînée de vapeur. D'ailleurs, les hivers sibériens sont
moins pénibles à supporter que ne se l'imaginent les
étrangers avant de l'avoir subi : convenablement nourri,
bien vêtu, couvert de fourrures, le nouveau venu n'a rien
à craindre; peu de climats sont plus salubres que celui
de la froide Sibérie orientale avec son air si transparent,
si calme, si parfaitement pur. On n'a jamais vu de phthi-
siques à Tchita, dans cette froide Transbaikalie où le
mercure reste gelé des semaines entières.

« A ce rigoureux hiver, qui fend le sol et découpe les
falaises des fleuves en colonnades régulières comme
celles des basaltes, succède un soudain et délicieux printemps; le changement est si rapide que la nature paraît
brusquement renouvelée; la verdure des feuilles qui
s'entr'ouvrent, le parfum des fleurs naissantes, la tiédeur
enivrante de l'atmosphère, la clarté rayonnante du ciel,

tout s'unit pour faire de la joie de vivre une véritable
volupté. Il semble aux Sibériens, visitant les pays tem-
pérés de l'Europe occidentale, qu'en dehors de leur patrie
le printemps est inconnu.

« Les froids de l'hiver s'annoncent bientôt après le
rapide été ; souvent il gèle pendant la nuit dès le milieu
de juillet ; dès le 10 août les feuilles des arbres, jaunies
par le froid, commencent à tomber ; dix jours après, le
mélèze seul a gardé quelques-unes de ses aiguilles. »
(Elisée RECLUS, *L'Asie russe*.)

Un phénomène véritablement saisissant et grandiose
anime fréquemment pendant les longues nuits de l'hiver
toute cette région ; ce sont les aurores boréales :

« Le globe terrestre tout entier semblait être en feu. Un
arc, large et brillant, scintillant de toutes les couleurs du
prisme, s'étendait en courbe de l'Orient à l'Occident, et
des rayons d'un rouge jaunâtre allaient perpendiculaire-
ment de cet arc au zénith. A chaque instant, de longues
traînées brillantes, parallèles à cet arc, se montraient au
nord et, rapidement, majestueusement, enveloppaient le
ciel. L'arc central tremblotait sans cesse et changeait de
couleur, et ses rayons se déplaçaient incessamment. Au
bout de quelques minutes, cet arc se rapprocha lentement du zénith, et à sa place en apparut un autre, aussi
brillant et avec des rayons pareils. Le spectacle devenait
de plus en plus grandiose. Les traînées brillantes tour-
noyaient avec vitesse sur leur arc, des rayons se déta-
chaient de l'arc au centre, et de temps à autre se dessinait
au nord un nuage énorme de couleur pourpre qui se
reflétait dans tout le ciel et sur la neige. Puis à sa place
apparaissaient des rayons de couleur orange, et un moment après le ciel paraissait tout en feu. Je retenais mon
haleine et me préparais à entendre de forts éclats de tonnerre qui, me semblait-il, devaient suivre ces éclairs de
lumière. Mais tout était silencieux, au ciel comme sur la
terre, et on n'entendait aucun bruit. Les scintillements

rapides de toutes couleurs se reflétaient si clairement sur
la neige que la terre paraissait tantôt en sang, tantôt en
feu, tantôt d'un vert pâle. Mais ce n'était pas encore fini.
Les deux arcs tremblèrent soudainement puis se trans-
formèrent en mille colonnes perpendiculaires et parallèles, qui se mirent à scintiller de toutes les couleurs du
spectre solaire; d'un bout de l'horizon à l'autre, s'étendirent deux rangs de ces colonnes, qui commencèrent à
tournoyer l'un autour de l'autre avec une vitesse que
l'œil pouvait à peine suivre. Le ciel, en ce moment, ressemblait à un kaléidoscope gigantesque. L'aurore boréale
ayant atteint son apogée, finit peu à peu par pâlir et disparaître. « (G. KENNAN, *Voyage en Sibérie.*)

Habitée surtout aux abords de l'Oural et dans les
grands centres comme Tobolsk, Tomsk, Irkousk par les
Russes, les Cosaques, les transportés politiques, les condamnés de droit commun et les colons libres, la Sibérie
est parcourue dans son interminable étendue par diverses
tribus, la plupart d'origine mongole, parmi lesquelles les
Toungouses ont envahi toute la région de l'Iénisséi à la
mer de Chine. Enfin, on trouve sur les bords de la mer
Glaciale des Samoièdes et près du détroit de Behring, au
Kamtschatka, les Tschuktschis, vivant comme les Lapons et les Samoièdes de pêche et de l'élevage du renne.
Toutes ces peuplades chassent aussi et font le commerce
de fourrures.

Les Tschuktschis vivent sous la tente — ce sont des
débris de peaux cousus ensemble — et comme mode de
transport se servent du traîneau: « Une espèce de bois
flexible, des maxillaires, des côtes et des bardes de
baleine en sont les principaux matériaux. Pour faciliter
le tirage, les patins sont soigneusement garnis d'une couche de glace épaisse de deux ou trois millimètres, que les
conducteurs déterminent en les arrosant à diverses reprises avant de se mettre en route. Les différentes parties
du traîneau ne sont point reliées par des clous, mais par
des courroies et des fanons de baleine. Le siège, placé

très bas, est, par suite, très incommode. Généralement
il est garni d'une peau d'ours. Comme bêtes de trait, les
Tschuktschis emploient des chiens. Le nombre des animaux que l'on attelle à un traîneau varie beaucoup.
Quelquefois les conducteurs n'emploient que deux
chiens; d'autres au contraire attellent dix ou douze de
ces animaux. Il n'y a pas de règle fixe pour la manière
dont les chiens sont placés au traîneau. Le plus souvent
ils sont attachés deux par deux à une longue corde ; d'autres fois, lorsque le trajet est court, plusieurs sont attelés
de front, sans aucun ordre, suivant la longueur du trait
ou d'après le caprice du conducteur. Pour manier leurs
attelages, les conducteurs ne se servent pas de rênes, ils
guident leurs chiens à la voix et avec l'aide d'un long
fouet, dont ils font du reste un usage très modéré. L'équipement d'un traîneau, pour être complet, comprend un
bâton court, mais très solide, garni de fer et terminé par
une série d'anneaux du même métal. Les chiens restent-
ils sourds aux commandements, cet instrument trouve
alors son utilité. D'un coup de bâton un chien peut être
tué : aussi ces animaux ont-ils une telle peur du châtiment
que le bruit des anneaux suffit à les faire rentrer dans
l'ordre. Durant les haltes, l'attelage est attaché à ce bâton,
que le conducteur enfonce solidement dans la neige. Le
harnachement des chiens se compose d'un collier, qui est
attaché de chaque côté à une croupière reliée au trait
principal. Lorsque la neige est dure et coupante, les
Tschuktschis garnissent les pattes de leurs chiens d'une
espèce de sac. Ces chiens sont de même race que ceux
des Esquimaux ; comme eux, ils ressemblent à des loups,
sont haut montés sur pattes et ont une toison épaisse.
Leurs oreilles sont courtes et généralement dressées, leur
couleur varie du noir au blanc et du gris au jaune
brun. » (NORDENSKIOLD, *Voyage de la Véga autour
de l'Asie : Tour du Monde*, 1883).

Ajoutons, pour compléter ces quelques données, que la
population totale de la Sibérie est de 5 millions d'habi-

tants se répartissant en 4 millions de Russes, 700,000 de race mongole et environ 300,000 d'origine finnoise.

L'armée de Sibérie se compose de 30,000 hommes de troupes régulières, et de 25,000 Cosaques plus spécialement chargés de la garde de la frontière.

L'instruction est assez répandue dans toute la contrée habitée par les Européens, par suite de l'influence des exilés politiques dont beaucoup ont consacré leurs loisirs à instruire les enfants du voisinage. Il existe une école des mines à Yékatérinbourg, des écoles militaires à Omsk et Irkousk; Tomsk est le siège d'une Université créée en 1880.

La Sibérie est le centre de la richesse minérale de la Russie; on y trouve de l'or, de l'argent, du cuivre, du plomb, du fer, de la houille, du sel et d'immenses forêts vierges. D'abord colonie pénitentiaire, elle s'est lentement développée, mais elle est appelée à prendre un grand essor avec la colonisation libre, et la création, récemment décidée, du chemin de fer qui, de Perm et Yékatérinbourg, doit aboutir à Vladivostock sur la mer de Chine, amènera certainement entre l'Orient et la Russie un courant commercial et industriel dont l'importance ne pourra que s'augmenter chaque jour.

LITTÉRATURE

Les traditions historiques s'accordent à représenter les anciens peuples Slaves comme formant une seule famille divisée en plusieurs rameaux, mais offrant tous un type commun qui les rattache à la souche indo-persane. L'idiome parlé par eux lorsqu'ils apparaissent dans l'histoire était le slavon, aujourd'hui langue éteinte mais conservée dans les livres religieux; il s'est modifié peu à peu pour devenir le russe moderne en Russie, le letton dans la Courlande et la Livonie, le polonais et le bohémien en Pologne et en Bohême, le serbe et le carnique chez les Slaves du sud.

« Le russe tel qu'il est parlé de nos jours dans la Russie propre et dans ses dépendances n'offre point cette foule de patois qui déparent tant de langues modernes.

« La seule distinction importante est celle du grand-russe et du petit-russe, l'un parlé dans tout le Nord de l'empire et devenu dialecte littéraire et officiel, l'autre concentré dans le Midi et rappelant plus exactement les formes antiques; tous deux dans leur essence constitutive étroitement liés à l'esclavon dont ils ne présentent pour ainsi dire qu'une amplification continuelle. Le russe, considéré dans son ensemble, est riche, énergique, étendu; la faculté précieuse qu'il possède de s'assimiler tous les éléments qu'il adopte et de les employer comme des racines sur lesquelles s'entent des tiges et des branches, contribue à son abondance sans nuire à sa régularité. Sa déclinaison en sept cas, comme celle de l'esclavon, confond cependant trop souvent le génitif avec l'accusatif. Le russe a trois genres, mais seulement deux nombres, ayant perdu le duel comme la plupart des langues modernes; en revanche il possède un choix immense d'augmentatifs et de diminutifs plus nombreux qu'en italien même, tandis que la variété de ses finales le dispense de l'usage de l'article. La même délicatesse de nuances se retrouve dans la conjugaison des verbes qui, bien qu'ayant perdu la plupart de leurs désinences temporelles, peuvent au moyen de légères additions ou modifications dans le corps de la racine spécifier toutes les époques et toutes les conditions de l'action. Des préfixes tout indiens comme ceux de l'esclavon déterminent chaque gradation de la pensée, et la composition des mots est aussi illimitée qu'en grec. La construction de la langue russe est concise et facile; sa prosodie, essentiellement harmonique, est fondée sur l'intonation des voyelles, comme dans les idiomes du midi. Flexible, ingénieuse et polie, elle s'adapte avec une rare souplesse à toutes les exigences de la société, en même temps que son énergie naturelle l'élève à la hauteur des sujets les plus graves. La rudesse que semblent offrir ses lettres disparaît presque en entier devant un examen attentif. Étonnés alors d'y trouver réunies la plupart des articulations répandues en Europe, nous comprenons pourquoi les Russes et les peuples slaves en général ont tant de facilité à apprendre nos langues qui toutes semblent être renfermées dans la leur. » (EICHHOFF, *Histoire de la langue et de la littérature des Slaves*.)

Convertis au christianisme, il fallait aux Slaves un alphabet et une écriture pour reproduire la Bible et l'Evangile. Au neuvième siècle un missionnaire grec, natif de Thessalonique en Macédoine, Constantin dit Cyrille, appelé avec son frère Méthode chez les Slaves du Danube, créa cet alphabet slavon ou cyrillique en combinant ingénieusement les lettres grecques avec quelques signes empruntés à l'hébreu, à l'arménien et au copte pour rendre avec exactitude tous les sons de la langue slave.

Modifié une dernière fois sous Pierre le Grand par l'exclusion de neuf lettres et la simplification de forme des caractères qui étaient conservés, l'alphabet russe est resté composé de trente quatre lettres.

C'est en slavon qu'ont été rédigés, vers 1030, sous Iaroslaf le Grand, le plus ancien *Recueil des lois russes;* les *Chroniques de Nestor* qui datent de 1110 ; les *Instructions* de Vladimir Monomaque ; les *Annales* de Basile, de Sylvestre, de Simon de Sousdal ; le *Domostroi* ou livre du ménage russe au quinzième siècle ; le *Chant de l'expédition d'Igor* ; l'*Evangile d'Ostromir*, de 1056, orné des portraits des évangélistes, et le missel de la cathédrale de Reims.

La Chronique de Nestor, moine d'un couvent de Kief vivant à la fin du onzième siècle et mort vers 1115, présente pour l'histoire de la Russie un intérêt d'autant plus considérable qu'elle constitue le premier document qui nous éclaire sur les origines de la nation et les Varègues. Elle se termine à l'année 1110. Ecrite par un homme très au courant des événements, elle donne de précieux détails sur les premiers princes russes qui régnèrent à Kief. Une courte citation suffira pour en démontrer l'intérêt. Le chroniqueur raconte, avec la naïveté et la simplicité qui font le charme de ces vieilles histoires, comment la reine Olga tira vengeance du meurtre d'Igor, son mari, écartelé par les Drevlianes qu'il était allé rançonner :

« Olga fit venir les ambassadeurs et leur dit : Soyez les bienvenus, racontez-moi pourquoi vous êtes venus. Les Drevlianes répondirent : Nous avons tué votre époux ; il pillait et ravissait comme un loup ; mais nos princes sont bons et fertilisent notre pays. Venez épouser Mall notre prince. Et Olga répondit: Votre proposition me plaît fort, car enfin je ne puis ressusciter mon mari. Je

14

veux vous traiter demain devant mes gens. Retirez-vous
à présent sur vos barques. Je vous enverrai chercher
demain, et vous direz : Nous ne voulons ni aller à cheval
ni à pied, vous n'avez qu'à nous porter dans nos barques ;
et mes gens vous porteront sur leurs épaules ; et elle les
renvoya dans leurs barques.

« Pendant la nuit, Olga fit creuser un fossé large et
profond devant une maison hors de la ville, et le lendemain elle vint dans cette maison et envoya chercher les
ambassadeurs, et ils dirent : Nous n'irons ni à pied ni à
cheval, emportez-nous dans nos barques. — Ceux de
Kief répondirent : Nous sommes vos esclaves, notre
prince a été tué, et notre princesse veut épouser le vôtre.
— Les Drevlianes restèrent assis avec orgueil dans leurs
barques, furent portés devant la maison où était Olga et
on les jeta dans le fossé avec les barques, et Olga leur
cria : Ne vous trouvez-vous pas bien honorés ? — Ils eurent
beau dire : Pardonnez-nous la mort d'Igor ; elle ordonna
de les enterrer tout vifs et on combla la fosse.

« Puis Olga envoya aux Drevlianes et leur fit dire : Si
vous me désirez sincèrement, envoyez-moi des hommes de
la plus haute considération afin que je puisse me rendre
avec honneur auprès de vous et que les gens de Kief me
laissent aller. Les Drevlianes, entendant cela, choisirent les hommes les plus considérables de leur pays et
les lui envoyèrent. A leur arrivée Olga fit préparer un
bain et leur fit dire : Prenez le bain et vous vous pré-
senterez ensuite devant moi. On chauffa le bain et les
Drevlianes y entrèrent et commencèrent à se baigner,
mais on ferma les portes ; elle ordonna de mettre le feu à
la maison et ils furent tous brûlés.

« Puis elle envoya de nouveau aux Drevlianes : Je
vais me rendre auprès de vous, leur fit-elle dire, préparez
une grande quantité d'hydromel dans l'endroit où vous
avez tué mon époux, afin que je pleure sur son tombeau
et que je célèbre en son honneur le repas des morts. Les
Drevlianes apportèrent beaucoup de miel et le brassè-
rent. Olga n'ayant pris avec elle qu'un petit nombre

d'amis légèrement armés vint au tombeau de son époux et y pleura. Elle fit élever par ses gens une grande butte de terre, et quand ils l'eurent élevée, elle ordonna de faire le repas funèbre. Alors les Drevlianes se mirent à boire et Olga ordonna à ses gens de les servir, et les Drevlianes dirent à Olga : Où sont nos amis que nous vous avons envoyés ? Et elle répondit : Ils viennent après moi avec les amis de mon époux. Et quand les Drevlianes eurent bien bu, elle ordonna à ses fidèles de les tailler en pièces, et ils en tuèrent cinq mille. »

Ne croirait-on pas lire un chapitre de notre Grégoire de Tours, auquel on a du reste comparé le moine Nestor ?

Le texte du chant d'Igor ou « Récit de l'expédition d'Igor » a été découvert en 1795 dans un recueil acheté à un moine d'Iaroslav par un lettré, le comte Pouchkine, qui le publia en 1800. Le manuscrit, qu'il avait conservé chez lui à Moscou, y fut brûlé en 1812, pendant l'incendie qui détruisit cette ville. Il a été traduit en français par M. Eichhoff, à la suite de son ouvrage sur la langue et la littérature des Slaves. L'auteur inconnu de cette épopée en prose cadencée nous donne le récit d'une campagne du prince Igor Sviatolovitch, prince de Novgorod-Severski, contre les barbares Polotsi, ces nomades des steppes, terreur des Slaves des principautés du Midi. Igor, d'abord victorieux, voit ensuite ses compagnons succomber sous la masse des barbares ; il est fait prisonnier, mais finit par s'échapper et le poète célèbre son retour. Nous reproduisons ici quelques passages dans lesquels est décrite la bataille :

« Le prince Igor mit le pied à l'étrier et chevaucha dans la vaste plaine. Le soleil se couvrit de ténèbres, la nuit réveilla les oiseaux au chant sinistre et les animaux féroces hurlant dans leurs repaires... les loups grondent au fond des cavernes, les aigles battant des ailes appellent aux

ossements les bêtes fauves et les renards glapissent devant
les boucliers rouges des Russes... Le lendemain matin une
aurore sanglante annonce le jour, du côté de la mer s'élèvent de sombres nuages capables d'obscurcir quatre brillants soleils ; de leur sein sortent des éclairs livides, le
tonnerre gronde accompagné de torrents de pluie. Les
lances se brisent, les sabres se faussent sur les casques
des Polotsi, la terre tremble, les eaux se troublent, la
poussière vole, les étendards frémissent. Les Polotsi s'é-
lancent des bords du Don, des rivages de la mer ; de tous
côtés ils cernent les guerriers russes qui se retranchent
derrière leurs boucliers rouges... Du matin au soir, du soir
jusqu'à l'aurore, les traits acérés volent, les glaives résonnent sur les casques, les lances durcies retentissent
sur cette plage inconnue. La terre, noircie sous les pieds
des chevaux, est semée de membres et abreuvée de sang
pour le malheur de la Russie ! Quel bruit, quel frémisse-
ment entends-je avant l'aurore ? Igor replie ses bataillons
car il tremble pour Vsévolod, son frère chéri... Ils combattirent le premier jour, ils combattirent le second ; au
midi du troisième tomba la bannière d'Igor. Les deux
frères se séparèrent sur les bords de l'impétueuse Kaïala ;
ici s'épuisa le vin sanglant, ici succombèrent les braves
Russes ; ils avaient abreuvé leurs hôtes, et eux-mêmes
tombèrent pour la patrie. L'herbe s'incline de douleur et
les arbres se penchent vers la terre. Bientôt, frères, arriva
l'heure fatale et le désert engloutit notre armée. »

Le Domostroi, sorte de manuel de morale religieuse et
civique, dû au pope Sylvestre, précepteur d'Ivan IV,
nous éclaire sur la vie quotidienne en Russie à la fin du
quinzième siècle ; ce sont des préceptes ou pour mieux
dire des ordres auxquels le lecteur doit aveuglément se
soumettre.

Pour les enfants, le procédé d'éducation est des plus
simples : il faut leur donner des coups, celui qui les élève
ainsi aura une paisible vieillesse : « Ne faiblis pas en
frappant ton fils. Si tu le bats avec un fouet, il n'en

mourra pas, il ne s'en portera que mieux, car par ce châtiment corporel tu sauves son âme de la perdition. Si tu aimes ton fils, donne lui des coups, tu t'en réjouiras plus tard. »

Quant à la femme, c'est aussi une enfant, une servante qu'on doit diriger de la même manière : « Si la femme, le fils ou la fille ne fait pas attention aux paroles ou aux ordres du père de famille, il faut les frapper avec le fouet, mais à l'écart et non pas devant les gens, et après les avoir ainsi corrigés leur pardonner, tout cela sans qu'il y ait colère de part et d'autre. Pour quelque faute que ce soit, il ne faut pas frapper sur l'oreille ou sur le visage, ni avec le poing sur la poitrine, ni à coups de pied, ni avec un instrument de fer ou de bois. Si quelqu'un par colère ou mécontentement frappe de cette manière, il en résulte de grands inconvénients : la cécité, la surdité, les luxations des jambes, des bras ou des doigts, les maux de tête ou de dents . Parfois aussi les enfants sont blessés dans le sein de leur mère. Il faut, pour punir, frapper avec un fouet ; cela est raisonnable et cela fait mal, cela est terrible et bon pour la santé. S'il y a eu quelque faute, de la désobéissance, de la négligence, il faut tenir le coupable par les mains, soulever son vêtement, le frapper avec le fouet en proportion de la faute commise et après l'avoir battu ajouter quelques bonnes paroles. »

L'auteur du Domostroi entre dans les moindres détails de la vie quotidienne, il prescrit de quelle manière on doit se tenir à table, quelles conversations peuvent y être tenues, comment il faut soigner les malades, entretenir les meubles, tenir les vases en ordre, laver le linge, la chemise rouge — le rouge est la couleur préférée du paysan russe — préparer le trousseau des filles, etc. Rien n'est oublié, les domestiques eux-mêmes ont leurs instructions à suivre :

« Le serviteur envoyé chez d'honnêtes gens doit d'abord frapper doucement à la grande porte. Si un domestique vient lui demander : Pour quelle affaire viens-tu ? il ne

doit pas le dire, mais il répondra : Ce n'est pas à toi que
j'ai affaire, c'est à celui vers qui je suis envoyé que je
dois parler. Il indiquera seulement de la part de qui il
vient afin qu'on le répète au maître. Dans l'antichambre,
il essuiera ses pieds crottés sur la paille ; avant d'entrer, il
se mouchera, toussera d'avance et fera sa prière à haute
voix. Si on ne lui répond pas : Amen, il devra la faire
une seconde et une troisième fois à voix plus haute. Si
l'on se tait encore, il frappera à la porte. En entrant, il
s'inclinera devant les saintes images, puis il fera sa commission et pendant ce temps il ne devra ni mettre ses
doigts dans son nez, ni tousser, ni se moucher, ni renifler, ni cracher. Si toutefois il y est absolument forcé
il se retirera un peu à l'écart. Il se tiendra convenablement, sans regarder ni à droite ni à gauche ; si on le
laisse seul, il ne fouillera pas dans les effets et ne tou-
chera ni à la nourriture ni à la boisson. Si on l'envoie
porter quelque chose qui se mange il n'y mettra ni la
langue ni les doigts. »

La Russie venait alors de secouer le joug des Tartares,
mais elle l'avait subi pendant deux cents ans et s'était
accoutumée aux mœurs asiatiques. La femme vivait sé-
questrée et ne se montrait pas en public ; l'autorité du
chef de famille était absolue, les enfants étaient réduits à
la condition d'esclaves, et c'est de ce temps que date le
proverbe : « Le fils n'est libre que quand le père est
enterré. » Il faut arriver à Pierre le Grand pour voir la
réforme de ces coutumes, et la femme prendre dans la société russe le rang qu'elle occupe dans la civilisation
européenne.

Quant au Missel de la cathédrale de Reims, son histoire
est assez curieuse :

« Il existait en Bohême, au onzième siècle, un ermite
du nom de Procope qui vivait dans une grotte de la montagne des Vierges, près de Prague. Il devint le confesseur
du roi et fonda, grâce à ses libéralités, un monastère qu'il
soumit à la règle de Saint-Benoît et où la liturgie slave

fut adoptée. C'est le monastère de Sazava. Parmi les
manuscrits qui en sont sortis, il en est un qui aurait été,
suivant la tradition, écrit par Procope dans sa grotte solitaire. Au seizième siècle, il tomba entre les mains du cardinal de Lorraine, qui, en 1574, en fit don à la cathédrale
de Reims. Le clergé de cette ville, peu compétent en pa-
léographie slave, prit ce manuscrit dont l'écriture lui était
inconnue pour un évangile syriaque qui aurait appartenu
à Saint-Jérome, et pour honorer une si précieuse relique
on fit prêter serment aux rois de France, lors de leur
sacre, sur ce texte mystérieux. Egaré pendant la Révolution, retrouvé depuis, le Livre du Sacre, c'est ainsi que
l'on désigne ce manuscrit, a été publié en une splendide
édition aux frais de l'empereur de Russie.»(Louis LÉGER,
Le Monde Slave.)

Délivrée des Mongols, dont la domination au point de
vue littéraire s'est traduite par l'anéantissement de tous
les progrès et le retour à la barbarie asiatique, la Russie
vit d'abord renaître le goût des lettres dans les couvents;
l'invention de l'imprimerie survenant ensuite permit de
répandre en 1644 le texte des lois russes et de fixer la
langue ecclésiastique.

Arrivant à la civilisation après les autres nations de
l'Occident et trouvant en France, en Allemagne, en
Angleterre et en Italie des œuvres dues aux grands
écrivains de ces nationalités, les premiers littérateurs
russes se bornèrent à les traduire ou à les adapter à leur
langue, qui s'était peu à peu modifiée pour former l'idiome
russe actuel. Protégés et encouragés par Pierre le Grand,
par Élisabeth et Catherine II ils multiplièrent leurs
ouvrages, oubliés aujourd'hui, mais préparant leur compatriotes à une ère littéraire nouvelle. Le poète Lomono-
sof fixa les règles de la prosodie et l'idiome national dans
ses odes, ses méditations et son histoire de l'ancienne
Russie. Le poète lyrique Derjavine écrivait à la même
époque son immortel *Hymne à Dieu*, reproduit dans
toutes les langues de l'Europe et jusqu'en Asie :

O toi dont l'existence infinie, immuable,
De vie et de splendeur remplit l'immensité,
Seul en ta triple essence au fidèle adorable
Seul traversant les temps en ton éternité,
Esprit présent partout et partout invisible,
A l'humaine raison toujours inaccessible,
Toi que nul n'a créé, que n'embrasse aucun lieu,
Dont la présence auguste anime la nature,
La règle, la soutient, l'embellit et l'épure,
Auteur de l'univers que nous appelons Dieu,

Quand ma raison pourrait, par un effort sublime,
Compter les feux du ciel, les sables du désert,
Et plongeant dans les flots de l'orageux abime,
Mesurer d'un regard la profondeur des mers,
Il n'est en toi, Seigneur, ni nombre ni distance ;
Les chœurs des immortels, issus de ton essence
Devant ta majesté s'arrêtent confondus,
Et si jusque vers toi s'élève une pensée,
Sous tes vives clartés elle tombe éclipsée
Comme au milieu d'un siècle un instant qui n'est plus.

A l'aurore des temps ta volonté suprême
Du vide sans limite a tiré le chaos ;
Mais avant ta naissance, existant par toi-même
L'éternité marquait ton sublime repos.
En toi toute existence a sa source première,
Lumière sans déclin d'où jaillit la lumière,
Des âges infinis tu poursuivais le cours ;
Tu parlas et soudain le monde, ton ouvrage,
En traits étincelants réfléchit ton image ;
Seul tu vis, tu vécus et tu vivras toujours.

Les lecteurs que des études de cette nature intéressent plus particulièrement trouveront la suite de cette traduction dans l'ouvrage de M. Eichhoff que nous avons déjà cité.

La littérature russe moderne a son point de départ marqué au commencement du dix-neuvième siècle. Par suite des événements politiques, une réaction contre les ouvrages et les règles de l'Occident se produisit alors ; les auteurs russes ne se bornèrent plus à copier ou à traduire les anciens ou les étrangers modernes, ils puisèrent dans leur propre fonds et leurs œuvres devinrent de plus en plus personnelles.

Karamsine écrivit, à l'aide des matériaux recueillis par lui dans les anciennes chroniques et dans les chancelleries, l'*Histoire de Russie* ; Krilof publia ses *Fables* qui l'ont fait comparer à notre La Fontaine, dont il a la finesse et la bonhomie ; Griboiédof, Pouchkine, Lermontof, Gogol suivaient bientôt, ouvrant la voie à l'école naturaliste dont les maîtres restent encore aujourd'hui, Tourguénef, Dostoiewski et Tolstoï.

Karamsine, né dans le gouvernement d'Orenbourg en 1765, mort à Saint-Pétersbourg en 1826, vécut d'abord à Moscou où il traduisit des ouvrages français et allemands ; il publia aussi des contes, fonda *Le Journal de Moscou*, et finit par se consacrer pendant douze ans à la composition de son œuvre principale, l'*Histoire de l'Empire russe*.

Son ouvrage, qui lui valut d'être nommé conseiller d'Etat, fut traduit dans toutes les langues. Il s'arrête malheureusement à l'année 1611. Dégageant la langue russe de la raideur et des complications de formes classiques qui s'y étaient introduites, Karamsine lui donna une allure noble et facile, unissant l'harmonie à la simplicité. On lui reproche au point de vue historique des obscurités et des défaillances de critique, mais l'élévation morale et le patriotisme qui l'animaient ont rendu son œuvre impérissable.

Nous en reproduisons ici un court extrait, suffisant pour donner au lecteur une idée juste de la forme de cet auteur.

« Fier dans ses relations avec les autres souverains, Ivan III aimait à déployer une grande pompe devant leurs ambassadeurs ; il introduisit l'usage de baiser la main du monarque en signe de faveur distinguée ; il voulut par tous les moyens extérieurs possibles s'élever au-dessus des hommes pour frapper fortement l'imagination ; ayant enfin pénétré le secret de l'autocratie, il

devint comme un dieu terrestre aux yeux des Russes qui
commencèrent dès lors à étonner tous les autres peuples
par une aveugle soumission à la volonté de leur souverain. Le premier, il reçut en Russie le surnom de Terrible, mais terrible seulement à ses ennemis et aux
rebelles. Cependant sans être un tyran comme son petit-
fils Ivan IV, il avait reçu de la nature une certaine
dureté de caractère qu'il savait modérer par la force de
sa raison. Les fondateurs de monarchies se sont rarement
fait distinguer par leur sensibilité, et la fermeté nécessaire pour les grandes actions politiques est bien voisine
de la rudesse. On dit qu'un seul regard d'Ivan lorsqu'il
était enflammé de colère suffisait pour faire évanouir les
femmes timides, que les solliciteurs craignaient de s'approcher du trône, qu'à sa table même les grands tremblaient devant lui, n'osant proférer une seule parole ni
faire le plus léger mouvement lorsque le monarque, fatigué d'une bruyante conversation et échauffé par le vin,
s'abandonnait au sommeil vers la fin du repas. Tous assis
dans un profond silence attendaient un nouvel ordre pour
le divertir ou pour se livrer eux-mêmes à la joie.

« L'histoire n'étant pas un panégyrique, il est impossible
qu'elle ne trouve pas quelques taches dans la vie des
plus grands hommes eux-mêmes. A ne considérer que
l'homme dans Ivan III, il n'eut pas les aimables qualités
de Monomaque ni celles de Dimitri Donskoï, mais comme
souverain il s'est placé au plus haut degré de grandeur.
Toujours guidé par la circonspection, il parut quelquefois
timide et indécis; mais cette irrésolution fut toujours de
la prudence, vertu qui ne nous charme pas autant
qu'une généreuse témérité, mais plus propre à consolider
ses créations par des progrès lents et d'abord incomplets.
Combien d'illustres héros n'ont légué à la postérité que
le souvenir de leur gloire! Ivan nous a laissé un empire
d'une immense étendue, puissant par le nombre de ses
peuples et plus encore par l'esprit de son gouvernement,
cet empire enfin qu'il nous est si doux, si glorieux d'appeler notre patrie. »

Krilof, né à Moscou en 1768, mort en 1844, entra d'abord dans l'administration puis devint secrétaire du gouverneur de Riga. C'est seulement à l'âge de quarante ans qu'après plusieurs essais dans divers genres il composa ses premières fables. La fantaisie, la finesse et la pureté du style qui les distinguent leur assurèrent un prompt succès. Placées entre les mains des enfants, elles ont en Russie la plus grande popularité et il en a été publié de nombreuses éditions. Nous citerons deux de ces fables, empruntées à l'excellente traduction française de M. Ch. Parfait :

LES PASSANTS ET LES CHIENS

Deux amis en causant cheminaient, vers la nuit,
Quand d'une porte un chien s'élance à leur passage,
Et s'agite autour d'eux, aboyant à grand bruit.
Il en vient deux, puis trois, des cours du voisinage ;
Bientôt toute une meute en jappant les poursuit ;
    Au bout d'une minute à peine,
    On en comptait la cinquantaine.
Déjà l'un des amis s'est armé d'un caillou.
Eh ! que fais-tu, mon cher ? lui dit l'autre, es-tu fou ?
Tu crois par ce moyen les apaiser sans doute ;
    Mais ils s'en vont crier plus fort !
Sans plus les regarder poursuivons notre route ;
Je connais leurs façons, tu verras si j'ai tort.
Ils n'ont pas fait cent pas que déjà hors d'haleine,
Des roquets épuisés en efforts superflus
    La voix se fait entendre à peine ;
    Quelques instants plus tard, aucun n'aboyait plus.

Sur les pas du talent qui marche solitaire
La voix de l'envieux toujours se récriera :
    Poursuis ta route, il aboiera,
    Mais il finira par se taire.

L'ORACLE

Dans un temple païen jadis un dieu de bois
    Passait pour un habile oracle ;
    Ses réponses étaient des lois,
    Et ses conseils faisaient miracle.
D'or et d'argent couvert des pieds jusqu'à la tête,

D'hommages assourdi, tout enivré d'encens,
  Il voyait affluer les vœux et les présents,
    Tant les gens aveuglés croyaient à leur prophète !
      Tout à coup, scandale inouï !
Notre oracle un beau jour se trouble et déraisonne,
Il ment effrontément à chaque avis qu'il donne,
Ou parfois, restant court, ne dit ni non ni oui.
      Grande rumeur ! chacun de dire :
      Qu'arrive-t-il ? qu'est advenu
      Ce grand esprit qui savait lire
      Les secrets du monde inconnu ?
Or voici le fin mot : la statue était creuse ;
Des prêtres, dans ses flancs cachés en tapinois,
Prêtaient au dieu muet leur esprit et leur voix ;
Si c'étaient gens experts la chance était heureuse ;
      N'hésitant jamais sur le mot,
L'oracle aux consultants paraissait très habile ;
      Mais si le prêtre était un sot,
      Le dieu n'était qu'un imbécile.

      Maint savant chez nous, m'a-t-on dit,
      Sait ainsi se tirer d'affaire :
      Il peut passer pour érudit
      Tant qu'il garde un bon secrétaire.

Né à Moscou en 1792, Griboiédof, après une jeunesse orageuse, quitta Saint-Pétersbourg et voyagea en Perse, dans la Russie méridionale et après quelques essais poétiques il écrivit sa célèbre comédie : *Le malheur d'avoir de l'esprit*. Envoyé en Perse comme ambassadeur de Russie, il y fut assassiné en 1829 dans une émeute ; son cadavre défiguré resta pendant trois jours le jouet de la populace de Téhéran.

Sa comédie, qu'il n'eut le plaisir de voir ni imprimée ni jouée avant sa mort, est une piquante satire de la société russe en 1823 ; elle est écrite dans ce ton de raillerie qui paraît une tendance naturelle de la littérature russe, et que nous allons voir s'accentuer encore dans les œuvres de Gogol. Une anecdote, racontée par un des personnages de la pièce, Famoussof, le modèle des hauts fonctionnaires, donne bien la mesure de cette spirituelle critique :

« Vous autres, dit-il au jeune Russe, principal personnage de la comédie, vous êtes pleins d'orgueil, mais savez

vous comment se comportaient vos pères? Instruisez-vous
en vous modelant sur les anciens. Vois par exemple mon
oncle,ce n'est pas dans de la vaisselle d'argent,c'est dans de
la vaisselle d'or qu'il mangeait. Il avait cent domestiques
à son service, il était tout chamarré de décorations et
menait grand train. Il passa sa vie à la Cour, et quelle
Cour! Ce n'était pas comme aujourd'hui; c'était du temps
de l'impératrice Catherine; tous alors étaient des personnages. Lui, il savait s'incliner, il savait aussi faire le
grand seigneur. Il avait l'air sérieux et important, mais
quand il était de service il excellait à faire des courbettes.
Un jour, en reculant, il lui arriva de tomber et il faillit
se casser le cou. Il poussa un cri de sa voix enrouée. Sa
Majesté l'en récompensa par un sourire. Elle daigna rire
de sa chute. Que fit-il? Il se releva et voulut saluer;
mais il tomba une seconde fois. Il l'avait fait exprès! On
n'en rit que plus fort. Il recommence une troisième fois.
Qu'en penses-tu? A ton avis c'était ridicule? D'après
moi c'était très spirituel. Il s'était fait mal en tombant ; il
se releva heureusement. Aussi, qui était le plus souvent
invité à faire une partie de whist? Qui, à la Cour, entendait le plus de mots flatteurs? C'était mon oncle.»(COUR-
RIÈRE, *Histoire de la littérature contemporaine en
Russie.*)

Pouchkine, né à Pskof en 1799, est le plus grand poète
de la Russie; son influence sur ses contemporains et sur
les écrivains qui l'ont suivi a été considérable. Entré à
la fin de ses études au ministère des affaires étrangères,il
publia en 1819, tout en prenant la part la plus active aux
amusements de la capitale, son premier poème : *Rous-
lane et Loudmila*, qui fut accueilli en Russie avec un
véritable enthousiasme. Le sujet en était emprunté aux
vieilles légendes de la Russie méridionale. Quelques
épigrammes et chansons politiques faillirent le faire envoyer en Sibérie, mais, grâce à l'intervention de Karamsine, il fut seulement exilé à Kichénef, en Bessarabie. Il
fit de là un voyage au Caucase et revint à sa résidence

par les rivages de la Crimée ; c'est à cette époque qu'il écrivit plusieurs poèmes qui obtinrent tous le plus vif succès : *Le Prisonnier du Caucase*, *La Fontaine de Bakhtchi-Saraï*, *Les frères Brigands* et *Les Bohémiens*.

Le sujet de ce dernier poème, d'un charme pénétrant, est des plus simples :

« Des bohémiens, troupe bruyante, vont errants en Bessarabie ; aujourd'hui sur la rive du fleuve ils plantent leurs tentes déchirées. Douce comme l'indépendance est leur nuitée ; qu'on dort bien à la belle étoile ! Entre les roues des chariots, derrière des lambeaux de tapis, on voit briller le feu. La horde alentour apprête son souper. Sur le gazon les chevaux paissent à l'aventure. Un ours apprivoisé a pris son gîte auprès d'une tente. Tout est en mouvement au milieu du désert ; on part demain à l'aube et chacun fait gaiement ses préparatifs. Les femmes chantent, les enfants crient, les marteaux font résonner l'enclume de campagne. Mais bientôt sur la bande vagabonde s'étend le silence du sommeil et le calme de la steppe n'est plus troublé que par les hurlements des chiens et les hennissements des chevaux. Tout repose, les feux s'éteignent, la lune brille seule dans le lointain des cieux, versant sa lumière sur la horde endormie. Dans une tente solitaire, un vieillard ne dort pas encore. Assis devant quelques charbons et recueillant leur mourante chaleur, il regarde la plaine où s'étend le brouillard de la nuit. Sa fille est allée courir la campagne déserte. Libre enfant, elle ne connaît que son caprice. Elle reviendra... Mais voici la nuit et bientôt la lune va disparaître derrière les nuages à l'horizon. Zemfira ne revient pas et l'humble souper du vieillard se refroidit à l'attendre.

« Mais la voici. Derrière elle, dans la steppe, un jeune homme s'avance ; il est inconnu au bohémien. « Père, dit la jeune fille, voici un hôte. Derrière le tumulus, là-bas dans le désert, je l'ai rencontré et je l'amène au camp pour la nuit. Il veut devenir bohémien comme nous ; la justice le poursuit, mais en moi il trouvera une bonne compagne. Il s'appelle Aleko, il me suivra partout.

« **Le vieillard.** — Bien, reste jusqu'à demain à l'ombre de notre tente, plus longtemps si tu veux. L'abri, le pain nous le partagerons. Sois des nôtres. Tu t'accoutumeras à nos façons, à notre vie errante, à la misère, à la liberté. Demain, au point du jour, un même chariot nous emportera tous les trois. »

Aleko devient le mari de Zemfira, mais bientôt « le jeune homme promène un regard découragé sur la plaine déserte. Il n'ose s'avouer à lui-même la cause secrète de sa tristesse. Pourtant Zemfira, la belle aux yeux noirs, est à ses côtés. Maintenant il est libre et le monde est devant lui. »

C'est ici que se trouvent les beaux vers que tous les Russes savent par cœur et dont la traduction ne saurait rendre la douceur et l'harmonie :

« L'oiselet du bon Dieu ne connaît ni les soucis ni le travail ; pourquoi se fatiguerait-il à tresser péniblement un nid solide et durable? Pendant les longues nuits, un rameau lui suffit pour dormir ; lorsque le beau soleil se lève, l'oiselet entendant la voix de Dieu, secoue ses plumes et chante. Après le gai printemps survient l'été aux vives ardeurs, puis arrive le tardif automne amenant les brouillards et le froid. Pauvres humains, tristes humains ; vers de lointaines contrées, dans de tièdes climats au delà de la mer bleue l'oiseau s'envole jusqu'au printemps. »

Le vieillard voit Aleko devenir de jour en jour plus sombre. Il lui demande s'il ne regrette pas une famille, le séjour des villes :

« Tu nous aimes, bien que né parmi les riches ; mais celui-là ne s'habitue pas facilement à la liberté qui a connu les délices du luxe. Chez nous on conte cette histoire : Un jour, dans ce pays, vint un homme du Sud exilé par un roi. Autrefois j'ai su son nom bizarre, mais je l'ai oublié. Vieux d'années, il était jeune de cœur, ardent pour le bien. Il avait le don divin des chansons et sa voix était comme le bruit des eaux. Tous l'aimaient. Il vivait aux bords du Danube, ne faisant de mal à personne, charmant jeunes et vieux par ses récits. Il ne s'entendait à rien, timide et faible comme un enfant. Il fallait que des étrangers lui apportassent gibier et poissons pris dans leurs filets ; et quand le fleuve rapide se couvrait de glaces, quand soufflaient les rudes autans, ils préparaient au saint vieillard une couche moelleuse avec de chaudes toisons. Mais, lui, jamais il ne s'accoutuma à cette vie de misère. Il était pâle, desséché. La colère d'un Dieu, disait-il, le poursuivait pour une faute. Toujours il attendait et la délivrance ne venait pas. Errant sur la rive du Danube il se lamentait sans cesse et des larmes amères coulaient de ses yeux au souvenir de son lointain pays. Enfin, mourant, il voulut qu'on portât ses ossements vers le Sud, croyant que, même après sa mort, ils ne pourraient trouver de repos dans la terre de l'exil.

« **Aleko.** — Voilà donc le sort de tes enfants, ô Rome, ô souveraine du monde ! Chantre des amours, chantre des dieux, dis-nous qu'est-ce que la gloire ? Un écho sortant d'une tombe, un cri d'admiration, une rumeur qui retentit d'âge en âge ou bien sous l'abri d'une hutte enfumée le récit d'un sauvage bohémien ? »

Deux ans se passent ; Aleko a secoué les chaînes de la civilisation. Oubliant les jours d'autrefois, il a adopté les mœurs des bohémiens ; comme eux il se plaît sous l'abri d'une tente, il goûte les enivrements de leur éternelle paresse ; il aime jusqu'à leur langue pauvre et sonore ; l'ours est devenu l'hôte bien fourré de sa tente. Mais Zemfira, la bohémienne, se lasse d'être fidèle. Aleko la surprend dans la nuit avec un jeune tsigane et les tue tous les deux. On procède aux funérailles des victimes :

« Les femmes l'une après l'autre s'avancent et baisent les yeux des morts. Le vieux père est assis, regardant la morte, immobile, silencieux. On soulève les cadavres et le jeune couple est déposé dans le sein de la terre froide. Aleko, resté à l'écart, voit jeter sur la fosse la dernière poignée de terre ; sans dire un mot, il s'affaisse sur le gazon. Alors le vieillard lui dit : Loin de nous, homme rempli d'orgueil. Nous sommes des sauvages qui n'avons pas de lois. Chez nous point de bourreau, pas de supplices ; nous ne demandons aux coupables ni leur sang ni leurs larmes, mais nous ne vivons pas avec un assassin. Tu es libre. Vis seul ; ta voix nous ferait peur. Nous sommes des gens timides et pacifiques ; toi, tu es cruel et violent, séparons-nous. Adieu, que la paix soit avec toi ! »

A grand bruit toute la horde se lève et s'empresse de quitter le sinistre campement. Bientôt tout a disparu dans la steppe lointaine. Seul un chariot couvert d'un tapis déchiré reste en arrière dans la plaine.

Et le poëme se termine sur cette triste réflexion : « Le bonheur ne se trouve pas non plus parmi vous, pauvres enfants de la nature, le désert même n'a pas d'abri contre la douleur et le crime. Partout règnent les passions, partout plane l'inexorable destin. » (*Traduction* MÉRIMÉE.)

Envoyé de Kichénef à Odessa, Pouchkine quittait cette ville en 1824, et, dans une ode devenue classique, faisait en ces termes ses adieux à la mer :

« Adieu, libre élément, pour la dernière fois tu agites devant moi tes vagues bleues et tu brilles de ta fière beauté. Pour la dernière fois j'entends ton triste bruit rempli d'émotions comme le murmure plaintif d'un ami ou ses adieux de la dernière heure ! Limite désirée de mon âme, que de fois j'errai sur ton rivage, tranquille ou assombri et fatigué par de secrets desseins. Comme j'aimais ton écho, tes bruits étouffés, la voix de l'abîme, le silence du soir et tes accès capricieux ! La voile tranquille des pêcheurs, protégée par ton caprice, glisse gra-

vement sur tes sillons; mais tu entres en courroux et les
vaisseaux sont submergés...

« Adieu, mer, jamais je n'oubliérai ta triomphante
beauté; longtemps aux heures du soir, j'entendrai ton
murmure. C'est dans les forêts et dans les silencieux
déserts que, rempli de ton image, j'emporte le souvenir
de tes rochers, de ton éclat comme de ton ombre et le
langage de tes vagues. »

Invité à rester dans sa famille, qui habitait un village
près de Pskof, Pouchkine y composa sa fameuse tragédie de *Boris Godounof.* « L'étude de Shakespeare, disait-
il, celle de Karamsine et de nos vieux auteurs m'a donné
l'idée de ressusciter sous des formes dramatiques une des
époques les plus émouvantes de notre histoire. » Il devait être suivi plus tard dans cette voie par Tolstoï dont
le drame, *La mort d'Ivan le Terrible,* eut un succès analogue.

Autorisé par l'empereur Nicolas à revenir à Saint-
Pétersbourg, Pouchkine y reprit ses relations mondaines
et sa vie de plaisirs, tout en trouvant le temps d'écrire
son poème de *Pultava,* consacré à la louange de Pierre
le Grand, celui d'*Oniéguine,* le don Juan russe, viveur
blasé, produit de la société et des mœurs de l'époque. Il
publiait aussi de charmantes nouvelles : *La petite maison de Kolomno, La Fille du Capitaine, Le comte Nou-
line, La Dame de Pique, Doubrovsky,* et un remarquable
travail historique : *La Révolte de Pougatchef.* C'est dans
Doubrovsky que se trouve ce passage si original où l'on
trouve un reflet des mœurs des vieux seigneurs russes :

« Kirila Petrovitch avait apprivoisé quelques oursons
qui jouaient ordinairement dans la cour et qui étaient un
de ses amusements favoris. Lorsqu'ils étaient encore tout
petits on les amenait fréquemment dans le salon, où le
seigneur de Pokrovskoie se distrayait pendant des heures
entières à les voir lutter avec des chats et de jeunes
chiens.

« Quand ils furent devenus plus grands on les attacha à la chaîne en attendant qu'on pût les utiliser pour la chasse. Parfois on les amenait devant les fenêtres du château. On mettait devant un d'eux un tonneau vide tout hérissé de pointes de fer. L'ours le flairait, puis le touchait doucement. Comme il se piquait les pattes, il se fâchait, le poussait de plus en plus fort, et se blessait plus cruellement chaque fois. Alors il entrait dans un véritable accès de fureur, se jetait sur le tonneau en poussant des grognements stridents jusqu'à ce qu'on enlevât au pauvre animal l'objet de sa rage.

« D'autres fois on attelait une paire d'ours à la télègue et qu'on le voulût ou non, on y installait des invités et on les laissait courir au hasard. Mais le plus cher amusement de Kirila Petrovitch était encore le suivant : on enfermait l'ours affamé dans une chambre vide en l'attachant avec une corde à un anneau fixé au mur. La corde était presque de la longueur de la chambre, de sorte que seul le coin opposé pouvait être occupé sans danger. On amenait ordinairement un novice vers la porte de cette chambre, on l'y poussait comme par hasard, on fermait la porte à clef et on laissait la pauvre victime en tête à tête avec l'ermite fourré. Le malheureux, affolé, les vêtements déchirés, les bras écorchés, trouvait bientôt l'unique refuge contre les griffes du fauve ; mais il était souvent forcé de rester pendant trois heures de suite serré contre le mur et regardait la bête affolée à deux pas de lui faire des bonds, se dresser sur ses pattes de derrière, grogner et s'efforcer de l'atteindre.

« Tels étaient les nobles amusements de ce seigneur russe.

« Quelques jours après l'arrivée du précepteur, Petrovitch se souvint de lui et eut l'idée de lui faire tâter de la chambre aux ours. Il l'appela un matin et l'emmena avec lui à travers de sombres corridors.

« Tout à coup une porte s'ouvre, deux domestiques poussent le Français et l'enferment à clef. En revenant de sa surprise, il aperçut l'ours attaché. Le fauve se mit à renifler en flairant de loin son visiteur et aussitôt, se dressant sur ses pattes de derrière, marcha vers lui. Le Français ne se troubla point, il ne se sauva pas et attendit bravement l'attaque. L'ours avançait. Desforges sortit alors un pistolet de sa poche, l'introduisit dans l'oreille de l'animal affamé, et lâcha la détente. L'ours tomba raide mort. On accourut au bruit, la porte s'ouvrit et Kirila Petrovitch entra tout étonné d'un pareil dénouement.

« Il voulut absolument avoir l'explication de cette affaire. Qui avait pu prévenir Desforges de cette plaisanterie et pourquoi avait-il dans sa poche un pistolet chargé? On envoya chercher Macha qui accourut et traduisit en français les questions de son père.

« — Je ne soupçonnais même pas l'existence de l'ours, répondit Desforges, mais je porte toujours un pistolet sur moi car je suis bien déterminé à ne pas souffrir une offense pour laquelle en raison de ma position je ne puis demander réparation.

« Macha traduisit ces paroles à Kirila Petrovitch qui ne répondit rien. Il donna l'ordre de retirer l'ours et de le dépouiller de sa fourrure. Puis s'adressant à ses gens :

« — Voilà un brave, dit-il, il n'a pas eu peur ; ma foi, il n'a pas eu peur.

« Depuis lors il affectionna Desforges et n'eut plus jamais l'idée de l'éprouver. » (*Collection des auteurs célèbres. — Flammarion, éditeur.*)

Pouchkine, complètement rentré en grâce, avait été appelé à succéder comme historiographe à Karamsine et préparait une histoire de Pierre le Grand lorsqu'il fut mortellement blessé le 27 janvier 1837 dans un duel au pistolet par son beau-frère, le lieutenant Heckeren. Il expirait deux jours après, à trente-huit ans.

Une explosion de douleur et d'indignation retentit dans toute la Russie ; on cria vengeance contre ceux qui avaient causé ou provoqué la mort du poète national.

Le lieutenant Heckeren, traduit devant un conseil de guerre, fut dégradé et expulsé de l'empire.

Trois ans après la mort de Pouchkine, un autre poète, son admirateur, Lermontof, succombait aussi dans un duel, mais sa mort présentait un caractère encore plus sinistre.

Né à Moscou en 1814, expulsé de l'Université à la suite d'une révolte d'étudiants, Lermontof entra à l'école des cadets de Saint-Pétersbourg et fut nommé en 1834 officier de hussards de la garde. A la suite d'un duel avec le fils du baron de Barante, ambassadeur de France, il fut envoyé dans un régiment au Caucase. C'est de là que datent ses publications les plus originales. Il y rencontra un officier, nommé Martynof qui, séduit par les charmes pittoresques du pays, avait obtenu l'autorisation d'y rester depuis longtemps. Martynof avait des goûts bizarres, il affectait de porter le costume circassien et particulièrement un énorme poignard enrichi de diamants. Lermontof, dont l'humeur sarcastique était bien connue, s'amusait de temps à autre à lui lancer des épigrammes et l'appelait « Monsieur du poignard ». Une explication s'ensuivit, et une rencontre devint inévitable. « Il fut décidé qu'on se battrait sur l'heure. Pour témoins Martynof choisit un de ses amis, Lermontof le premier venu. On se dirigea vers la montagne. Arrivés dans une gorge profonde, les deux adversaires s'arrêtèrent, Lermontof renouvela ses protestations et sollicita un arrangement à l'amiable. — Non ! s'écria Martynof, mille fois non !

« Lermontof tira en l'air. Personne n'y sembla faire attention. Bientôt un second coup de feu retentit, Lermontof tomba frappé au cœur.

« Son cadavre odieusement abandonné resta vingt-quatre heures sur le roc sanglant. Les vautours et les corbeaux le déchirèrent; quand on le retrouva enfin, il était méconnaissable. » (LÉOUZON LE DUC, *Vingt-neuf ans sous l'étoile polaire.*)

Lermontof avait **vingt-six ans.** Il laissait diverses

œuvres poétiques parmi lesquelles on cite : *Le Novice,*
Ismail Bey, Hadji Abrek, Le Démon, Le Chant du tsar
Ivan Vassilievitch, et un roman, *Un Héros de notre*
temps, où nous trouvons, par une étrange coïncidence,
le récit d'un duel analogue à celui dans lequel il succomba :

« — Regardez donc, docteur, sur le rocher à droite. Ce
sont nos adversaires, je crois ?

« Nous nous élançâmes.

« Au pied des rochers, trois chevaux étaient attachés à
des arbres. Nous attachâmes les nôtres également et au
bout d'un étroit sentier nous découvrîmes une petite
place sur laquelle nous attendaient Groutchnitski, le capitaine de dragons et un autre second appelé Ivanoff
Ignatievitch.

« — Nous vous attendons depuis longtemps déjà, me
dit le capitaine avec un sourire ironique.

« Je tirai ma montre et la lui présentai ; il s'excusa en
disant que la sienne avançait.

« Quelques minutes de pénible silence s'écoulèrent ;
le docteur le rompit enfin en s'adressant à Groutchnitski :

« — Il me semble, dit-il, que vous vous montrez tous
les deux prêts à vous battre et à satisfaire aux lois de
l'honneur ; mais vous pourrez peut-être mieux faire en
vous expliquant et en arrangeant la chose à l'amiable.

« J'y suis — disposé, lui dis-je.

« Le capitaine fit à Groutchnitski un signe de l'œil qui
semblait dire que j'avais peur. Celui-ci prit alors un air
arrogant, quoique jusqu'à ce moment une pâleur profonde eût couvert ses joues. Depuis que nous étions
arrivés, c'était la première fois qu'il levait les yeux sur
moi ; mais dans son regard on lisait une certaine inquiétude qui trahissait son trouble intérieur.

« — Expliquez vos conditions, dit-il ; et tout ce que
je pourrai faire pour vous, soyez persuadé que...

« — Voici mes conditions : Vous rétracterez aujourd'hui en public vos calomnies et vous me ferez des excuses.

« — Mon cher monsieur, je m'étonne que vous osiez me proposer de semblables choses.

« — Mais que puis-je vous proposer, hormis cela ?

« — Nous nous battrons.

« Je haussai les épaules.

« — Je vous en prie, avez-vous bien réfléchi à ceci que l'un de nous sera infailliblement tué ?

« — Je désire que ce soit vous...

« — Moi ! je suis certain du contraire...

« Il se tut, rougit et partit d'un éclat de rire forcé.

« Le capitaine le prit par le bras et le tira à l'écart ; ils causèrent longtemps à voix basse. J'étais arrivé avec l'esprit assez calme, mais je commençais à sentir l'irritation me gagner.

« Le docteur vint à moi.

« — Ecoutez ! me dit-il avec une inquiétude visible. Vous avez sûrement oublié leur complot ?... Je ne sais pas charger des pistolets, mais dans cette occasion... vous êtes un homme étrange ! Dites-leur que vous connaissez leurs intentions, afin qu'ils n'osent pas... mais quelle idée ! Ils vous tueront comme un oiseau.

« — Je vous en prie ; tranquillisez-vous, docteur, et laissez-moi faire. J'arrangerai tout de manière qu'il n'y ait aucun avantage pour eux. Laissez-les chuchoter.

« — Messieurs, leur dis-je assez haut, cela devient ennuyeux ; s'il faut se battre, battons-nous ; vous avez eu le temps de vous concerter hier.

« — Nous sommes prêts, répondit le capitaine ; placez-vous, messieurs. Docteur, veuillez mesurer les six pas.

« — Permettez, dis-je, encore une observation : comme nous voulons nous battre jusqu'à la mort, nous devons faire notre possible pour que ceci reste secret et que nos seconds n'aient aucune responsabilité. Etes-vous de cet avis ?

« — Tout à fait !

« — Aussi, voici ce que j'ai imaginé. Vous voyez bien

au haut de ce rocher presque perpendiculaire une toute
petite plate-forme ; elle est à peu près à soixante mètres
de hauteur, s'il n'y en a pas davantage, et en bas se
trouvent des rochers aigus. Chacun de nous se placera à
son tour à l'une des extrémités de la plate-forme, de cette
façon la plus légère blessure sera mortelle. Ce sera conforme à vos désirs, car nous sommes convenus de nous
placer à six pas ; ainsi celui qui sera blessé tombera inévitablement en bas et se brisera en morceaux ; le docteur extraiera la balle et on pourra facilement expliquer
cette mort inopinée par un saut mal réussi. Le sort dé-
cidera qui devra tirer le premier.

« Je conclus enfin en déclarant que je ne me battrais
pas autrement.

« — Je t'en prie, dit le capitaine en regardant avec
expression Groutchnitski qui remua la tête en signe
de consentement. Son visage changeait à chaque instant ;
je le mettais dans une pénible situation : en tirant dans
les conditions ordinaires, il aurait pu m'atteindre à la
jambe, ne me blesser que légèrement et satisfaire ainsi
sa vengeance sans trop charger sa conscience ; mais
maintenant il devait tirer en l'air ou faire de lui un
assassin, ou chasser ses viles pensées et s'exposer avec
moi à un danger égal. Je n'aurais pas voulu être à sa
place.

« A ce moment, il tira le capitaine à l'écart et se mit à
lui parler avec beaucoup de feu. Je vis que ses lèvres
tremblaient, mais le capitaine se retourna avec un sourire méprisant et dit à Groutchnitski assez durement :

« — Tu es un sot ! Tu ne comprends rien ! Allons,
messieurs.

« Un étroit sentier gravissait la pente au milieu des
broussailles. Des éclats de roche formaient un escalier
peu solide, assez semblable à une échelle naturelle. En
nous accrochant aux racines, nous parvînmes à grimper.
Groutchnitski marchait devant, derrière lui ses seconds
et puis le docteur et moi.

« — Je vous admire, me dit le docteur en me serrant

fortement la main : laissez-moi vous tâter le pouls ? vous
avez la fièvre !... mais sur votre visage rien ne paraît,
seulement vos yeux brillent plus ardemment qu'à l'ordinaire.

« Tout à coup de petites pierres roulèrent avec bruit
sous nos pieds. Qu'était-il arrivé ? Groutchnitski avait
bronché, la branche à laquelle il avait voulu se retenir
s'était cassée et il aurait roulé jusqu'en bas sur le dos si
ses seconds ne l'avaient retenu.

« — Prenez garde ! lui criai-je ; ne tombez pas à
l'avance ; c'est un mauvais présage : souvenez-vous de
Jules César !

« Enfin nous atteignîmes le haut du rocher en saillie.
La petite plate-forme était couverte de sable humide
comme si on l'eût préparée pour un combat. Tout autour,
se perdant au milieu des nuages dorés du matin, les
sommets des montagnes se groupaient comme un troupeau innombrable, et l'Elborous s'élevait au sud comme
une masse blanche, terminant la chaîne des cimes glacées sur lesquelles des nuages pareils à des flocons co-
tonneux couraient, venant de l'Orient. J'allai à l'extrémité de la plate-forme et je regardai en bas. C'est tout
juste si la tête ne me tourna pas. Là, dans le fond, il faisait sombre et froid comme dans une tombe. Les pointes
moussues des rochers arrachés par les orages et le temps
attendaient leur proie.

« La plate-forme sur laquelle nous devions nous battre
formait presque un triangle régulier. De l'un des angles
en saillie nous mesurâmes six pas et nous décidâmes que
celui qui devrait subir le premier feu se placerait à
l'angle même, le dos tourné au gouffre et changerait de
place avec son adversaire s'il n'était pas tué.

« J'étais décidé à laisser tous les avantages à Groutchnitski; je voulais l'éprouver. Dans son âme pouvait
s'allumer une étincelle de générosité et alors tout s'ar-
rangerait pour le mieux. Mais l'amour-propre et sa faiblesse de caractère devaient triompher de lui. Je voulais
me mettre complétement dans le droit de ne pas l'épar

gner si le sort me favorisait. Qui n'aurait pas pris de telles précautions avec sa conscience ?

« — Tirez au sort, docteur, dit le capitaine.

« Le docteur prit dans sa poche une pièce d'argent et la jeta en l'air.

« — Pile ! cria Groutchnitski brusquement comme un homme qui est réveillé tout à coup par la main d'un ami qui l'avertit d'un danger.

« — Face ! dis-je.

« La pièce tourna sur elle-même et tomba à terre ; tous se précipitèrent sur elle.

« — Vous êtes favorisé, dis-je à Groutchnitski, c'est à vous de tirer le premier. Mais souvenez-vous que si vous ne me tuez pas, moi je ne vous manquerai pas ; je vous en donne ma parole d'honneur !

« Il rougit ; il avait honte de tuer un homme sans armes. Je le regardai fixement un instant. Il me sembla qu'il allait se jeter à mes genoux et me demander pardon. Mais comment oser avouer d'aussi lâches desseins ? Il lui restait un expédient, c'était de tirer en l'air ; je croyais réellement qu'il le ferait. Une seule chose pouvait l'empêcher, c'était la pensée que je réclamerais un second combat.

« — Il est temps ! me dit le docteur, en me tirant par la manche, si vous ne leur dites pas maintenant que vous connaissez leurs projets, tout est perdu ! Voyez, ils chargent déjà... si vous ne voulez rien dire, je vais moi-même...

« — Pas pour rien au monde, docteur, lui répondis-je en le retenant par la main ; vous gâteriez tout. Vous m'avez donné votre parole de ne pas vous en mêler. Qu'est-ce que cela vous fait ? Je puis bien mourir, peut-être !

« Il me regarda avec étonnement.

« — Ah ! c'est autre chose... seulement ne vous plaignez pas de moi dans l'autre monde.

« Le capitaine cependant chargea les pistolets, en donna un à Groutchnitski en souriant et en chuchotant quelque chose à son oreille, et me remit l'autre.

« Je me plaçai à l'angle de la petite plate-forme, solidement appuyé avec ma jambe gauche contre une pierre et me penchant un peu en avant, de manière que si je ne recevais qu'une blessure légère, je ne pusse pas tomber en arrière.

« Groutchnitski se plaça devant moi et au signal donné commença à lever son pistolet. Ses jambes tremblaient, il me visa droit au front.

« Une fureur inexprimable s'alluma alors dans mon sein.

« Soudain il abaissa le canon de son pistolet et, pâle comme un linge, se tourna vers ses seconds.

« — Je ne puis ! dit-il d'une voix étouffée.

« — Poltron ! lui répondit le capitaine.

« Le coup partit ; la balle m'égratigna le genou ; je fis involontairement quelques pas en avant afin de m'éloigner plus vite du bord.

« — Allons ! mon cher Groutchnitski ! je regrette que tu aies manqué ton coup, dit le capitaine, c'est à ton tour de te placer ! Embrasse-moi, nous ne nous reverrons plus.

« Ils s'embrassèrent ; le capitaine avait toutes les peines du monde à s'empêcher de rire.

« — Ne crains rien, ajouta-t-il en regardant avec finesse Groutchniski ; tout est absurde en ce monde ; la nature est stupide, le destin un dindon et la vie ne vaut pas un kopek !...

« Après ces phrases à effet, dites avec un sérieux de convention, il retourna à sa place.

« Ivan Ignatievitch embrassa aussi en pleurant Groutchnitski et alors il resta seul avec moi. J'ai tâché depuis de m'expliquer les sentiments qui bouillonnaient dans mon âme en ce moment. Il y avait le dépit que donne l'amour-propre blessé, le mépris et la colère. Je ne pouvais m'empêcher de penser que cet homme, qui maintenant me regardait avec une telle confiance et avec une tranquille audace, deux minutes avant, sans s'exposer lui-même à aucun danger, avait voulu me tuer comme un chien; car si j'avais reçu une blessure plus grave à la jambe, je serais allé rouler inévitablement sur les rochers.

« J'examinai son visage quelques instants avec beaucoup d'attention, m'efforçant d'y découvrir quelques traces de repentir. Mais il me sembla au contraire le voir dissimuler un sourire.

« — Je vous invite à prier Dieu avant de mourir! lui dis-je alors.

« — Ne craignez pas plus pour mon âme que pour la vôtre. Je vous en prie, tirez plus vite.

« — Vous ne voulez pas rétracter vos calomnies? Vous ne voulez pas me faire des excuses? Réfléchissez bien! Votre conscience ne vous reproche-t-elle rien?

« — Monsieur Petchorin! me cria le capitaine de dragons, vous n'êtes pas ici pour confesser quelqu'un; permettez-moi de vous le faire remarquer, finissez plus vite; si, contre toute attente, quelqu'un allait venir dans le défilé et nous voir?

« — Bien! Docteur, voudriez-vous venir jusqu'à moi?

« Le docteur s'avança. Pauvre docteur! il était plus pâle que Groutchnitski dix minutes avant.

« Les paroles suivantes, je les prononçai à dessein, en les scandant, à haute voix et d'une manière accentuée, comme on prononce un arrêt de mort:

« — Ces messieurs, sûrement, dans leur précipitation, ont oublié de mettre une balle dans mon pistolet. Je vous prie de le charger de nouveau et avec soin.

« — Ce n'est pas possible! cria le capitaine; ce n'est pas possible! J'ai chargé les deux pistolets. Est-ce que la balle du vôtre aurait glissé? Ce n'est pas ma faute; mais vous n'avez pas le droit de le charger de nouveau. Vous n'en avez pas le droit! C'est entièrement contraire aux règles du duel; je ne le permettrai point.

« — Bien! dis-je au capitaine; s'il en est ainsi, je me battrai avec vous dans les mêmes conditions.

« Il s'arrêta, embarrassé.

« Groutchnitski attendait, la tête penchée sur sa poitrine et avec un air consterné.

« — Laisse-les faire, dit-il enfin au capitaine qui voulait arracher mon pistolet des mains du docteur : tu sais bien toi-même qu'ils ont raison !

« En vain le capitaine lui fit divers signes ; Groutchnitski ne voulut pas les voir.

« Cependant le docteur chargea le pistolet et me le remit. En voyant cela, le capitaine cracha, trépigna et dit à son ami :

« — Mon cher, tu es un fou ! Si tu te fiais à moi, il fallait m'écouter en tout. C'est ton affaire, maintenant ! Tu te feras tuer comme une mouche !...

« Il s'éloigna en marmottant encore :

« — Mais tout cela est entièrement contraire aux règles du duel.

« — Groutchnitski, m'écriai-je, il en est encore temps ; rétracte tes calomnies et je te pardonne tout : tu n'as pas réussi à me tourner en ridicule et mon amour-propre est satisfait. Souviens-toi que nous étions bons amis...

« Son visage s'enflamma, ses yeux brillèrent :

« — Tirez, répondit-il, je me méprise et vous déteste. Si vous ne me tuez pas, je vous tuerai la nuit dans quelque coin. Il n'y a plus place pour nous deux sur la terre.

« Je tirai. Lorsque la fumée se fut dissipée, Groutchnitski n'était plus sur la plate-forme. Une légère colonne de poussière tourbillonnait au bord de l'abîme.

« Tous poussèrent un grand cri à la fois.

« — *E finita la comedia*, dis-je au docteur.

« Il ne me répondit pas et se retourna avec effroi. Je haussai les épaules et saluai les seconds de Groutchnitski. En arrivant au bas du sentier, j'aperçus entre les pointes de rochers le cadavre sanglant de mon adversaire. Malgré moi, je fermai les yeux. » (*Un Héros de notre temps*, traduction de VILLAMARIE. — Albert Savine, éditeur.)

Nicolas Gogol est né en 1810, à Sorotzinci, gouvernement de Pultava, dans cette Ukraine, riche de légendes
et de contes merveilleux qu'il devait plus tard transporter dans ses œuvres. Son grand-père était un de ces cosaques zaporogues qu'il dépeindra sous de si brillantes
couleurs dans Tarass Boulba. L'enfance de Gogol fut
bercée par les récits de ce vieillard, dont les contes faisaient frissonner et dresser les cheveux sur la tête. Entré
au sortir de l'école au ministère des apanages, il s'essaya
d'abord à des comédies imitées de Scribe que le public
sifflait et à des idylles dans le goût allemand que la critique proclamait détestables. Comprenant qu'il faisait
fausse route, il se résolut alors à laisser de côté toutes
ces copies et à reproduire comme il les sentait les vieux
contes dont il avait gardé le vivant souvenir. *Les Veillées du hameau* parurent sous le pseudonyme du « Gentilhomme roux éleveur d'abeilles. »

Le lecteur russe fut charmé et surpris à la lecture de
cette œuvre à la fois moderne et archaïque, où la nature
russe, avec sa grâce sauvage et son étrange saveur, était
pour la première fois si exactement rendue. C'est dans
Les Veillées du hameau que se trouvent les contes si populaires : *La Foire de Saratchine, Une Nuit de mai,
La Lettre perdue, Une Nuit de la Saint-Jean, L'horrible
Vengeance, Un Lieu ensorcelé, Un Ménage d'autrefois*
et *Le Roi des gnomes*.

Le lecteur connaît déjà les descriptions si saisissantes
du Dniéper et des steppes; nous emprunterons encore à
la *Nuit de mai* un autre passage qui ne le cède en rien
comme sentiment poétique à ceux que nous avons déjà
reproduits :

« Connaissez-vous les nuits de l'Ukraine? Non, vous
ne les connaissez pas. Voyez! Du milieu du ciel la lune
regarde; la voûte céleste, immense, s'est élargie et déployée encore; elle est devenue plus immense, elle brûle,
elle respire. La terre tout entière brille d'un éclat argen-
tin, l'air est merveilleux, étouffant et frais à la fois;

il est plein de caresses et rempli de parfums. Nuits divines,
nuits enchanteresses ! Les forêts aux sombres ténèbres
reposent immobiles et pensives, projetant au loin leurs
ombres immenses ; les étangs sont silencieux, leurs eaux
noires et froides sont emprisonnées dans les murailles
des jardins aux teintes vert sombre, les massifs encore
vierges de merisiers et de prunelles risquent timidement
leurs racines vers l'eau glacée des sources et de temps en
temps agitent leurs feuilles comme dans un frisson de
colère quand le doux zéphyr, le vent de la nuit, se glisse
à la dérobée vers eux et leur surprend un baiser. Tout
le paysage dort. En haut, au-dessus, tout respire, tout est
merveilleux, tout est splendide et dans l'âme comme dans
le ciel s'ouvrent des espaces sans fin ; des foules de vi-
sions argentées sortent avec harmonie de ces profon-
deurs. Nuits divines, nuits enchanteresses ! Soudain, tout
s'anime, les forêts, les étangs et les steppes. Le chant majestueux du rossignol de l'Ukraine retentit et il semble
que la lune, pour l'écouter, s'arrête au milieu du ciel.
Sur la colline, le village assoupi sommeille. La masse
des chaumières blanches brille d'un éclat plus vif aux
rayons de la lune, leurs murailles basses surgissent plus
éclatantes de l'obscurité. Les chants ont cessé, tout repose dans le hameau ; çà et là, cependant, scintille quelque étroite fenêtre ; sur le seuil d'une cabane une famille
attardée achève le repas du soir. »

C'est dans le même conte que nous puisons le récit qui
va suivre :

Une jeune fille, Hanna, s'entretient le soir avec Levko,
son fiancé.

« Regarde, dit-elle en posant sa tête sur l'épaule du
jeune homme et en élevant ses yeux vers le ciel bleu et
chaud de l'Ukraine, voilé par les branches touffues des
cerisiers qui les entouraient, regarde comme loin, bien
loin apparaissent de petites étoiles, une, deux, trois,
quatre, cinq ; n'est-ce pas que ce sont les anges de Dieu

qui ont ouvert les petites fenêtres de leurs lumineuses demeures et qui nous contemplent ? N'est-ce pas Levko qu'ils regardent notre terre ? Ah ! si nous avions des ailes comme les oiseaux, c'est là qu'il faudrait voler plus haut, toujours plus haut ! C'est effrayant, pas un chêne de chez nous ne saurait atteindre le ciel. On dit cependant qu'il y a quelque part, dans je ne sais quel pays, un de ces arbres qui a sa cîme dans le ciel même et c'est par là que Dieu descend sur la terre la nuit de Pâques.

« — Non, Hanna, Dieu a une grande échelle qui va du ciel jusqu'à la terre. Dans la nuit de Pâques, les archanges la dressent, et dès que Dieu a mis le pied sur le premier échelon, tous les mauvais esprits s'enfuient précipitamment et tombent en masse dans l'enfer. Voilà pourquoi ce jour-là il n'y en a aucun sur la terre.

« — Comme l'eau s'agite doucement, on dirait un enfant qu'on berce, reprit Hanna en désignant l'étang entouré d'un noir fourré d'érables et de saules pleureurs baignant dans l'onde leurs branches affaissées.

« Semblable à un vieillard débile, il tenait dans la froide étreinte de ses eaux le ciel lointain et sombre, couvrant de ses baisers glacés les étoiles scintillantes qui répandaient leur pâle lumière dans l'obscurité comme si elles pressentaient la prochaine apparition du brillant astre de la nuit. Près de la forêt, sur la colline, sommeillait avec ses contrevents fermés une vieille maison en bois ; la mousse et les herbes sauvages en couvraient le toit ; des pommiers s'étageaient devant ses fenêtres ; la forêt l'enveloppant de son ombre lui donnait un aspect morne et farouche ; un petit bois de noyers s'élevait au pied de la colline et descendait jusqu'à l'étang.

« — Je me rappelle comme à travers un songe, dit Hanna, qu'il y a longtemps, bien longtemps, quand j'étais toute petite et que je vivais chez ma mère, on me racontait sur cette maison quelque chose de terrible. Tu dois connaître cette histoire, Levko, raconte-la moi.

« — Laissons cela, ma belle, que d'histoires ne racontent

pas les vieilles femmes et les sots. Cela te troublerait, tu prendrais peur et tu ne dormirais pas tranquille,

« — Raconte, mon ami, lui dit-elle en appuyant son visage sur la joue du jeune homme et en l'entourant de son bras, sinon je croirai que tu en aimes une autre. Je n'aurai pas peur, je dormirai paisiblement ; mais si tu ne me dis rien je ne pourrai pas m'endormir. Raconte, Levko.

« — On a bien raison de dire qu'il y a chez les jeunes filles un diable qui les pousse à vouloir tout connaître. Eh bien, soit, écoute.

« Il y a longtemps vivait dans cette maison un commandant de sotnia, un sotnik. Il avait une fille, une belle enfant blanche comme la neige, comme ton visage. Il était veuf depuis longtemps et pensait à se remarier. — Me gâteras-tu comme avant, petit père, quand tu auras pris une autre femme ? — Oui, ma fille, je te presserai plus fort encore sur mon cœur, je te donnerai des boucles d'oreilles et des colliers plus éclatants encore. Et le sotnik amena dans sa maison une jeune femme. Elle était belle, rose et blanche. Mais elle jeta sur la jeune fille un regard si étrange que celle-ci poussa un cri, et de toute la journée la sévère marâtre ne lui adressa pas la parole. Le sotnik, le soir venu, gagna avec sa femme la chambre à coucher. Dans la sienne, également s'enferma la blanche demoiselle ; elle était triste et se mit à pleurer. Soudain, elle lève les yeux ; un horrible chat noir s'est glissé furtivement jusqu'à elle ; ses poils flamboient, ses griffes de fer résonnent sur le plancher. Epouvantée, elle saute sur un banc, le chat la suit ; elle se cache derrière son lit, le chat se jette sur elle et cherche à l'étrangler. Elle l'arrache en criant et le jette par terre ; de nouveau le terrible chat s'approche d'elle. La peur l'aiguillonne, un sabre est accroché au mur, elle le saisit et frappe. Sous le coup, une patte est tombée armée de ses griffes et le chat, en hurlant, disparaît dans l'obscurité.

« De toute la journée la nouvelle épouse ne sortit pas de sa chambre ; le troisième jour elle se montra, mais la main entourée de bandages. La pauvre enfant comprit que sa marâtre était une sorcière et qu'elle lui avait coupé la main. Le lendemain, le sotnik donna l'ordre à sa fille d'aller chercher de l'eau, de laver le plancher comme une simple paysanne et de ne plus paraître dans la chambre du maître. C'était bien dur, mais que faire? Elle se résigna aux ordres de son père. Le jour suivant il la chassa les pieds nus et ne lui donna pas même un morceau de pain pour la route. Alors la jeune fille, éclatant en sanglots, couvrit de ses mains son blanc visage. Tu m'as perdue, ô petit père, moi ta propre fille; la sorcière a égaré ton âme. Que Dieu te pardonne! Pour moi je n'ai plus rien à faire ici-bas.

« — Et là-bas, vois-tu bien,—ici Levko se retourna vers Hanna — regarde de ce côté la berge la plus élevée, c'est de là que la jeune fille s'est jetée dans le lac.

« — Et la sorcière? interrompit anxieusement Hanna en fixant sur le jeune homme ses yeux remplis de larmes.

« — La sorcière ? Les vieilles femmes prétendent que depuis lors toutes les noyées sortent de l'étang par les nuits claires et viennent dans le jardin du sotnik se réchauffer aux rayons de la lune; c'est la jeune fille qui mène le funèbre cortège. Une nuit elle aperçut sa marâtre auprès de l'étang. Elle se jeta sur elle et l'entraîna au fond de l'eau. Mais la sorcière se transforma aussitôt en une des noyées et put ainsi échapper aux roseaux verts avec lesquels les noyées voulaient la battre. On en raconte encore bien d'autres. On dit par exemple que la jeune fille réunit chaque nuit les noyées qu'elle dévisage l'une après l'autre, s'efforçant de reconnaître la sorcière ; mais jusqu'à présent ses efforts ont été vains. Si elle rencontre quelque vivant elle l'oblige à l'aider dans ses recherches, le menaçant en cas de refus de le noyer à son tour. Voilà ce que racontent les vieilles gens... Mais j'entends des voix, ce sont les nôtres qui reviennent de la danse. Adieu, Hanna, dors en paix et ne pense plus à ces contes.» (*Les Veillées du hameau.*—Flammarion, éditeur.)

Gogol retrouva le succès des *Veillées du hameau* lorsqu'il publia quelques années après son épopée petite-russienne, *Tarass Boulba*, que l'on considère comme son chef-d'œuvre.

Dès le début, le caractère de Tarass Boulba est dépeint de main de maître. Ses deux fils, Ostap et André, sont arrivés de la veille, un copieux repas a réuni les centeniers amis ; le vieux Cosaque s'anime au souvenir des luttes passées et finit par s'écrier :

« Nous partons demain. Pourquoi remettre ? Qui diable attendons-nous ici ? A quoi bon cette maison ? A quoi bon ces pots ? A quoi bon tout cela ?

« En parlant ainsi, il se mit à briser les plats et les bouteilles. La pauvre femme, dès longtemps habituée à de pareilles actions, regardait tristement faire son mari, assise sur un banc. Elle n'osait rien dire, mais en apprenant une résolution aussi pénible à son cœur elle ne put retenir ses larmes. Elle jeta un regard furtif sur ses enfants qu'elle allait si brusquement perdre, et rien n'aurait pu peindre la souffrance qui agitait convulsivement ses yeux humides et ses lèvres serrées.

« Boulba était furieusement obstiné, c'était un de ces caractères qui ne pouvaient se développer qu'au seizième siècle, dans un coin sauvage de l'Europe, quand toute la Russie méridionale abandonnée de ses princes fut ravagée par les incursions irrésistibles des Mongols...

« Depuis longtemps la lune éclairait du haut du ciel la cour et tous les dormeurs, ainsi qu'une masse de saules touffus et les hautes bruyères qui croissaient contre la clôture en palissades. La pauvre femme restait assise au chevet de ses enfants, les couvant des yeux et sans penser au sommeil. Déjà les chevaux, sentant venir l'aube, s'étaient couchés sur l'herbe et cessaient de brouter. Les hautes feuillées des saules commençaient à frémir, à chuchoter, et leur babillement descendait de branche en branche. Le hennissement aigu d'un poulain retentit tout à coup dans la steppe. De larges lueurs rouges appa-

rurent au ciel. Boulba s'éveilla soudain et se leva brusquement ; il se rappelait tout ce qu'il avait ordonné la
veille ! »

Tarass se rend à la Setch, le camp des Cosaques, et
tous, envahissant la Pologne, mettent le siège devant
Doubno. André trahit la cause sainte pour une femme et
passe à l'ennemi. Son père le tue. Ostap est pris par les
Polonais et conduit à Varsovie, où doit avoir lieu son
exécution. Tarass pénètre dans la ville pour le faire éva-
der ; n'y pouvant parvenir, il assiste sous un déguise-
ment à son supplice :

« La foule s'émut tout d'un coup et de toutes parts re-
tentirent les cris : Les voilà, les voilà, ce sont les Cosaques !

« Ils marchaient la tête découverte, leurs longues
tresses pendantes, tous avaient laissé pousser leur barbe.
Ils s'avançaient sans crainte et sans tristesse, avec une
certaine tranquillité fière. Leurs vêtements de drap précieux s'étaient usés et flottaient autour d'eux en lambeaux ; ils ne regardaient ni ne saluaient le peuple. Le
premier de tous marchait Ostap.

« Que sentit le vieux Tarass lorsqu'il vit Ostap ? Que
se passa-t-il dans son cœur ? Il le contemplait au milieu
de la foule sans perdre un seul de ses mouvements. Les
Cosaques étaient déjà parvenus au lieu du supplice.
Ostap s'arrêta. A lui le premier appartenait de vider cet
amer calice. Il jeta un regard sur les siens, leva une de
ses mains au ciel et dit à haute voix : « Fasse Dieu que
tous les hérétiques qui sont ici rassemblés n'entendent pas,
les infidèles, de quelle manière est torturé un chrétien.
Qu'aucun de nous ne prononce une parole ! » Cela dit, il
s'approcha de l'échafaud.

« — Bien, fils, bien ! dit Tarass doucement, et il inclina
vers la terre sa tête grise.

« Le bourreau arracha les vieux lambeaux qui couvraient Ostap, on lui mit les pieds et les mains dans une
machine faite exprès, et..... Nous ne troublerons pas

l'âme du lecteur par le tableau des tortures infernales
dont la seule pensée ferait dresser les cheveux sur la tête.
C'était le produit de temps grossiers et barbares, alors
que l'homme menait encore une vie sanglante consacrée
aux exploits guerriers et qu'il y avait endurci toute
son âme sans nulle idée d'humanité. En vain quelques
hommes isolés, faisant exception à leur siècle, se montraient les adversaires de ces horribles coutumes ; en vain
le roi et plusieurs chevaliers d'intelligence et de cœur,
représentaient qu'une semblable cruauté dans le châtiment ne servait qu'à enflammer la vengeance de la nation
cosaque ; la puissance du roi et les sages opinions ne pouvaient rien contre le désordre, contre la volonté auda-
cieuse des magnats polonais qui, par une absence incon-
cevable de tout esprit de prévoyance et par une vanité
puérile, n'avaient fait de leur diète qu'une satire du gouvernement.

« Ostap supportait les tourments et les tortures avec un
courage de géant. On n'entendait pas un cri, pas une plainte
même lorsque les bourreaux commencèrent à lui briser
les os des pieds et des mains, lorsque leur terrible broie-
ment fut entendu au milieu de cette foule muette par les
spectateurs les plus éloignés, lorsque les jeunes filles
détournèrent leur visage avec effroi. Rien de pareil à un
gémissement ne sortit de sa bouche, son visage ne trahit
pas la moindre émotion. Tarass se tenait dans la foule, la
tête inclinée, et levant de temps en temps les yeux avec
fierté, il disait seulement d'un ton approbateur : Bien, fils,
bien !

« Mais quand on l'eut approché des dernières tortures
et de la mort, sa force d'âme parut faiblir. Il tourna les
regards autour de lui. Dieu ! rien que des visages inconnus, étrangers ! Si du moins quelqu'un de ses proches
eût assisté à sa fin. Il n'aurait pas voulu entendre les
sanglots et la désolation d'une faible mère ou les cris
insensés d'une épouse s'arrachant les cheveux et meur-
trissant sa blanche poitrine, mais il aurait voulu voir un
homme ferme qui le rafraîchit par une parole sensée et

le consolât à sa dernière heure. Sa constance succomba
et il s'écria dans l'abattement de son âme : « Père, où
es-tu ? Entends-tu tout cela ? »

« — Oui, j'entends !

« Ce mot retentit au milieu du silence universel et
tout un million d'âmes frémit à la fois. Une partie des
gardes à cheval s'élancèrent pour examiner scrupuleuse-
ment les groupes du peuple. Yankel devint pâle comme
un mort, et lorsque les cavaliers se furent un peu éloignés de lui, il se retourna avec terreur pour regarder
Boulba ; mais Boulba n'était plus à ses côtés, il avait disparu sans laisser de trace. »

Le père, de retour à la Setch, entraîne, dans sa fureur,
de nombreux compagnons d'armes et met la Pologne à
feu et à sang. Il finit par être pris et brûlé vif, mais il
meurt en sauvant ses soldats qui parviennent à traverser
le Dniéper et échappent à l'ennemi.

Une bonne traduction de cette superbe épopée a été
donnée par M. Viardot dans la bibliothèque des romans
étrangers (Hachette et Cie). C'est à elle que nous avons eu
recours pour les extraits qui précèdent.

Attiré ensuite par le théâtre, Gogol y donna carrière à
son esprit satirique dans la comédie *Le Réviseur*, raillant
impitoyablement les ridicules, les manies et les vices de
province.

Il continua dans la même voie en écrivant son roman
des *Ames mortes*. Les paysans, « les âmes », comme on
les appelait étaient, avant l'abolition du servage, une
valeur mobilière que l'on négociait comme les autres
valeurs. On les vendait ou on les échangeait ; on emprun-
tait aux banques de crédit sur des âmes. D'autre part, le
fisc les imposait et le propriétaire payait une contribution
par tête de paysan mâle et adulte. Les recensements
avaient lieu à de longs intervalles, durant lesquels les
listes n'étaient jamais révisées, l'accroissement naturel
de la population devant compenser et au delà les décès.
Mais si des paysans s'enfuyaient, s'il survenait une épi-

démie, le maître était en perte et continuait d'acquitter la taxe pour ces âmes mortes ou disparues. Le héros du roman, Tchitchikof, s'est proposé de faire rapidement fortune en achetant à vil prix ces âmes et en portant ensuite ses contrats à une banque qui, ne pouvant savoir qu'il s'agit d'une propriété fictive, lui prêtera une forte somme avec laquelle il ira vivre à l'étranger. Cette donnée permet à l'auteur de pénétrer dans les divers intérieurs de province et d'en ridiculiser les coutumes surannées ou les vices.

De ce livre, qui a classé Gogol parmi les grands écrivains russes, nous ne reproduirons que deux passages : dans le premier Tchitchikof surpris par un orage dans la campagne reçoit l'hospitalité d'une vieille dame veuve qui fait valoir elle-même ses propriétés. Le lendemain a lieu la discussion entre l'aventurier et son hôtesse au sujet des âmes mortes :

« — Bonjour, petit père, comment avez-vous passé la nuit? demanda la dame, en se levant de son siège, lorsque Tchitchikof entra.

« Elle portait une robe verte et n'avait plus son bonnet de nuit, mais elle n'avait pas quitté le châle de flanelle.

« — Bien, très bien, dit Tchitchikof en s'asseyant. Et vous, petite mère?

« — Mal, mon père.

« — Comment cela?

« — Je suis sujette aux insomnies. J'ai mal au dos et aux chevilles.

« — Cela passera, petite mère; il ne faut pas y penser.

« — Dieu le veuille. Je me suis frottée avec du lard et de la térébenthine. Que prendrez-vous avec le thé? Aimez-vous le sirop de framboises?

« — Assez, petite mère, j'en suis passablement friand.

« Le lecteur aura remarqué depuis longtemps que Tchitchikof, tout en restant très poli, prenait un ton plus familier. Il avait son idée pour agir ainsi. Aussi accepta-t-il sans façon la tasse de thé qu'on lui offrit, ne refusa point quelques cuillerées de sirop de framboises, et, après les premières bouchées de pain :

« — Votre village est très joli, petite mère. Combien d'âmes y avez-vous ?

« — Quatre-vingts, petit père, mais les temps sont mauvais ; nous avons eu une affreuse récolte l'année dernière, et Dieu nous garde, celle-ci, d'une pareille calamité !

« — Cependant, il me semble que vos paysans sont frais et roses, et j'ai vu que leurs maisons avaient bon aspect. Puis-je vous demander votre nom de famille ? Je suis si distrait et puis je suis arrivé si tard, en pleine nuit...

« — Korobotchki, veuve du secrétaire du collège.

« — Merci. Et vos prénoms ?

« — Anastasie Petrovna.

« — Anastasie Petrovna ! très jolis noms ; j'ai une tante, une sœur de ma mère qui s'appelle ainsi.

« — Et vous, demanda la dame, comment vous appelez-vous ? Vous devez être chargé du recensement ?

« — Non, petite mère, répondit Tchitchikof avec un éclat de rire, je voyage pour mes affaires.

« — Alors vous êtes marchand de denrées. Je suis fâchée d'avoir vendu mon miel la semaine dernière : vous m'en auriez peut-être donné un meilleur prix, petit père.

« — Je n'aurais pas acheté de miel.

« — Et quoi donc ? Du chanvre peut-être. Je n'en ai pas beaucoup pour le moment ; à peine un demi-poud !

« — Non, petite mère, la marchandise que j'achète est de toute autre nature. Dites-moi, avez-vous perdu beaucoup de paysans, cette année ? Combien en est-il mort ?

« — Ah ! petit père, dix-huit, dit la vieille dame en soupirant. Et tous de braves et robustes ouvriers. Il en est arrivé d'autres dans la suite, mais naturellement du menu fretin et on n'en a pas moins exigé la taxe pour les morts comme s'ils avaient été vivants. La semaine dernière, le forgeron a été brûlé, un forgeron si habile et qui était aussi serrurier.

« — Il a donc eu un incendie, petite mère?

« — Dieu nous garde d'un pareil malheur; un incendie aurait été pire assurément; non, il s'est brûlé de lui-même, mon petit père. Le feu a pris à l'intérieur de son corps, il est devenu tout rouge comme une braise, uis tout noir comme du charbon. C'était un bien bon forgeron ; et maintenant je ne puis sortir en voiture, il n'y a plus personne pour ferrer les chevaux.

« — C'était la volonté de Dieu, petite mère, dit Tchitchikof avec un profond soupir ; contre sa sagesse et ses desseins nous n'avons pas à murmurer. Cédez-les moi, Anastasie Petrovna.

« — Vous céder qui, quoi, petit père?

« — Vos défunts.

« — Et comment voulez-vous que je vous les cède ?

« — C'est très simple, vous me les vendez, je vous les payerai.

« — Je ne comprends pas ce que vous voulez dire : Vous voulez donc les déterrer?

Tchitchikof, voyant que la dame s'écartait de la question, jugea qu'il fallait l'y ramener. En quelque mots il déclara que le marché n'avait de valeur que sur le papier, puisque les âmes mortes devaient être portées comme vivantes.

« — Et qu'en ferez-vous? demanda-t-elle, en le considérant avec ébahissement.

« — C'est mon affaire.

« — Mais elles sont mortes!

« — Qui vous dit qu'elles sont vivantes? Elles n'en sont pas moins une perte pour vous, puisqu'elles ne sont plus, ce qui ne vous dispense pas de payer des impôts pour elles. Je veux vous affranchir de cette charge. Comprenez-vous, maintenant? Non seulement je prends l'impôt à mon compte, mais je vous donne quinze roubles par-dessus le marché. Avez-vous saisi?

« — Je ne sais pas très bien, si... dit la dame avec hésitation. Je n'ai jamais vendu de morts.

16.

« — Assurément. C'eut été un miracle, mais croyez-vous donc qu'ils aient une valeur quelconque ?

« — Non, je ne crois pas cela. Certainement ils n'ont aucune valeur. Mais c'est précisément ce que je ne conçois pas ; pourquoi achetez-vous des morts ?

« — Elle s'obstine, pensa Tchitchikof. Puis, tout haut : Ecoutez bien ce que je vous dis, petite mère, réfléchissez bien ; vous perdez infiniment à refuser ; vous avez à payer l'impôt pour des morts comme s'ils étaient vivants...

« — Oh ! je ne le sais que trop, petit père, interrompit la dame ; il n'y a pas trois semaines que j'ai versé cent cinquante roubles et encore m'a-t-il fallu tout naturellement graisser la patte à l'employé de recensement.

« La dame devint pensive. Elle avait parfaitement compris, quoiqu'elle feignît le contraire, que l'affaire était avantageuse, quelque inouïe qu'elle pût paraître. Mais elle flairait quelque duperie. Pourquoi ce marchand était-il venu de nuit, par ce temps affreux ?

« — Eh bien, petite mère, sommes-nous d'accord ? Est-ce une affaire conclue ?

« — Attendez donc, petit père, je n'ai jamais été dans le cas de vendre des âmes mortes. J'ai cédé quelquefois des vivants, c'est vrai, et tenez, il y a trois ans, j'ai vendu au pope deux jeunes filles cent roubles pièce ; il m'en a été très reconnaissant. Ce sont de bonnes ouvrières ; elles tissent des serviettes.

« — Il ne s'agit pas de vivants, que Dieu les garde ! Je ne veux que des morts.

« — Mais c'est que je crains d'y perdre. Peut-être me trompez-vous, petit père, et... elles valent plus, ces âmes mortes !

« — Écoutez-moi donc, petite mère... comme vous y allez ! Que pensez-vous qu'elles vaillent ? Vos morts ne sont plus que poussière, m'entendez-vous, rien que poussière. Prenez n'importe quel objet, le plus insignifiant, un chiffon, par exemple, il a sa valeur, on peut l'acheter pour en faire du papier, mais que voulez-vous qu'on fasse d'un mort ? A quoi pourrait-il bien servir, dites ?

« — Vous avez raison, on n'en peut rien faire ; mais ce qui m'interloque précisément, c'est que ce sont des âmes mortes et que...

« — Quelle tête de pierre ! dit Tchitchikof à part lui, en faisant un geste qui indiquait qu'il commençait à perdre patience. J'en sue de colère. Maudite vieille !

« En achevant mentalement ces paroles, il tira son mouchoir de poche et s'essuya le front. Au fond, il avait tort de se fâcher, car il y a plus d'un homme d'Etat d'ailleurs fort honorable qui est aussi têtu que l'était Mme Korobotchki. Quand une idée s'est clouée dans leur cerveau, allez donc essayer de l'en déloger ! Mettez en œuvre tous les moyens ; donnez-leur les raisons les plus claires, les plus décisives, vous obtiendrez le résultat de la balle qui frappe le mur et rebondit.

« Quand il eut le front bien sec, Tchitchikof résolut de prendre une autre voie pour arriver à ses fins.

« — Vous avez l'air, fit-il, petite mère, ou bien de ne pas vouloir comprendre mes paroles ou bien de ne parler vous-même que pour ne pas laisser tomber la conversation... Je vous donne quinze roubles, c'est de l'argent cela, je crois ; et on n'en ramasse point, que je sache, dans la poussière du chemin. Dites-moi, combien vous a-t-on donné pour votre miel ?

« — Douze roubles le poud.

« — Vous vous chargez la conscience d'un péché véniel, petite mère. Vous n'avez jamais eu douze roubles le poud.

« — Je vous jure devant Dieu, douze roubles !

« — Mais vous avez dû donner le miel pour cela. Il vous a fallu le recueillir tout le long de l'année et apporter tous vos soins à cette besogne. Il vous a fallu des ruches. Vous avez dû garder vos abeilles l'hiver dans la cave, les élever, tandis que les âmes mortes ne sont pas de ce monde, elles ne vous ont donné aucune peine. C'est par la volonté du Seigneur qu'elles ont quitté cette terre en prenant brusquement congé de vous. Les abeilles ne vous ont rapporté, en dépit de tous vos soucis, que douze roubles, et ici je vous offre pour rien quinze roubles, non pas en monnaie d'argent, mais en beaux billets bleus.

« Après ces arguments concluants, Tchitchikof ne doutait plus du succès.

« — Écoutez, répondit la noble dame, je ne suis qu'une pauvre veuve sans expérience ; j'aime mieux attendre un peu. Il m'arrivera peut-être d'autres acheteurs. Je m'informerai du cours.

« — Fi donc, fi! petite mère, fi donc! Que dites-vous là? Y pensez-vous seulement? Qui vous les achètera? Qu'en fera-t-il?

« — Peut-être... dans le ménage, qui sait? répondit la dame en regardant le visiteur avec de grands yeux presque épouvantés.

« Elle était perplexe et attendait une réponse.

« — Des morts dans le ménage! Que me dites-vous encore? Ah! vous voulez les faire servir d'épouvantail dans le potager?

« — Que tous les saints nous viennent en aide! Ne dites pas des choses pareilles! fit la dame en se signant.

« — A quoi donc voulez-vous les employer? Au reste vous garderez leurs os et leurs tombes. Je ne demande que leur cession sur le papier. Eh bien, que répondez-vous?

« La vieille devint de plus en plus pensive.

« — A quoi songez-vous, Anastasie Petrovna?

« — Je ne sais ce que je dois faire. Tenez, achetez plutôt mon chanvre.

« — Que voulez-vous que je fasse de votre chanvre? Je veux tout autre chose et vous m'offrez du chanvre. Je reviendrai vous voir et vous achèterai du chanvre un autre jour. Eh bien, Anastasie Petrovna?

« — Mais vous me parlez d'une marchandise si étrange, si inouïe...

« Ici Tchitchikof perdit toute patience, repoussa son siège et envoya la vieille tout haut à tous les diables.

« Cette imprécation épouvanta la noble dame.

« — N'achevez-pas ! s'écria-t-elle en blémissant. Avant-hier, j'ai fait un rêve qui a duré toute la nuit. J'avais eu la malencontreuse idée de tirer les cartes, avant de me coucher, et Dieu m'en a punie. Oh ! c'était affreux ! je l'ai vu, le diable ; il avait des cornes comme un taureau !

« — Je m'étonne qu'ils ne vous apparaissent point par dizaines. Par pure charité chrétienne, je le voudrais. Au diable encore une fois, vous et votre bien !

« — Ah ! mon Dieu, quel horrible propos ! dit la vieille en le considérant avec anxiété.

« — Il n'y a pas moyen de vous dire un mot comme il faut. Vraiment, je ne voudrais pas me servir d'une comparaison désagréable, mais vous êtes comme le chien du jardinier qui est étendu sur la paille : il n'en mange pas et n'en veut point laisser manger à autrui. J'avais l'intention de vous acheter encore d'autres produits, car j'ai entrepris diverses fournitures pour la couronne.

« Tchitchikof mentait, sans attacher d'ailleurs d'importance à son mensonge, et surtout sans se douter de l'effet qu'il devait en tirer. Les fournitures eurent une influence tout à fait extraordinaire sur Anastasie Petrovna, qui, d'une voix presque suppliante, s'écria :

« — Mais pourquoi vous fâchez-vous ? Si je vous avais su aussi susceptible, je me serai gardée de vous répliquer.

« — Et pourquoi me fâcherais-je, en définitive ? Toute l'affaire ne vaut pas un œuf et je me fâche.

« — C'est à cause de moi, bien sûr. Soit, je les donne pour quinze roubles, mais promettez-moi de ne pas m'oublier pour les fournitures : seigle, orge, lard, je puis tout vous offrir ; laissez-moi gagner quelque chose à ce marché.

« — Vous n'y perdrez rien, petite mère, dit-il en essuyant cette fois avec la main la sueur qui ruisselait sur son visage. » (*Nouvelle bibliothèque populaire.* — Henri Gautier, éditeur.)

Le second passage donne la mesure de l'affection que

l'auteur]portait à sa patrie. Il était en Italie lorsqu'il écrivait ces lignes :

« Russie ! Russie ! des beaux lieux étrangers où je suis si éloigné de toi, séparé par plusieurs chaînes de montagnes, je te vois, je te vois distinctement, ô mon pays ! Ta nature est pauvre ; chez toi, rien pour charmer ni pour effrayer le regard : point de ces hardies merveilles couronnées par les témérités de l'art, point de villes signalées par de grands palais aux mille fenêtres, point de ces arbres magnifiques, de ces vastes et amples draperies de lierre enserrant les maisons dans leurs plis, grandissant dans le bruit et les éternelles vapeurs des torrents et des cascatelles..... Non, rien en toi, ô Russie, de si splendide, de si merveilleux ! Chez toi tout est ouvert et uniforme, tes petites villes sont à peine visibles dans les plaines et ne se détachent que comme des points sur l'uniformité de la steppe. Rien en toi sous cet aspect monotone ne charme, ne séduit les yeux. Quelle est donc cette force secrète, mystérieuse mais irrésistible, qui m'attire vers toi ? Pourquoi ta chanson triste, traînante, tourmentée, parcourant toute ton étendue d'une mer à l'autre, résonne-t-elle toujours à mon oreille ? Cette chanson, que rappelle-t-elle donc à mon cœur, qu'à son souvenir je presse des deux mains ma poitrine pour ne pas éclater en sanglots ? Quels sont ces accords douloureux qui, pénétrant mon âme, produisent dans mon sein de si douloureuses étreintes ? Parle, parle, ô Russie ! Que veux-tu de moi ? Quel lien sacré, indéfinissable, mais réel et sensible, nous attache l'un à l'autre ? Pourquoi me regardes-tu ainsi ? Pourquoi tout ce que tu contiens attache-t-il sur moi ce long regard rempli d'attente ?..... Ma pensée reste muette en présence de ton immensité. Cette étendue infinie elle-même, que fait-elle augurer ? Puisque tu es sans limites, ne serais-tu pas la mère patrie des pensées dont la grandeur ne se mesure pas ? Ne peux-tu pas produire les géants, toi, le seul pays où ils aient du champ pour leurs pieds, de l'air pour leurs poitrines? L'idée de ton étendue incommensurable se réfléchit puissamment dans mon âme ; une force inconnue me pénètre et mes pensées s'illuminent d'une puissance miraculeuse. Quel lointain éblouissant, plein de mirages et de merveilles inconnues au monde entier, ô Russie ! »

Après un long séjour en Italie, nécessité par une santé de plus en plus chancelante, Gogol revint à Moscou, mais son cerveau était usé par le travail, une sorte de folie mystique s'empara de lui et il succomba le 4 mars 1852.

Alexandre Hertzen est né à Moscou en 1812. S'étant jeté dans le mouvement socialiste il subit en 1834 un emprisonnement et fut exilé d'abord à Perm, puis à Novgorod. Devenu, à la mort de son père, possesseur d'une grande fortune, il fut autorisé en 1847 à quitter la Russie. Il visita l'Europe occidentale et se fixa définitivement à Londres en 1854. Il y mourut en 1869. On lui doit des *Lettres sur l'étude de la nature*, des *Souvenirs de voyage*, le *Récit de mes années de prison et d'exil* et un roman *A qui la faute*, qui lui assure un rang distingué parmi les meilleurs auteurs russes. C'est dans ses *Souvenirs* que se trouve cette boutade railleuse, qui ne manque cependant pas, sous sa forme piquante, de justesse et de profondeur :

« Pourquoi l'Allemand est-il sujet aux scrofules, aux larmes, au romantisme, à l'amour platonique et au contentement bourgeois? Pourquoi les Allemandes ne savent-elles pas s'habiller et ne peuvent-elles vivre que dans des sphères éthérées, supra-célestes ou au milieu des vapeurs de la cuisine ?

« Parce que leur fibrine est desséchée et poreuse.

« On a écrit des volumes là-dessus en laissant toujours échapper la véritable cause parce qu'elle était trop près ; elle crevait les yeux ; c'est pourquoi on passait toujours à côté sans la voir. On a invoqué la Réforme, la guerre de Trente Ans, la guerre de la Délivrance, — quand nous avons délivré les Allemands des Français — mais toutes ces raisons n'étaient que des causes secondaires ; la véritable cause, l'unique cause, c'est la cuisine allemande !

« Vous riez ? Comment ! vous êtes encore idéaliste, il vous faut des causes abstraites, immatérielles qu'on ne puisse cuire ni rôtir ? Ah, vous méprisez trop votre pauvre guenille, vous prenez trop de libertés avec elle, gare sa revanche !

« Avant d'aller plus loin, permettez-moi de vous poser cette question : Quelle quantité nutritive l'estomac d'un Allemand peut-il retirer, en dépit de ses efforts, de la pâte aigre-douce, farineuse, végétarienne, assaisonnée de canelle, d'œillet, saupoudrée de safran, qu'il ingurgite ? Si vous saviez à quel travail doit se livrer ce pauvre estomac pour digérer tant de farines, de pommes de terre et réagir contre les douches de bière bavaroise dont on l'inonde, vous trouveriez comme moi que tout estomac allemand aurait le droit de porter sur son duodénum une médaille ornée de cette inscription : « Pour la digestion. » Il le mériterait bien ! Comment voulez-vous que cette nourriture donne aux Allemands une fibrine active et inquiète comme celle que possèdent les Français ? Quand il faut vaincre un tel fardeau, on est encore heureux de pouvoir se tenir debout sur les jambes et de ne pas devenir flasque comme un chiffon.

« Ah ! il ne faut pas plaisanter avec la cuisine. La chimie organique est plus importante qu'on ne le pense au point de vue politique. Toute la question du prolétariat n'est au fond qu'une affaire de cuisine et le socialisme une question de digestion.

« En me plaçant à ce point de vue, je puis, du haut de ma conviction, crier : Soyez maudites, vous, sauces épaisses comme la boue en automne, et vous, sauces fadasses comme les drames de Birch-Pfeifer ! Soyez maudits, petits plats, accompagnés de hareng aux confitures, de jambon entouré de pruneaux et de saucisson mêlé d'oranges ! Malédiction sur les poules préparées au safran ;

malédiction sur les dampfnudels, les charlottes, les puddings allemands ; malédiction sur la pomme de terre sous ses cent métamorphoses ; malédiction enfin sur la canelle, l'œillet et la feuille de laurier qui s'accommodent si étrangement avec ces drogues culinaires ! »

Ivan Tourguénef, né à Orel en 1818, appartenait à une famille d'ancienne noblesse. Après de brillantes études à Moscou, il alla faire un séjour à l'université de Berlin. De retour en Russie, il publia en 1846 les *Récits d'un chasseur* qui assurèrent sa célébrité. Son livre ne fut pas seulement un événement littéraire, il amena une révolution politique et contribua singulièrement à l'émancipation des serfs, dont l'affranchissement fut décrété par Alexandre II.

A propos d'un article sur la mort de Gogol, il fut exilé dans ses terres, puis il quitta la Russie et séjourna en Italie, en Allemagne et, depuis 1870, en France. Il mourut à Paris en 1883.

« Tourguénef appartient, comme Dostoiewski et Tolstoï, à la trinité littéraire qui règne sur la Russie contemporaine. Au même moment, de 1840 à 1850, tous trois sont sortis de Gogol, le créateur du réalisme. Gogol avait eu, le premier, cette idée bien simple, comme toutes celles de génie, de regarder au-dessous de lui le monde ignoré, de peindre la petite vie triste du peuple russe ; il l'avait fait en artiste curieux, un peu sceptique. Ses trois disciples se penchèrent plus attentivement ; la sympathie naquit, elle donna une profondeur nouvelle à leurs œuvres. » (DE VOGUÉ, *Le Roman russe*.)

Tourguénef, élevé chez sa grand'mère à la campagne, s'y éprit passionnément de la nature ; on en retrouve la trace dans toutes ses œuvres, où les paysages abondent, comme dans la nouvelle : *Deux jours dans les grands bois :*

« Après avoir parcouru deux kilomètres dans une

17

plaine marécageuse, j'entrai dans la trouée percée au
milieu de la forêt. Mon tarantasse commença à danser sur
les rondins qui servaient à paver cette route. Je mis
pied à terre et suivis la voiture. Les chevaux marchaient
d'un pas égal, soufflant avec force et agitant la tête pour
chasser les mouches. Bientôt nous arrivâmes aux grands
bois. Non loin de la lisière poussaient des bouleaux, des
trembles, des tilleuls et quelques chênes ; puis parut
comme un mur épais de sapins auxquels succédèrent les
troncs rougeâtres et moins serrés des pins communs en
Écosse ; puis de nouveau un bois d'essences variées
garni de noisetiers, de sorbiers, de cerisiers sauvages,
d'herbes à tiges hautes et dures. Les rayons du soleil,
éclairant vivement les cîmes des arbres, s'éparpillaient
dans les branches et n'arrivaient jusqu'à terre qu'en pâles
et minces filets. On n'entendait presque pas d'oiseaux,
ils n'aiment pas les forêts profondes, seulement de temps
à autre le cri plaintif et trois fois répété de la huppe ou
bien l'aigre miaulement du geai ; quelquefois un rollier
toujours solitaire et silencieux traversait la trouée et l'on
voyait luire son plumage d'or et d'azur. De loin en loin
les arbres étaient plus espacés, une éclaircie se montrait
et le tarantasse entrait dans une petite plaine sablonneuse
nouvellement défrichée. Du seigle chétif y croissait par
longues bandes et agitait sans bruit ses maigres tiges.
Une petite chapelle noircie, avec sa croix inclinée, se
voyait au-dessus d'un puits et un invisible ruisseau babil-
lait d'un bruit faible et sourd comme s'il était entré dans
le goulot d'une bouteille vide. Un bouleau abattu par le
vent interceptait tout à coup la route ; en d'autres
endroits elle était cachée sous une couche d'eau stagnante ;
des deux côtés un marécage étendait sa nappe verdâtre
couverte de joncs et d'aulnes rabougris. Des canards sauvages s'élevaient par couple et l'œil suivait avec surprise
leur vol à travers les troncs des grands sapins. Ah ! Ah !
Ah ! criait tout à coup un pâtre qui poussait devant lui
son troupeau de bétail à demi sauvage. Une vache au
poil roux, aux cornes courtes et effilées traversait

bruyamment les broussailles et comme pétrifiée s'arrêtait au seuil de la trouée en fixant ses grands yeux sombres sur le chien qui courait devant moi. Le vent apportait fréquemment une odeur de bois brûlé et une petite fumée circulait en minces spirales dans l'air bleuâtre de la forêt. C'était sans doute un paysan qui se procurait à peu de frais du charbon pour quelque fabrique de verre ou de soude des environs. Plus nous avancions, plus autour de nous tout devenait calme et morne. Une forêt de sapins est toujours silencieuse ; seulement là-haut, bien au-dessus des têtes, s'entend un long murmure et comme une plainte vague et contenue qui court dans la cîme des arbres. On va, on va, et cette incessante voix de la forêt ne cesse point de gémir ; et le cœur commence à se serrer lui-même, et l'on désire arriver plus vite à l'espace et à la lumière pour respirer à pleine poitrine un air pur et léger, et non cet air étouffant à force de parfum et d'humidité ». (*Nouvelles scènes de la vie russe, traduction* VIARDOT. — Hachette, éditeur).

C'est dans Les *Récits d'un chasseur* que Tourguénef, donnant au roman une portée qui n'existait pas avant lui et en faisant une arme de combat, s'attaqua résolument au servage, démontrant que le moujik était un homme, qu'il avait une âme capable de sentir et de souffrir, que ce n'était pas une chose faite pour être exploitée à volonté par le seigneur. Sous la forme de récits, souvent d'une tristesse navrante, il fait passer sous les yeux du lecteur une série de pauvres serfs, dont il met en relief la douceur, le stoïcisme et l'existence misérable comme celle du vieux Soutchok, qu'il rencontre au début d'une chasse aux oiseaux d'eau :

« Soutchok avait au moins 60 ans, il marchait pieds nus ; son costume annonçait une grande misère.

« — Ainsi tu as un bateau ? lui dis-je.

« — Oui, me répondit-il d'une voix basse et fatiguée,

mais il n'est pas fameux. Il est plein de trous et les
étoupes qui les fermaient sont tombées.

« — Mais que fais-tu ?

« — Je suis pêcheur pour le seigneur.

« — Alors, pourquoi ton bateau est-il en mauvais état ?

« — Parce qu'il n'y a pas de poissons dans l'étang.

« — Depuis combien de temps es-tu pêcheur ?

« — Depuis sept ans, répondit-il d'un air satisfait.

« — Et avant que faisais-tu ?

« — J'étais cocher.

« — Tu as mieux aimé quitter cet emploi ?

« — C'est la maîtresse qui m'a fait changer d'état. Elle
nous a achetés dernièrement ; c'est une grosse dame, qui
n'est plus jeune.

« — Comment es-tu devenu pêcheur ?

« — Elle vit ordinairement à Tamboff, mais elle arriva
ici un matin et fit réunir tous les domestiques dans la
cour ; elles nous passa en revue, quelques-uns lui bai-
sèrent la main et comme cela eut l'air de lui plaire tous
le firent. Elle demanda à chacun son nom et la fonction
qu'il remplissait dans la propriété. Quand vint mon tour,
elle me dit : — Et toi que fais-tu ? — Je suis cocher. —
Oh ! le vilain cocher ! répliqua-t-elle en riant ; tu es trop
mal tourné ! tu seras pêcheur et tu me fourniras du poisson
quand je serai ici. Entretiens bien l'étang, ajouta-t-elle
en s'éloignant. Comment voulez-vous que je fasse, s'il
n'y a point de poissons ?

« — Chez qui étais-tu auparavant ?

« — Chez le propriétaire Serge Pektéreff. Il nous avait
reçus en héritage, mais il ne nous garda que dix ans ; c'est
chez lui que j'étais cocher, mais à la campagne seulement.

« — Tu as été cocher depuis ton enfance ?

« — Non, je le suis devenu chez Serge Pektéreff ;
avant j'étais cuisinier, mais pas à la ville, à la campagne
toujours.

« — Quand es-tu devenu cuisinier ?

« — Quand j'étais chez l'oncle de Serge Pektéreff,
Athanase Néféditch, qui nous avait achetés avec cette

terre d'une vieille demoiselle et nous avait laissés en héritage.

« — Tu es resté cuisinier pendant longtemps ?

« — Non, j'ai été aussi acteur.

« — Ce n'est pas possible !

« — Mais si, notre maîtresse avait monté un théâtre ; on me faisait mettre de beaux habits, je marchais ou je me tenais debout et je répétais ce qu'on m'avait appris à dire. Un jour, j'ai représenté un aveugle, et on m'avait mis des pois sous les paupières pour que je les tinsse baissées. Après, j'ai été renvoyé à la cuisine parce que mon frère s'était enfui. Avant, j'avais été aussi piqueur.

« — Allons donc ! tu conduisais les chiens ?

« — Oui, seulement un jour je tombai de cheval ; l'animal fut blessé et je fus presque tué. Alors pour me punir de ma maladresse on me mit chez un cordonnier.

« — En apprentissage ? Mais tu n'étais plus un enfant !

« — J'avais vingt ans, je crois.

« — Es-tu marié ?

« — Non, je ne l'ai jamais été. La maîtresse ne le voulait pas. Quand on lui demandait la permission de le faire elle répondait : Le ciel m'en préserve ! Je suis bien restée vieille fille, moi, quelle idée ont-ils donc de ne pas faire comme moi ? »

Dans une autre nouvelle, *Le Boumistre*, l'auteur, nous faisant toucher du doigt une des plaies du servage, met en scène un intendant qui exploite les malheureux paysans, enlève à ceux qui lui déplaisent leurs enfants qu'il envoie au régiment et leur bétail qu'il s'approprie, pendant que le seigneur, auprès duquel il se confond en bassesses, ne voit que par ses yeux.

Tous ces récits sont entrecoupés d'incidents d'une saveur locale ravissante, comme cette joute pour le chant entre deux paysans dans un cabaret de village :

« Le premier, s'étant avancé au milieu de la pièce, ferme à demi les yeux et commence à chanter. Sa voix était agréable et assez douce, bien qu'un peu fatiguée ; il jouait avec elle et la maniait comme eut fait une fauvette ; tantôt son chant se perlait en notes fines et légères, tantôt il se répandait en mélodies éblouissantes ; sans cesse il revenait aux notes élevées qu'il soutenait avec une délicatesse particulière, puis il s'arrêtait et après une courte interruption il reprenait les mêmes motifs avec une hardiesse à emporter l'âme... Encouragé par son auditoire, il se livra à des roulades parsemées de trilles, à une véritable cascade de sons brillants jusqu'au moment où, épuisé, il fit entendre une dernière note. Tous les auditeurs y répondirent par des applaudissements frénétiques.

« Mon voisin, le paysan en loques, frappa la table d'un coup de poing et s'écria : « Ah ! que c'est bien ! c'est diablement bien ! et il cracha par terre...

« Iacka — le second chanteur — resta quelque temps la tête dans ses mains, puis s'appuya contre le mur. Sa figure était pâle comme celle d'un mort et ses yeux à peine ouverts. Il poussa un grand soupir et commença.

« Le premier son fut faible, tremblant ; on eût dit un vague écho lointain, il produisit un singulier effet. Le son qui suivit fut plus large, plus hardi, l'artiste aborda la voix de tête avec une adresse incroyable ; il savait bien la manier et fit vibrer les notes hautes avec un talent extraordinaire.

« Nous fûmes tous ravis quand il entonna le chant mélancolique : *Bien des sentiers mènent au bois fleuri.* Ses paroles produisirent un grand effet ; j'avais rarement entendu une voix aussi belle exprimant aussi bien les accents de la passion et du désespoir, du calme et du bonheur. C'était bien un chant russe, une romance qui allait au cœur.

« Iacka s'animait de plus en plus, se laissant aller à l'inspiration qui le dominait et qu'il communiquait aux auditeurs.

« Cette scène m'en rappela une autre à la mémoire.

« Il me souvient qu'un jour, à l'heure du reflux, j'étais

sur le bord d'une plage où la vague venait bruyamment
se briser. Une mouette aux ailes blanches vint se poser
près de là, elle était tournée vers la mer empourprée et
de temps en temps ouvrait ses énormes ailes pour saluer
les flots et le disque du soleil. Voilà à quoi je songeais
en voyant Iacka immobile devant nous, mettant toute
son âme dans sa voix, et nous ravissant par ses belles
mélodies.

« Chacune de ses notes graves avait quelque chose de
grand, de vague comme l'horizon de nos steppes; je commençais à avoir les larmes aux yeux lorsque j'entendis
sangloter à côté de moi.

« Je me retournai, c'était la femme de Nikolaï qui pleu-
rait appuyée contre la fenêtre. Iacka jeta les yeux de son
côté et à partir de ce moment sa voix devint encore plus
entraînante et plus belle. Nous étions tous très surexci-
tés; je ne sais comment cela aurait fini si le chanteur ne
s'était tout à coup arrêté au milieu d'une note élevée.
Personne ne bougea, personne ne dit rien, nous n'étions
plus là; Iacka nous avait transportés dans un monde
nouveau.

« Je m'en allai après avoir une dernière fois jeté les
yeux sur Iacka. La chaleur était excessive, l'atmosphère
en feu. A travers l'azur du ciel on croyait voir de petits
points lumineux.

« Aucun bruit ne se faisait entendre et ce calme augmentait encore la beauté de la nature. Accablé de fatigue
je gagnai un hangar où je m'étendis sur l'herbe fraîche-
ment coupée. Le foin avait une senteur enivrante et je fus
longtemps avant de m'endormir; le chant de Iacka réson-
nait toujours à mes oreilles. La fatigue et la chaleur l'em-
portèrent et je ne me réveillai qu'au commencement de
la nuit.

« Quelques feux brillaient dans le village et la fenêtre
du cabaretier était encore très éclairée. Entraîné par la
curiosité je me dirigeai vers la maison de Nikolaï; en regardant à travers les vitres j'éprouvai un sentiment de
dégoût : ceux que j'avais vus dans l'après-midi y étaient

encore, mais dans un état complet d'ivresse; Iacka bre-
douillait quelque chanson pendant que le paysan à la
souquenille essayait de danser. » (*Récits d'un chasseur.* —
Flammarion, éditeur).

Parmi les autres œuvres de Tourguénef, nous signa-
lerons les *Mémoires d'un seigneur russe*, *Pères et enfants*, *Fumée*, *Terres vierges*, *Une nichée de gentilshommes*, *Dimitri Roudine*, *Hélène*, puis des nouvelles :
Apparitions, *Etranges histoires*, *Moumou*, *Les deux
amis*, *Jacques Passinkof*, *Les trois portraits*, *L'Auberge
du grand chemin*, *L'Antchar*, *Le Pain d'autrui*, *Le Désespéré*, *Le Lendemain de la mort*, *Le Partage*, qui se
termine par ce joli proverbe : Partager en frères : le mien
à moi, le tien à nous deux.

Grigorovitch, l'émule de Tourguénef, s'est attaché
comme lui à représenter la vie du village; on lui doit plusieurs romans, *Pêcheurs*, *Emigrants*, et des nouvelles
comme *La Mort du laboureur*, qui nous transporte au
milieu des campagnes et nous fait assister aux derniers
instants du vieux Anissimitch :

« Il était couché sous les icones, sur un banc recouvert de paille; sa tête reposait sur une gerbe d'avoine.
Les longs cheveux argentés du vieillard n'étaient pas dispersés en désordre comme chez un homme qui lutte convulsivement avec la mort; ils tombaient en mèches sou-
ples et onduleuses le long de ses joues maigres, couvertes
de petites rides et de ce reflet bronzé que jette sur le visage la vie au grand air qui l'expose aux atteintes du
froid, de la chaleur, de la pluie et du vent. Je me trou-
vais à deux pas du mourant et je pouvais distinguer les
moindres traits de son honnête figure. Elle frappait par
le contraste qu'elle formait avec les physionomies des
personnes qui l'entouraient; tandis que celles-ci expri-
maient une véritable douleur, un sincère désespoir, le
visage du vieillard restait calme et serein.

« La mort ne l'avait pourtant pas encore privé de toute
conscience; la pensée perçait à travers ses paupières

closes et éclairait les traits de son visage; il devait entendre tout ce qui se passait autour de lui, les sanglots de ses parents, les navrantes paroles d'adieu, les cris déchirants de ses filles qui l'imploraient de ne pas les abandonner, de vivre pour elles; mais il était évident que la pensée qui animait ses traits n'appartenait déjà plus à ce monde. Pas un pli sur son visage ne décelait le trouble de l'âme. On eût dit qu'il s'endormait dans les champs après une laborieuse matinée et que, tout en s'assoupissant, il écoutait le chant des alouettes qui le berçait. Je voyais la mort pour la première fois, et je ressentais plus d'épouvante en entendant les sanglots des vivants et en voyant leurs visages défigurés par le désespoir qu'à l'aspect de la mort elle-même. L'image effroyable et terrible qui s'offrait à mon imagination, chaque fois que ma pensée l'évoquait, s'évanouissait à mesure que je contemplais la calme et paisible figure du laboureur.

« Pendant une de ces minutes où je m'efforçais d'épier sur ce visage un reflet de la douleur qui débordait autour de lui, le bruit des sanglots cessa tout à coup dans l'antichambre. Il y eut un mouvement dans l'assistance et plusieurs voix de femmes crièrent : Laissez passer, amis, laissez passer le vieux père Karp qui vient faire ses adieux à son frère. Je m'effaçai comme les autres pour livrer passage à un petit vieillard à la tête toute blanche.

« C'était le frère du laboureur. Bien qu'il ne fût l'aîné que d'une année, Karp était une véritable ruine. Depuis longtemps déjà il avait abandonné les travaux de la terre et passait les derniers jours de sa vie sur le poêle, sortant à de rares intervalles pour s'asseoir sur le banc de terre devant l'isba et se chauffer au soleil. Son visage était criblé de rides, on eût dit que chaque jour de labeur y avait laissé un sillon. Ses pieds et ses mains tremblaient; sa tête, qui n'avait conservé que quelques rares touffes de cheveux sur les côtés, branlait en tous sens; il tremblait de vieillesse et pas du tout d'émotion, ses yeux éteints attachés sur son frère ne laissaient entrevoir aucun trouble,

17.

« Lorsqu'il fut près du mourant il se signa et dit : Oh
frère! frère! J'avais espéré que tu vivrais encore avec
nous. Tu nous quitte trop tôt, frère! Les deux filles du
moribond l'interrompirent par un sanglot effrayant. Elles
se détachèrent de leur mère qui tomba sans force sur les
pieds de son mari, et se jetèrent sur leur père pour l'em-
brasser. Savéli et son frère pleuraient amèrement. La
pensée sereine qui éclairait le visage du mourant s'as-
sombrit alors; ses traits qui respiraient la paix expri-
mèrent une angoise terrible. Les voix de ses proches
avaient pour la première fois atteint son cœur et le ra-
menèrent dans le monde réel. Cependant ses yeux restaient fermés et sa poitrine se soulevait toujours d'un
mouvement lent et égal.

« — Femmes, assez crié, dit Karp en posant les mains
sur ses nièces. Savéli, Pierre, faites-les taire. Le mourant a sans elles assez de peine à se séparer de nous; en
hurlant ainsi, on lui trouble l'âme; assez, vous aurez le
temps de pleurer.

« Pierre et Savéli entraînèrent leurs sœurs et s'éloi-
gnèrent. Le visage du mourant s'allongeait, prenait une
expression de tristesse et le mouvement de sa poitrine
devint à peine visible.

« — Oh! frère, reprit Karp d'une voix encore plus
tremblotante, quel moment as-tu choisi pour nous quitter? Lève-toi, regarde, le printemps est venu; tous nos
hommes sont allés semer!

« A chaque parole le visage du laboureur se contrac-
tait sous l'empire d'une violente douleur. Ses paupières,
qui commençaient déjà à rentrer, tremblèrent, s'ouvrirent
légèrement dans les coins et laissèrent passer deux
grosses larmes qui coulèrent lentement dans les rides et
se figèrent sur les joues qui se refroidissaient déjà. La
poitrine se soulevait à intervalles de plus en plus longs,
une pâleur de mort s'étendait sur les traits du visage. »
(Michel DELINES, *La Terre dans le roman russe.*)

Dostoiewski, né à Moscou, en 1821, se destina d'abord

à la carrière des armes et sortit en 1843 sous-lieutenant de l'Ecole du génie militaire de Saint-Pétersbourg. Il donna sa démission en 1844 pour se consacrer aux lettres et publia la même année un roman : *Les pauvres gens*, qui fut accueilli avec un véritable enthousiasme. Mais en 1849, l'auteur, compromis dans un complot socialiste, fut condamné à mort. Il vit sa peine commuée en celle des travaux forcés et fut dirigé sur la Sibérie d'où il revint gracié en 1856, à l'avènement d'Alexandre II. Il fit paraître alors ses *Souvenirs de la maison des morts*, œuvre poignante, qui fut pour la déportation ce que les *Récits d'un chasseur*, de Tourguénef, avaient été pour le servage, et amena la réforme du régime pénitentiaire. (DE VOGUÉ, *Revue des Deux-Mondes*, 15 janvier 1885.)

C'est dans cette œuvre que l'auteur décrit l'intérieur du bagne sibérien :

« Notre prison était située au bout de la forteresse, presque immédiatement au-dessus du rempart. Je regardais souvent par les jours étroits de la palissade, essayant de découvrir à la dérobée un petit coin du vaste monde qui s'étendait au delà. Mais tout ce que je parvenais à voir, c'était une bande de ciel gris ou bleu et les hautes herbes du rempart, où les sentinelles continuaient nuit et jour leurs allées et venues monotones. Je me demandais alors combien de fois, pendant les longues années à venir, je ramperais jusqu'à la palissade pour jeter un coup d'œil furtif par les trous et n'apercevoir sans cesse que les mêmes sentinelles, le même rempart, le même coin de ciel bleu, qui, chose étrange, semblait ne point appartenir au ciel vu de la prison, mais à quelque autre ciel bien loin de nous et sous lequel vivaient tous ceux qui étaient libres.

« La cour du bagne était très vaste : deux cents pieds de long sur cent cinquante de large. Elle formait un hexagone irrégulier et était entourée d'une palissade élevée faite de pieux aiguisés par le haut. Ces pieux étaient profondément enfoncés dans le sol et si rapprochés l'un de l'autre qu'ils paraissaient se toucher. En travers, on avait cloué de larges planches pour rendre la palissade encore plus solide. C'était là le boulevard extérieur de la prison. Une ouverture avait été pratiquée pour la porte dans l'un des côtés de l'hexagone. Cette porte massive était de nature à résister à tous les efforts. On la tenait toujours fermée, et des sentinelles y veillaient nuit et jour. Une seule fois par jour on tirait les verrous : c'était pour laisser sortir les prisonniers qui se rendaient aux travaux du dehors.

« Au delà de cette porte, il y avait l'espace immense et libre où l'on faisait ce qu'on voulait. Mais, pour nous, qui vivions derrière la palissade, cet espace, cette immensité, cette liberté n'avaient rien de réel, et nous en parlions comme d'un conte de fées. Nous avions, en effet, notre monde à nous, monde qui ne ressemblait à rien de ce que nous avions pu voir ou connaître jadis ; nous étions gouvernés par nos lois, distinctes de toutes les autres ; nous portions un costume spécial ; nous avions des coutumes particulières ; un genre de vie différent de celui du reste des humains. Nous avions pour séjour quelque chose comme un vaste tombeau où nous étions enterrés vivants, et c'est ce séjour que je vais vous décrire.

« Ce qui frappait d'abord l'attention, lorsqu'on entrait dans ce préau, c'était l'aspect lugubre d'une série de bâtiments à un étage régnant des deux côtés de la cour. C'est là qu'habitaient les prisonniers. Au bout de la cour, il y avait une construction analogue. Elle servait de cuisine et était divisée en deux. Un quatrième corps de logis était occupé par les celliers, les magasins de provisions, des baraques en bois et d'autres constructions.

« Au milieu de la cour, il y avait un grand espace carré où les prisonniers s'assemblaient lorsqu'on faisait l'appel, le matin, à midi, le soir, et souvent plusieurs fois dans la journée, quand les gardiens soupçonnaient quelque méfait ou ne pouvaient faire assez rapidement le dénombrement des hommes placés sous leur surveillance. Entre ces bâtiments et la palissade, il y avait un grand terrain vague où se réfugiaient, à leurs heures de repos, quelques prisonniers aimant à se dérober à tous les regards et à se livrer isolément à leurs tristes pensées. Quelquefois, quand il m'arrivait de les rencontrer dans leurs promenades solitaires, je m'arrêtais interdit en voyant ces visages sombres marqués du stigmate de l'éternelle ignominie, et je me demandais à quoi ces êtres dégradés pouvaient songer. Il y en avait un parmi eux qui passait tout son temps à compter les pieux de la palissade. Ces pieux étaient au nombre de quinze cents, et il reconnaissait chacun d'eux à un signe particulier. Chaque pieu pour lui représentait un jour. Chaque jour, il en comptait un de moins; il pouvait ainsi, d'après les pieux restants, calculer le nombre de jours qu'il avait encore à passer en prison pour achever sa peine. Son plus grand plaisir était d'arriver jusqu'à l'un des côtés de l'hexagone. Il lui restait à subir plusieurs années de captivité, mais il n'y a rien comme le bagne pour enseigner la patience.

« Je me rappelle avoir vu un détenu, qui recouvrait sa liberté après vingt ans d'emprisonnement, prendre congé de ses compagnons. Quelques-uns d'entre eux se souvenaient de son entrée. C'était alors un jeune homme plein de vie et d'insouciance, assez indifférent au crime qu'il avait commis, et plus encore à la terrible condamnation qui l'avait frappé. Ses vingt ans de peine avaient fait de lui un vieillard aux cheveux blancs, aux membres brisés, à la physionomie morne et abattue. Il fit le tour de la prison pour dire adieu à chacun des détenus; il entra dans toutes les cellules sans prononcer une parole, et après avoir fait le signe de la croix devant les *icones*, il salua en s'inclinant chacun de ses compagnons, les priant de garder de lui un souvenir bienveillant après son départ.

« Je me rappelle aussi un autre prisonnier, qui avait été autrefois un paysan aisé de la Sibérie. Un soir, on vint l'avertir soudain que sa femme voulait le voir. Six mois auparavant, il avait appris qu'elle s'était remariée et il avait été fort affecté de cette nouvelle. Lorsqu'il arriva à la porte de la prison, elle lui donna un peu de monnaie; ils échangèrent quelques mots rapides, pendant deux minutes au plus, éclatèrent l'un et l'autre en sanglots, et se séparèrent ensuite à jamais. Je le vis revenir dans sa cellule, à pas lents, la tête baissée. Et je compris, une fois de plus, combien on apprend au bagne à devenir patient!

« Aux premières approches du soir, on nous donnait l'ordre de rentrer, et l'on nous enfermait sous clef pour la nuit. J'ai toujours trouvé dur d'avoir à quitter brusquement l'air frais pour me retirer dans une salle basse étouffante, lugubrement éclairée par deux ou trois chandelles de suif et imprégnée d'une odeur nauséabonde. Quand je me reporte par la pensée à cette époque, je ne puis comprendre comment j'ai pu supporter cette existence! Trois planches fixées sur un grossier banc de bois figuraient l'espace qui m'était assigné. Il y avait plusieurs bancs de ce genre dans la salle. C'était là tout notre lit. La salle en comptait une trentaine. L'hiver on nous enfermait plus tôt et nous avions souvent à attendre quatre heures avant de pouvoir nous coucher. Il est impossible de décrire la confusion qui régnait pendant ces quatre heures, les cris, les vociférations, les rires, les chants, les paroles obscènes, le cliquetis des chaînes, les odeurs méphitiques, ces têtes hideuses et grouillantes, ces fronts stigmatisés, ces habits en haillons plus sinistres encore sous la pâle lueur des lumières; tout dans cet ensemble d'horreurs parlait de la plus abjecte dégradation, et pourtant ceux qui vivaient dans cet affreux milieu étaient des créatures humaines. Ah! certes, l'homme est fait pour s'accommoder à tout, pour s'acclimater partout et je crois que, parmi les dons de la nature, c'est là le plus grand qu'elle fasse à ses enfants. » (*Souvenirs de la maison des morts. —* Plon et C⁹, éditeurs.)

Au nombre des principaux romans de Dostoïewski,

on cite: *Humiliés et offensés, Crime et Châtiment, Les possédés, L'Idiot, Les frères Karamazof, Le Carnet d'un écrivain, Les Précoces, Ame d'enfant, Krotkaia, L'Esprit souterrain*. Dans presque toutes ces œuvres on ne rencontre que des figures étiolées, maladives, ou sombres et sinistres ; on est emporté dans un monde fantastique qui vous saisit et vous donne d'étranges sensations ; « on y est toujours éperdu de tendresse et de pitié pour ses semblables avec un besoin instinctif de leur tirer du sang, de les faire souffrir dans leur propre intérêt. »·(DE VOGUÉ, *Les Livres russes en France : Revue des Deux Mondes*, 15 décembre 1886.)

Dans *Ame d'enfant*, par exemple, nous sommes en présence d'une malheureuse jeune fille dont la mère se meurt et que son beau-père, vieil ivrogne musicien, réveille en revenant d'un concert :

« Vers le milieu de la nuit, je m'éveillai d'un affreux cauchemar. Mon père était devant moi, il tenait son violon à la main. Il allait commencer à jouer, mais une autre idée lui passa par la tête. Il posa son violon sur la table et s'approcha du lit de ma mère ; il se pencha vers elle et resta ainsi quelques minutes qui furent pleines d'angoisses pour moi, car je ne comprenais pas ce que cela voulait dire ; ensuite, il promena ses mains sur le drap en tâtonnant avec hésitation. Quand il se releva, je fus épouvantée de la pâleur de son visage. Je regardai ma mère ; elle dormait profondément ; son corps se dessinait en lignes rigides sous la mince couverture ; sans savoir pourquoi, je fus frappée de son immobilité et la surveillai patiemment dans l'espoir de la voir remuer bientôt. Elle ne bougea pas.

« Mon père se dirigea vers l'armoire et se versa un verre de vin qu'il avala d'un trait. Il revint vers la table et, comme il allait attaquer les premiers accords, il changea de position et se détourna vers la porte afin de ne point voir le lit. Soudain il se mit à jouer et je fus terrassée d'émotion. Ce n'étaient point des sons ordinaires qu'exhalait l'instrument, mais des soupirs, des sanglots, des lamentations déchirantes qui se pressaient en foule sous l'archet frémissant. Je ne pus supporter longtemps cette musique désespérée qui me tordait le cœur. Je poussai un cri, sautai de mon lit et vins tomber dans les bras de mon père. Il rangea son violon dans la boîte :

« — Il est temps de partir, viens !

« Je préparai à la hâte un paquet de mes pauvres vêtements. Pour lui il mit dans ses poches tous les menus objets qui lui tombèrent sous la main. Il avait l'air d'un fou et je ne pouvais le regarder sans trembler. Quand tout fut prêt, je lui dis :

« — Et maman, petit père, est-ce que nous n'emmenons pas maman ?

« — Viens, elle est morte !

« Cette révélation me glaça de terreur, bien que j'en eusse comme un sourd pressentiment. Je m'approchai de ma mère : elle était déjà toute raide et avait la face bleue. L'épouvante m'empêchait de prononcer un mot ; cependant, j'eusse voulu crier : — Allons-nous-en, petit père, allons-nous-en !

« Il me prit par la main et nous franchîmes le seuil ; mais là il s'arrêta. — Viens prier pour ta mère, me dit-il d'une voix grave.

« Je rentrai dans la chambre et m'agenouillai au pied des images ; mais je ne pouvais prier : j'étais transie de peur.

« — Il est temps, dit-il enfin, partons.

« Soudain il se rappela encore quelque chose ; il se frottait le front sans cesse. Il ouvrit le tiroir de la commode boîteuse, prit l'argent qui restait et me le glissa dans mon corsage, à même sur la peau ; le froid du métal me fit frissonner.

« Nous descendîmes l'escalier pour ne plus revenir. En passant devant le concierge, mon père courait presque, de peur d'être interrogé sur sa sortie nocturne. Une fois dehors, il marcha si vite que j'eus peine à le suivre ; je me suspendis à son habit pour ne point rester en arrière.

Après une demi-heure de cette course fatigante, nous nous arrêtâmes sur le quai du canal et mon père s'assit sur le parapet.

« — Petit père, lui dis-je, ce n'est pas bien d'avoir laissé maman toute seule. Il faut retourner pour faire veiller quelqu'un auprès d'elle.

« — Tu as raison, cours vite, je t'attendrai. Il y a de la lumière et tu n'auras pas peur. Puis tu reviendras ici.

« — Oui, petit père, attends-moi.

« Il neigeait et je m'épouvantais de partir seule dans la nuit, surtout de me retrouver auprès de la pauvre morte. Mais il le fallait, je ne pouvais abandonner ainsi ma mère, c'était un sacrilège. Et il faisait si froid dehors, si froid ! Malgré la précipitation de notre fuite, je l'avais bien senti. Je jetai sur mon père un dernier regard suppliant et je traversai la chaussée. Comme je posais le pied sur le trottoir d'en face, je me détournai pour voir mon père... Il n'était plus là, il courait dans la direction opposée. Je poussai un cri et m'élançai à sa poursuite. Je pleurais, je l'appelais éperdument sans qu'il voulût s'arrêter et me répondre.

« — Petit père, criai-je, petit père, si tu ne veux plus de moi, je vais m'en retourner auprès de maman, mais embrasse-moi une dernière fois !.. tu m'avais tant promis de m'emmener et que nous irions dans une belle maison... petit père...

« J'étais haletante, j'étouffais et mes jambes fléchissaient. Il était loin, si loin, que je désespérais de le rejoindre. Il tourna le coin d'une rue. Je fis un dernier effort et je repris ma course. Vers le milieu de la rue, mon pied lassé butta contre une pierre ; je glissai et tombai dans la neige. Une sueur froide me glaça tout entière : je sentis une affreuse douleur dans le côté gauche de ma tête et un liquide chaud coula sur mon visage. A bout de force et de souffrance, je m'évanouis... En rouvrant les yeux, je vis devant moi le prince, votre père, qui m'avait ramassée devant la porte de l'hôtel et qui me fit soigner ici. »

Dostoiewski est mort à Saint-Pétersbourg le 10 février

1881. Le surlendemain, la population de la capitale, que ses œuvres avaient si souvent émue, faisait à l'ancien forçat sibérien de magnifiques funérailles.

Il convient d'accorder ici quelques lignes à un autre romancier russe moderne, Danilewski, né en 1829 à Izum, Petite-Russie. Entré en 1850 au ministère de l'instruction publique, puis chargé de l'inspection des écoles, il devint enfin rédacteur du *Messager officiel*. On lui doit de jolies nouvelles et divers romans : *Potemkine au Danube ; Basile Mirovitch ; En route pour l'Inde sous Pierre le Grand; La princesse Tarakanoff*.

C'est dans le premier que se trouve ce portrait fort réussi du général Souvarof, à la veille de l'assaut d'Ismaïl, où des milliers d'hommes devaient être massacrés :

« La nuit du 21 au 22 décembre fut la dernière avant la formidable attaque qui retentit dans le monde entier et que chanta Byron. Sur la brune, une forte gelée sans vent dessécha la boue des chemins et couvrit d'une couche épaisse de glace les marais environnants. La nuit venait. Les troupes dans un religieux silence s'apprêtaient à cette lutte où une mort cruelle attendait tant de milliers de braves.

« Je fus appelé au logis de Souvarof. C'était un trou spacieux, creusé au premier rang de nos positions, sans jour, recouvert de branchages et de tiges de maïs, séparé en deux par une cloison, avec une petite niche en guise de foyer, un tuyau pour la fumée et un écran de joncs qui servait de porte. Des chandelles, posées sur des goulots de bouteilles, éclairaient cet intérieur. Le brosseur du général, vieux militaire au visage basané, le dos voûté, sortant une cuvette à la main de derrière la cloison où se trouvait le lit de son maître, me dit: Veuillez attendre, monsieur.

« Dans mon compartiment, deux bûches sèches, obtenues par miracle, brûlaient aussi paisiblement et nonchalamment que si nous eussions été à Gatchina ou chez moi en province. L'odeur de la fumée, qui s'associait au parfum favori du comte, un mélange de menthe et de sauge, me transportait en imagination dans une de nos salles de bain, d'autant plus que j'entendais dans le réduit qui servait de chambre à coucher les ah ! les oh ! de satisfaction de quelqu'un qu'on lavait.

« — Encore, ah ! comme cela ! oh ! parfait ! grognait d'aise Souvarof, dont le brosseur aspergeait d'eau froide tour à tour la tête, la nuque, les épaules, tout le corps.

« — Cela t'étonne, m'apostropha-t-il brusquement en entrant tout enveloppé d'un large drap ? C'est une récréation d'une heure que je m'accorde ! Je ne me suis pas lavé depuis le 13 octobre et tu sais, demain, quelle affaire ?

« Le comte s'essuya, se découvrit la tête, s'assit sur une espèce de billot, allongea devant le foyer ses jambes décharnées et velues que son serviteur, avant de lui passer ses bottes, entoura de bandelettes de toile en guise de bas. J'étais frappé de la maigreur, de la débilité de cet homme, de ses épaules affaissées, de sa poitrine étroite et aplatie. Sous le charme de l'agréable chaleur des tisons, il se tut et s'assoupit. »

Nous devons de fidèles traductions de *Potemkine au Danube* et de *Basile Mirovitch* à M. Romald (Fichbacher, éditeur.)

Nous arrivons à l'auteur russe le plus célèbre parmi ses contemporains, à celui dont l'œuvre immense et variée s'impose à l'admiration universelle. Le comte Léon Tolstoï est né en 1828 à Iasnaïa Poliana, près de Toula, Grande-Russie. Devenu orphelin à l'âge de quinze ans, il se fit d'abord inscrire à l'Université de Kazan, où il se proposait d'étudier les langues orientales et le droit. Il se lassa bientôt des unes et de l'autre et revint au domaine paternel. Un voyage qu'il entreprit au Caucase, où son frère était capitaine, le décida en 1851 à entrer dans l'armée; il fit partie comme officier des trou-

pes guerroyant en Circassie contre les montagnards in-
soumis. Attaché, au moment de la guerre de Crimée, à
l'état-major du général Gortchakof, il obtint le commandement d'un batterie et fit partie des troupes chargées de
la défense de Sébastopol. Il s'y fit remarquer par son
intrépidité et donna sa démission quand la paix fut
signée. Après un séjour de quelques années à Saint-
Pétersbourg et à Moscou, il se retira définitivement dans
ses terres.

L'œuvre de Tolstoï se divise en trois parties bien distinctes :

Des souvenirs militaires : *Les Cosaques*, *Les scènes du
siège de Sébastopol*, et une sorte de biographie : *Enfance
et Adolescence;*

Des études historiques et sociales : *Guerre et Paix,
Anna Karénine, Le Roman du mariage, La Sonate à
Kreutzer, Katia, Les Trois morts, A la recherche du
bonheur, Ivan Illytch ;*

Des œuvres pédagogiques et religieuses : *Le Travail,
La Liberté dans l'école, Le Progrès et l'Instruction publique, L'Ecole de Iasnaïa Poliana, Le Commentaire
sur l'Evangile, Ma Confession, Ma Religion.*

Parcourons d'abord les Souvenirs militaires.

Nous sommes à Sébastopol en décembre 1854 :

« Vous suivez la rue, vous descendez une petite pente,
et vous ne voyez plus de maisons autour de vous ; rien
que d'étranges amas de pierres, de planches, de glaise, de
poutres; devant vous sur la pente vous distinguez un
espace noir, fangeux, coupé de fossés; c'est là, pensez-
vous, le quatrième bastion.

« On y trouve encore moins de gens; plus de femmes
du tout; des soldats qui hâtent le pas; des flaques
de sang, quatre hommes portant un brancard sur lequel
s'aperçoit un visage blême, jaunâtre, et une capote
ensanglantée. Vous demandez: « Où est-il blessé? » Les
porteurs vous répondent d'un ton bourru sans même
vous regarder : « à la jambe » ou « au bras » si la bles-

sure est légère; ou bien ils passent silencieux et farouches si l'on ne voit plus de tête, si celui qu'ils transportent est mort ou dans un état désespéré.

« En même temps le sifflement des boulets et des obus vous produit une impression désagréable pendant que vous commencez à gravir la montagne. Tout à coup vous appréciez bien autrement que vous ne l'aviez fait jusqu'alors la signification de la canonnade que vous avez entendue dans la ville. Il y a comme un souvenir calme et doux qui se réveille en vous; vous êtes plus occupé de vous-même, de votre moi, que de tout ce qui vous entoure. Rien n'attire plus votre attention. Un sentiment pénible d'irrésolution s'empare tout entier de vous. Toutefois vous ne prenez point garde, en face du danger, à cette voix de la lâcheté qui parle au dedans de vous; vous lui imposez silence, surtout quand vous voyez les soldats, gesticulant, glisser dans la boue en dévalant de la hauteur et passer au trot à côté de vous en riant. Vous redressez la poitrine et la tête et vous grimpez à votre tour sur la montagne en vous enfonçant dans la glaise. A peine avez-vous fait quelques pas qu'à droite et à gauche de vous éclatent les fusillades. Vous vous demandez s'il ne vaudrait pas mieux prendre par la tranchée qui court parallèlement au chemin; mais cette tranchée est remplie jusqu'à la hauteur du genou d'une boue liquide, jaune, fétide; vous vous décidez à continuer l'ascension de la montagne, d'autant plus que vous voyez tout le monde faire de même.

« Au bout de deux cents pas, vous débouchez sur un terrain fangeux, défoncé, entouré de tous côtés de gabions, de fascines, de tranchées, de plates-formes, de remblais sur lesquels se trouvent d'énormes pièces d'artillerie et des tas de boulets empilés symétriquement. Tout cela vous paraît entassé sans but, sans ensemble et sans ordre. Ici, sur une batterie, est assis un petit groupe de marins; là, au milieu de la place, gît, enfoncé dans la glaise, un canon brisé; un fantassin muni de son fusil enjambe la batterie et parvient avec peine à retirer ses pieds de la boue qui le tient empêtré. Vous ne voyez partout que des éclats d'obus, des bombes qui n'ont pas éclaté, des boulets, des traces de la vie des camps, le tout englué dans cette boue liquide et collante. Il vous semble entendre tout près de vous passer un boulet ; vous croyez distinguer les crépitements de la fusillade, le sifflement des balles, semblable à un essaim d'abeilles qui passent rapidement en bourdonnant ou bien aux vibrations d'une corde d'instrument. Vous percevez le bruit de la canonnade, pareil au fracas du tonnerre, qui vous fait éprouver une terrible secousse et vous remplit d'épouvante.

« Voilà donc le quatrième bastion, cet endroit tant redouté et vraiment effroyable! pensez-vous, en ressentant un petit mouvement d'orgueil en même temps que le sentiment puissant de la peur qu'on maîtrise. Ne vous laissez pas prendre à cette illusion : ce n'est pas encore le quatrième bastion. Ce n'est que la redoute de Jasanoff, un endroit relativement peu dangereux et qui n'offre d'ailleurs rien d'effrayant. Pour arriver au quatrième bastion, vous prenez à gauche, par l'étroite tranchée où vient de s'engager ce fantassin qui avance en se baissant. Dans cette tranchée, vous rencontrerez peut-être d'autres brancards, des matelots, des soldats armés de bêches ; vous verrez des fils conducteurs de mines, des abris en terre ; bien que deux hommes à peine puissent s'y loger en s'accroupissant, vous y apercevrez assis dans la boue, des Cosaques qui y changent de bottes, y mangent, y fument, y vivent. Partout vous découvrirez la même boue infecte, les mêmes vestiges d'un camp de guerre, les mêmes batteries renversées çà et là pêle-mêle.

« Poussez encore trois cents pas plus loin, vous arrivez à une nouvelle batterie, à une esplanade remplie de fossés et entourée de gabions, de remblais, de canons sur des plate-formes, d'ouvrages en terre. Ici, vous remarquerez très probablement quatre ou cinq matelots qui, à l'abri du parapet, jouent aux cartes ; un officier de ma-

rine, voyant en vous un nouvel arrivant, s'empresse
avec plaisir de vous laisser inspecter son emménagement
et tout ce qui peut vous intéresser. Cet officier, assis sur
un canon, roule tranquillement entre ses doigts une cigarette de papier jaune. Il va, calme, d'une meurtrière à
l'autre. Il vous parle placidement, sans affectation ; si
bien que, sans prendre garde aux boulets et aux balles
qui sifflent maintenant à vos oreilles en plus grand nombre qu'auparavant, vous commencez à recouvrer vous-
même votre sang-froid. Vous interrogez l'officier, vous
écoutez attentivement ses explications. Il vous donnera
— si vous l'en priez bien entendu — tous les détails du
bombardement du 5 mai ; il vous dira que de toute sa
batterie, il ne restait plus qu'un seul canon en état de
servir, avec huit servants, ce qui ne l'a pas empêché, le
6 au matin, de faire feu de toutes ses pièces ; il vous ra-
contera que le 5 un obus tomba sur un abri en terre et
mit huit hommes hors de combat ; il vous montrera, à
travers une embrasure, les batteries et les tranchées de
l'ennemi et il ajoutera qu'elles ne sont pas à plus de
soixante à quatre-vingts mètres d'ici. Je ne crains qu'une
chose, c'est qu'en avançant la tête dans l'embrasure pour
mieux voir l'ennemi, vous ne voyiez rien du tout ; ou
que, voyant quelque chose, vous ne soyez tout stupéfait
d'apprendre que ce mur de pierres, qui est là tout proche
de vous et au-dessus duquel montent des colonnes de
fumée blanche, que ce mur blanc est tout bonnement
l'ennemi, « lui », comme disent les soldats et les marins.

« Il se peut aussi que l'officier de marine, soit vanité,
soit simple amusement, se passe la fantaisie de faire
tirer quelques coups de canon, pendant que vous êtes
là.

« — Allons, le chef et les servants à vos pièces !

« Quatorze marins s'approchent gaiement, l'air animé ; l'un fourre sa pipe dans sa poche, l'autre achève de
mâcher son biscuit. Leurs gros souliers ferrés résonnent
en cadence sur la plate-forme. Ils se mettent en devoir

d'affûter le canon, de le charger. Examinez les figures,
l'attitude, les mouvements de ces hommes : chaque pli
de leur visage hâlé, leurs pommettes saillantes, leur mus-
culature, leur poitrine large, leurs pieds épais enfouis
dans des bottes de géant, leurs gestes calmes, décidés,
exempts de toute précipitation, tout en eux révèle ce qui
fait la force du soldat russe, la simplicité et l'opiniâtreté.
Mais ici, il vous semble que les dangers, les souffrances
et les maux de la guerre ont encore ajouté à ces marques
caractéristiques le sentiment de la valeur personnelle et
l'élévation de la pensée.

« Tout à coup vous entendez un fracas effroyable, qui
n'ébranle pas seulement votre ouïe, mais tout votre
corps, et vous fait frissonner des pieds à la tête. Immédiatement après, le sifflement de la décharge, qui va
s'éloignant, frappe votre oreille. Une épaisse fumée de
poudre vous enveloppe ainsi que la plate-forme et les figures noires des matelots occupés à la manœuvre. Celle-
ci donne lieu entre eux à un échange de propos ; vous
remarquez leur enthousiasme, vous constatez qu'ils
obéissent à un sentiment que vous ne vous attendiez peut-
être pas à rencontrer chez eux ; le sentiment de la
haine, de la vengeance, caché au fond de tous les
cœurs.

« — Il est tombé tout droit dans l'embrasure ; on dirait
que nous leur en avons tué deux... voici qu'on les emporte.

« Une exclamation de joie accompagne ces paroles.

« — Hein ! voilà qu'ils se fâchent. On va nous répliquer,
dit une voix.

« Et en effet, un instant après, vous voyez un éclair et
de la fumée.

« La sentinelle debout sur le parapet crie : « Canon ! »
Une seconde plus tard, un boulet passe en sifflant, tombe
sur le sol avec un claquement et projette autour de lui,
comme au sortir d'un entonnoir, une grêle de boue et de
pierres. Le commandant de la batterie s'irrite de cette ri-
poste, donne l'ordre de faire partir un deuxième, un troi-

sième canon ; l'ennemi de son côté s'acharne à la réplique, et vous commencez à éprouver des sensations intéressantes, à voir, à entendre des choses tout à fait curieuses. La sentinelle crie de nouveau : « Canon ! » et vous assistez à la même détonation, au même coup, au même jaillissement. Parfois aussi elle crie : « Mortier ! » et alors vous entendez le sifflement régulier et du reste peu désagréable d'un obus. Rien n'éveille en vous, à ce bruit, une idée de terreur. Vous entendez le sifflement arriver de proche en proche, puis vous voyez un corps noir, rond... vous éprouvez la secousse que donne la chute d'un objet pesant, et l'obus éclate en crépitant. Les éclats volent en tous sens, sifflent, grincent, les pierres bourdonnent en fendant l'air, vous êtes tout éclaboussé de boue. Tous ces sons font naître en vous une sensation étrange, qui tient à la fois du contentement et de la peur. Au moment même où le projectile — vous n'en doutez pas, — arrive sur vous, surgit dans votre esprit la conviction qu'il va vous tuer ; mais l'amour-propre fait que vous restez debout et personne ne voit le poignard qui vous entre lentement dans le cœur. Aussi, vous sentez-vous renaître quand le projectile est passé sans vous atteindre, et une sensation d'une douceur, d'un charme indicibles s'empare de tout votre être, si bien que vous commencez à trouver je ne sais quelle volupté particulière à ce danger, à ce jeu de la vie et de la mort ; vous allez même jusqu'à souhaiter que les boulets, les obus tombent près de vous.

« Cependant la sentinelle d'une voix sonore et forte, a crié : « Mortier ! » Nouveau sifflement, nouveau coup, nouvelle explosion d'un obus ; mais cette fois, à ces bruits, se mêle un gémissement humain. Vous vous précipitez avec les brancardiers vers le blessé, étendu dans la boue et le sang et n'ayant déjà plus l'aspect d'un homme. C'est un marin ; il a une partie de la poitrine arrachée. Dans le premier instant son visage souillé de boue n'exprime que l'épouvante et cette sensation qu'on pourrait appeler plutôt feinte que réelle, cette souffrance anticipée

qui est le propre de l'homme en pareil cas. Mais, dès
qu'on a approché le brancard et qu'il s'y est couché
lui-même sur le côté qui n'a pas été atteint, vous remarquez que cette expression de douleur et de crainte pré-
maturées fait place à une sorte d'exaltation, à une pensée élevée et contenue; les yeux sont pleins de feu, les
dents se serrent, la tête se redresse; on voit que le blessé
fait appel à toute son énergie. Quand on enlève la civière
il demande aux brancardiers d'attendre encore un moment,
puis d'une voix lente, tremblante, il dit à ses camarades :
— Adieu, frères !

« Il veut ajouter quelque chose; on voit qu'il s'efforce
de trouver quelque parole touchante, mais il ne fait que
répéter : — Adieu, frères !

« Un marin s'approche de lui, un de ses camarades,
lui met sur la tête le bonnet que le blessé lui tend et retourne ensuite calme, les bras ballants, à son canon.

« — Il y en a sept à huit par jour qui s'en vont ainsi,
vous dit l'officier de marine en réponse à l'expression de
stupeur et d'effroi qui se peint sur votre visage. Puis il
bâille et roule sa cigarette de papier jaune. » (*Nouvelle
bibliothèque populaire.* — Gautier, éditeur.)

Le siège s'avance; dans *Sébastopol en mai 1855* nous
assistons à la mort de l'une des nombreuses victimes du
bombardement :

« — A terre cria une voix.

« Mikhailof et Praskoukine obéirent. Ce dernier, les
yeux fermés, entendit la bombe tomber tout près de lui
sur la terre dure. Une seconde qui lui parut une heure se
passa: la bombe n'éclatait pas. Praskoukine s'effraya,
puis se demanda s'il avait raison de s'effrayer; peut-être
était-elle tombée plus loin et se figurait-il à tort entendre
grésiller la mèche à côté de lui. Ouvrant les yeux, il vit
avec satisfaction Mikhailof étendu immobile à ses pieds,
mais en même temps il aperçut à quelques pas l'amorce
enflammée de la bombe qui tournait comme une toupie.

« Une terreur glaciale qui tuait toute idée, tout sentiment s'empara de son être ; il se couvrit la figure de ses mains. Une seconde s'écoula encore, durant laquelle une foule de pensées, de sensations et de souvenirs traversèrent son esprit.

« Qui tuera-t-elle ? Moi ou Mikhailof ? Ou tous les deux à la fois ? Si c'est moi, où me frappera-t-elle ? A la tête, ce sera fini. Au pied, on me le coupera ; j'insisterai alors pour qu'on me donne du chloroforme et je vivrai. Peut-être Mikhailof sera-t-il tué seul, et plus tard je raconterai que nous étions là tous les deux, que j'ai été couvert de son sang. Non, non, elle est plus près de moi, ce sera moi !

« Puis il se souvint de douze roubles qu'il restait devoir à Mikhailof, d'une autre dette laissée à Saint-Pétersbourg qui aurait dû être réglée depuis longtemps ; un air bohémien qu'il chantait la veille lui revint à la mémoire, il revit la femme qu'il aimait coiffée d'un bonnet à rubans lilas, un homme qui l'avait offensé cinq ans auparavant et dont il ne s'était pas vengé ; mais, au milieu de ces souvenirs et de tant d'autres, l'attente de la mort ne le quittait pas. Si elle allait ne pas éclater, pensa-t-il, et il était sur le point d'ouvrir les yeux avec une audace désespérée, lorsqu'à travers ses paupières encore closes un feu rouge frappa ses prunelles, quelque chose le heurta avec un fracas épouvantable au milieu de la poitrine. Il se redressa, s'élança en courant au hasard, s'embarrassa les pieds dans son sabre et tomba sur le flanc.

« Dieu soit loué, je ne suis que contusionné. Telle fut sa première pensée. Il voulut se tâter la poitrine, mais ses mains lui paraissaient liées, un étau lui serrait la tête. Devant ses yeux couraient des soldats, il les comptait machinalement. Un nouvel éclair brilla. Il se demanda si c'était un mortier ou un canon qui avait tiré. Un canon, sans doute. On tire de nouveau. Voilà encore des soldats, ils passent en courant, et tout à coup il eut une peur terrible d'être écrasé par eux. Il voulut crier, dire qu'il

n'était que contusionné, mais sa bouche était sèche, sa
langue se collait au palais, il éprouvait une soif ardente,
sentait que sa poitrine était mouillée, et la sensation de
cette humidité lui faisait songer à l'eau; il aurait voulu
boire ce qui le mouillait. J'ai dû m'écorcher en tombant,
se dit-il; de plus en plus effrayé à l'idée d'être écrasé par
les soldats qui couraient en masse devant lui, il essaya
de nouveau de crier : Prenez-moi! Mais au lieu de cela
il poussa un gémissement si terrible qu'il en fut lui-même
épouvanté. Ensuite des étincelles rouges dansèrent devant
ses yeux, il lui sembla que les soldats entassaient des
pierres sur lui. Les étincelles dansèrent moins vivement,
les pierres qu'on entassait l'étouffaient de plus en plus.
Il fit un violent effort pour les rejeter, s'allongea, cessa
de voir, d'entendre, de penser, de sentir. Il avait été tué
sur place par un éclat reçu en pleine poitrine. » (TOLSTOÏ,
Scènes du siège de Sébastopol. — Hachette, éditeur.)

Parmi les livres de l'âge mûr, le roman historique *La
Guerre et la Paix* est un des chefs-d'œuvre de la littérature russe. « Le cadre en est immense et les personnages innombrables. On n'y compte rien moins que
trois empereurs avec leurs ministres, leurs maréchaux et
leurs généraux, des officiers, des soldats, des nobles et
des paysans. Des salons de Pétersbourg l'auteur nous
transporte dans les camps, de Moscou à la campagne.
Et tout cela se lie, s'enchaîne clairement, sans confusion;
une foule de tableaux variés, changeants, passent sous
nos yeux, également beaux, également saisissants. »
(COURRIÈRE).

Tout est à lire dans cet ouvrage colossal, où Tolstoï
passe en revue la société russe du commencement du
siècle; nous n'en citerons, à titre de simple indication,
que quelques passages d'une réelle originalité :

UNE CHASSE AU LOUP.

« Dans l'attente du loup, Nicolas Rostow n'avait pas
quitté son poste... L'oreille tendue, l'œil aux aguets, il
épiait de tous côtés et s'efforçait de surprendre les plus
légères inflexions dans les aboiements de la meute. Ramenant de nouveau son regard sur sa droite il vit tout à
coup un fauve bondir à travers le champ désert et se
diriger vers lui. Il n'en croyait pas ses yeux, mais bientôt
il n'en put plus douter. C'était bien le loup, un vieux
loup, au dos grisâtre, au ventre roux, qui courait tout à
son aise, comme s'il était sûr de ne pas être traqué et
qui franchissait un fossé.

« Nicolas, n'osant même pas respirer, regarda ses chiens;
les uns étaient couchés, les autres debout, aucun n'avait
éventé la bête, pas même le vieux Karaé qui, la tête renversée, le museau entr'ouvert, montrait ses dents jaunies
et les faisait claquer en cherchant ses puces sur une de ses
cuisses. Ho! ho! murmura le chasseur à mi-voix. Les
chiens dressèrent les oreilles et Karaé, cessant de se gratter,
se leva comme s'il était mû par un ressort et secoua vivement sa queue d'où se détachèrent quelques touffes de poil.

« Faut-il lâcher les chiens? se demandait Nicolas. Le
loup s'écartant de la forêt s'avançait en droite ligne sur
lui, sans se douter de sa présence. Tout à coup il tres-
saillit; il venait probablement de découvrir les yeux d'un
homme, chose inconnue pour lui jusqu'à cette heure; il
s'arrêta indécis et eut l'air de réfléchir. Rebrousserait-il
ou continuerait-il son chemin? « En avant » sembla-t-il
se dire et, prenant une allure dégagée et résolue, il
s'élança sans se retourner dans la plaine.

« — Au loup! au loup! s'écria Nicolas, et son intelligente monture partit comme une flèche, franchissant
les ornières pour atteindre au plus tôt l'animal. Les lé-
vriers, plus prompts que l'éclair, le distancèrent bientôt.

« Nicolas ne se rendait compte de rien, ni du cri
qu'il venait de lancer, ni du galop furieux qui l'empor-

18.

tait, ni du terrain qu'il traversait; il ne voyait que le loup qui, accélérant sa course sans changer de direction, se rapprochait du ravin. Milka, la grande chienne tachetée, fut la première à rejoindre le fauve ; elle allait l'atteindre lorsqu'il lui lança un regard de côté et Milka, au lieu de se jeter sur lui, s'écarta et tomba en arrêt.

« — Au loup ! criait Nicolas. Un grand chien au poil roux, qui suivait de près Milka, s'élança sur la bête, la saisit à la cuisse mais recula aussitôt avec terreur. Le loup s'affaissa un moment, grinça des dents, se releva et reprit son galop, poursuivi à moins d'un mètre de distance par les chiens qui n'osaient se jeter sur lui.

« Il nous échappera, c'est sûr ! se disait Nicolas en les excitant d'une voix enrouée, et cherchant des yeux son vieux chien, son seul espoir, il l'appela d'un vigoureux : Karaé, au loup !

« Karaé, le corps aussi tendu que le lui permettaient ses forces affaiblies par l'âge, courait tout à côté de la terrible bête avec l'intention évidente de la dépasser et de l'attaquer de front, mais il était facile de prévoir, aux élans rapides et légers du fauve et aux bonds plus lourds du vieux chien, que ce calcul serait déjoué.

« Nicolas voyait avec effroi diminuer peu à peu la distance qui les séparait encore du fourré destiné à devenir le salut du loup, mais l'espoir lui revint bientôt, car au même moment parurent en avant du fauve et se dirigeant sur lui un chasseur et plusieurs chiens. L'un d'eux, d'un brun foncé, qui était inconnu à Nicolas et faisait sans doute partie d'une meute étrangère, fondit impétueusement sur la bête et la renversa presque. Celle-ci, retrouvant son équilibre, se jeta à son tour sur le chien avec une agilité surprenante, l'empoigna avec ses crocs, et le malheureux assaillant, le flanc déchiré, ensanglanté, donna de la tête contre terre en hurlant de douleur.

« — Karaé ! appela Nicolas en jurant désespérément.

« Le loup, flairant un nouveau danger à la vue du vieux Karaé qui grâce à cet arrêt forcé allait lui barrer le chemin, serra la queue entre les jambes et repartit à fond de train, mais, ô prodige inattendu! Nicolas vit tout à coup Karaé sauter sur le loup, le saisir à la gorge et rouler avec lui dans la fondrière qui était à leurs pieds.

« La meute s'y précipita. Le spectacle du loup se débattant au milieu de ce fouillis de têtes qui laissaient entrevoir par instants son pelage fauve, ou ses pattes de derrière arc-boutées, ou son museau haletant et ses oreilles couchées de terreur, car Karaé le tenait toujours à la gorge, fut pour le chasseur un des plus heureux moments de sa vie. Empoignant le pommeau de sa selle, il se disposait à descendre de cheval et à achever le loup lorsque celui-ci, levant brusquement sa large tête au-dessus des chiens et se débarrassant de ses agresseurs, se dressa sur ses pieds de devant; ramenant sa queue, et les dents découvertes, il fit un bond et distança la meute. Karaé, le poil hérissé, contusionné ou blessé, se hissa péniblement hors du trou où il avait roulé avec la bête.

« — Dieu! quel malheur! s'écria Nicolas désespéré.

« Heureusement le piqueur de l'oncle, suivi de tous ses chiens, s'élança au triple galop du côté du fuyard et l'arrêta au passage. Là, il fut entouré de nouveau par les chiens de Nicolas; le piqueur, l'oncle, Nicolas, tous tournaient autour des combattants en criant: au loup! ils s'apprêtaient, chaque fois qu'il s'affaissait, à sauter à terre et lançaient de nouveau leurs chevaux en avant lorsque, se relevant, la bête faisait quelques pas pour se rapprocher du taillis, sa seule et dernière chance de salut.

« Danilo, qui, au commencement de la chasse, s'était élancé hors de la lisière du bois, avait assisté à la lutte et regardait la victoire comme assurée; mais à la vue du loup qui continuait à fuir, il courut vers la forêt pour lui couper la voie. Grâce à cette manœuvre il arriva sur lui au moment où les chiens le forçaient pour la seconde fois. Danilo galopait sans rien dire, tenant de la main gauche son couteau hors de sa gaine, et battant de son long fouet les flancs haletants de son cheval couvert

d'écume. Il avait à peine dépassé Nicolas que celui-ci
entendit le bruit de la chute d'un corps ; c'était Danilo
qui venait de se jeter sur le loup et le tenait par les oreilles. Tous, chasseurs, chiens, jusqu'au loup lui-même se
disaient que cette fois c'était bien fini ! Le fauve tenta
cependant un dernier effort pour se dégager, mais les
chiens se ruèrent sur lui ; Danilo, se relevant, se laissa
de nouveau tomber de tout son poids sur la bête sans
lâcher prise. Nicolas allait frapper le loup qui râlait.

« — C'est inutile, lui dit Danilo, nous lui enfoncerons
un bâton dans la gueule ; et appuyant son pied sur la
gorge de l'animal, il passa un pieu gros et court entre ses
mâchoires serrées ; on lui lia les pattes et Danilo le chargea sur ses larges épaules. »

LA BÉNÉDICTION DE L'ARMÉE A BORODINO.

« — La voilà, on l'apporte, on l'apporte, la voilà, ils
viennent, s'écrièrent plusieurs voix.

« Officiers, soldats et miliciens s'élancèrent sur la
grande route. Une procession sortait de Borodino et
s'avançait sur la hauteur.

« — C'est notre sainte mère qui vient, notre protec-
trice, notre sainte mère Iverskaia.

« — Non, c'est notre sainte mère de Smolensk, reprit
un autre.

« Les miliciens, les habitants du village, les terrassiers
de la batterie, jetant çà et là leurs bêches, coururent à la
rencontre de la procession.

« En avant du cortège, sur la route poudreuse, l'infanterie marchait tête nue et tenant ses fusils la crosse en
l'air. Derrière elle on entendait les chants religieux. Puis
venait le clergé dans ses habits sacerdotaux, représenté
par un vieux pope ; des diacres, des sacristains et des
chantres. Soldats et officiers portaient une grande image
à visage noirci, enchâssée dans l'argent ; c'était la sainte
image qu'on avait emportée de Smolensk et qui depuis

lors suivait l'armée. A gauche, à droite, en avant, en arrière, marchait, courait et s'inclinait jusqu'à terre la foule des militaires. La procession atteignit enfin le plateau de la colline. Les porteurs de l'image se relayèrent, les sacristains agitèrent leurs encensoirs, le *Te Deum* commença. Les rayons du soleil dardaient d'aplomb, une fraîche et légère brise se jouait dans les cheveux de toutes ces têtes découvertes et dans les rubans qui ornaient l'image, et les chants s'élevaient vers le ciel avec un sourd murmure.

« Dans un espace laissé libre derrière le prêtre et les diacres, se tenaient, en avant des autres, les officiers supérieurs. Un général chauve, la croix de Saint-André au cou, immobile et raide, touchait presque le pope : c'était évidemment un Allemand car il ne faisait pas le signe de la croix et semblait attendre patiemment la fin des prières qu'il trouvait indispensables pour ranimer l'élan patriotique du peuple; un autre général, à la tournure martiale, se signait sans relâche en regardant autour de lui. Pierre avait aperçu quelques figures de connaissance, mais il n'y prenait pas garde ; toute son attention était attirée par l'expression recueillie répandue sur les traits des soldats et des miliciens qui contemplaient l'image avec une fiévreuse exaltation. Lorsque les chantres fatigués entonnèrent paresseusement, car c'était au moins le vingtième *Te Deum* qu'ils chantaient, l'invocation à la vierge et que le pope et le diacre reprirent en chœur : « Très sainte Vierge, muraille invisible et médiatrice divine, délivre du malheur tes esclaves qui accourent vers Toi, » toutes les figures reflétèrent le sentiment profond que Pierre avait déjà remarqué chez la plupart de ceux qu'il avait rencontrés. Les fronts s'inclinaient plus souvent, les cheveux se rejetaient en arrière, les soupirs et les coups dans la poitrine se multipliaient. Soudain la foule eut un mouvement de recul. Un personnage, très important sans doute, à en juger par l'empressement avec lequel on s'écartait pour le laisser passer, s'approcha de l'image ; c'était Kutusof qui revenait vers Tatarinovo, après être allé examiner le terrain. Vêtu d'une longue capote, le dos voûté, son œil blanc sans regard ressortant sur sa figure aux joues pleines, il entra en se balançant dans le cercle, s'arrêta derrière le pope, fit machinalement un signe de **croix**, abaissa la main jusqu'à terre, soupira profondément et inclina sa tête grise. Il était suivi de Benningsen et de son état-major. Malgré la présence du commandant en chef, qui avait détourné un instant l'attention des généraux, les soldats et les miliciens continuèrent à prier sans se laisser distraire.

« Les prières achevées, Kutusof s'avança, s'agenouilla lourdement, toucha la terre du front et fit ensuite, à cause de son poids et de sa faiblesse, d'inutiles efforts pour se relever ; ces efforts imprimèrent à sa tête des mouvements saccadés. Quand il eut enfin réussi, il avança les lèvres comme font les enfants et baisa l'image. Les généraux l'imitèrent, puis les officiers, et après eux les soldats et les miliciens se poussant et se bousculant les uns les autres. »

UN HOPITAL MILITAIRE EN 1807

« Une maison en pierre, dont les vitres étaient à moitié brisées et entourée des restes d'une palissade, portait le nom d'hôpital. Quelques soldats dont les membres étaient enveloppés de linge, pâles et bouffis, assis ou errants, se chauffaient au soleil.

« A peine entré, Rostow fut saisi à la gorge par l'odeur de pharmacie et en même temps de décomposition qui y régnait. Il rencontra dans l'escalier un médecin militaire russe, un cigare à la bouche, accompagné d'un chirurgien.

« — Qui demandez-vous? dit le docteur à Rostow. Pourquoi venez-vous chercher ici le typhus quand vous avez échappé aux balles? C'est ici la maison des pestiférés.

« — Comment? demanda Rostow.

« — Le typhus est terrible ; qui entre ici est mort. Nous y avons résisté, Makeïew et moi, ajouta-t-il en montran son collègue, mais cinq de nos confrères y ont succombé. Une semaine après l'entrée d'un nouveau, c'est fini. On nous a adjoint des Prussiens, mais cela leur déplait, à nos bons alliés.

« Rostow lui expliqua qu'il désirait voir le major Denissow.

« — Je ne le connais pas; ce n'est pas étonnant, j'ai trois hôpitaux sur les bras et plus de quatre cents malades. Il est encore heureux que les gens charitables du pays nous envoient deux livres de café et de charpie par mois, sans cela nous n'y résisterions pas. Quatre cents, entendez-vous, sans compter les nouveaux à recevoir.

« L'air fatigué et épuisé du chirurgien trahissait son impatience de voir le bavard docteur continuer son chemin.

« — Le major Denissow? répéta Nicolas, blessé à Molliten?

« — Ah! oui, je crois qu'il est mort, n'est-ce pas, Makeiew? fit le docteur avec la plus parfaite indifférence.

« Mais le chirurgien fut d'un autre avis.

« — Est-ce un roux, de haute taille? demanda le docteur. Et, au signalement que lui en donna Rostow, il s'écria :

« — Oui, je me rappelle, il doit être mort. Du reste, je vais regarder sur mes listes. Sont-elles chez toi, Makeiew?

« — Elles sont chez Makar Alexievitch. Ayez l'obligeance, dit Makeiew en s'adressant à Rostow, d'entrer vous-même dans la salle des officiers.

« — Je vous engage, mon cher, à ne pas y aller; vous risquez d'y laisser votre peau, dit le docteur; mais Rostow, prenant congé de lui, pria le chirurgien de l'y conduire.

« — Ne vous en prenez qu'à vous-même s'il vous arrive malheur, cria le médecin du bas de l'escalier.

« L'odeur de l'hôpital était si écœurante, dans le sombre corridor qu'ils traversaient, que Nicolas se boucha les narines et s'arrêta même tout étourdi. Une porte

s'ouvrit à droite, un squelette en sortit pâle, maigre, les
pieds nus, marchant avec des béquilles et regardant avec
envie les nouveaux venus. Notre hussard jeta un coup
d'œil dans la salle et vit des malades et des blessés couchés par terre sur de la paille ou sur leurs manteaux.

« — Peut-on entrer? demanda-t-il. — Il n'y a rien à
voir, répondit le chirurgien; mais cette réponse ne fit
qu'aiguillonner sa curiosité. Rostow entra dans les salles
des soldats. L'odeur y était encore plus âcre et plus violente, car c'était là le foyer même de l'infection. Dans
une longue pièce exposée à un soleil ardent étaient ali-
gnés, la tête contre le mur et laissant un passage au milieu, les blessés et les malades dont la plupart avaient le
délire et ne s'inquiétaient guère des survenants. Les autres, relevant la tête en les voyant entrer, tournèrent
vers eux leurs figures de cire sur lesquelles on lisait
l'espérance d'un secours providentiel et une jalousie
involontaire à la vue de la bonne mine de Rostow. Celui-ci s'avança jusqu'au milieu de la chambre et, portant au loin par les portes entr'ouvertes son regard
jusque dans les sections voisines, il n'aperçut partout
que le même spectacle sinistre qu'il considéra en silence.
A ses pieds, presque en travers du passage, gisait un
malade, un Cosaque, facile à reconnaître à la coupe de
ses cheveux, les jambes et les bras écartés, le visage enflammé, les yeux retournés et n'en laissant plus voir que
le blanc, les veines des pieds et des mains gonflées et
près d'éclater; il frappait sa tête contre le plancher et répétait, d'une voix rauque, toujours le même mot. Rostow se pencha pour mieux entendre : — A boire! à boire!
disait ce malheureux. Regardant autour de lui, il se demanda où il pourrait transporter le mourant et lui donner de l'eau. — Qui donc les soigne? demanda-t-il au chirurgien. Au même moment, un soldat du train, sortant
de l'autre pièce et le prenant pour un des chefs inspec-
teurs de l'hôpital, fit le salut militaire en passant devant
lui.

« — Transporte-le ailleurs, et donne-lui de l'eau,

« — Entendu, votre noblesse, répondit le soldat sans bouger.

« — On n'en fera rien, se dit Rostow, et il allait sortir lorsqu'il se sentit instinctivement attiré vers un coin de la chambre par un regard obstinément fixé sur lui. Un vieux soldat au teint jauni, à l'expression sombre, à la barbe grise et inculte semblait vouloir lui demander quelque chose. Il s'approcha de lui et vit qu'une de ses jambes avait été amputée au-dessus du genou. Son voisin, un tout jeune homme, immobile, étendu la tête renversée en arrière, le visage d'une blancheur mate, les yeux fixes sous ses paupières à demi-closes, attira l'attention de Rostow. Il frémit.

« — Mais il me semble, dit-il, que celui-ci est...

« — Oui, votre noblesse, et nous avons déjà tant supplié, dit le vieux soldat, dont la mâchoire tremblait. Il est mort à l'aube; ce sont pourtant des hommes et pas des chiens!

« — On va l'emporter à l'instant, se hâta de dire le chirurgien, venez.

« Allons, allons, dit Rostow avec la même hâte; baissant les yeux et essayant de passer inaperçu sous le feu crois de ces regards braqués sur lui avec une expression de reproche et d'envie, il sortit de cet enfer. » (*La guerre et la paix*. — Hachette, éditeur).

Le roman d'Anna Karénine est l'histoire d'une liaison mondaine dont le dénouement est le suicide. La malheureuse femme abandonnée s'engage sur la voie d'un chemin de fer et voit venir un train :

« Elle examina froidement la grande roue de la locomotive, les chaines, les essieux, cherchant à mesurer de l'œil la distance qui séparait les roues de devant du premier wagon des roues de derrière.

« Là, se dit-elle regardant l'ombre projetée par le wagon sur le sable mêlé de charbon qui recouvrait les traverses, là, au milieu, je serai délivrée de tous et de moi-même.

« Son petit sac rouge, qu'elle eut quelque peine à dé-

tacher de son bras, lui fit manquer le moment de se jeter
sous le premier wagon; elle attendit le second. Un sentiment semblable à celui qu'elle éprouvait jadis avant de
faire un plongeon dans la rivière s'empara d'elle et elle
fit un signe de croix. Ce geste familier réveilla dans son
âme une foule de souvenirs de jeunesse et d'enfance; la
vie avec ses joies fugitives brilla un moment devant elle;
mais elle ne quitta pas des yeux le wagon. Lorsque le milieu, entre les deux roues, apparut, elle rejeta son sac,
rentra sa tête dans ses épaules et les mains en avant se
jeta sur les genoux sous le wagon, comme prête à se relever. Elle eut le temps d'avoir peur. Où suis-je? Pourquoi? pensa-t-elle, faisant effort pour se rejeter en arrière,
mais une masse énorme, inflexible, la frappa sur la tête
et l'entraîna par le dos.

« Seigneur! pardonne-moi! murmura-t-elle, sentant
l'inutilité de la lutte. Un moujik, marmottant dans sa
barbe, se pencha du marchepied du wagon sur la voie.
Et la lumière. qui pour l'infortunée avait éclairé le livre
de la vie avec ses tourments, ses trahisons et ses dou-
leurs, déchirant les ténèbres, brilla d'un éclat plus vif,
vacilla et s'éteignit pour toujours. »

Peu à peu Tolstoï, retiré dans ses terres, s'était détaché d'une société qu'il ne comprenait plus, et il en arrivait à mettre en pratique les théories qu'il avait conden-
sées et formulées dans *Ma religion*, interprétation socialiste de l'Evangile. Ces théories se résument en cinq commandements :

« 1. Soyez en paix avec tous, ne vous permettez pas
de considérer quelqu'un comme vil ou insensé.

« 2. Ne violez pas les liens conjugaux.

« 3. C'est le serment qui entraîne les hommes au péché; n'oubliez pas que c'est un mal et ne vous liez par
aucune promesse.

« 4. La vengeance ou justice humaine est un mal; ne
l'exercez sous aucun prétexte. Supportez les offenses et
ne rendez pas le mal pour le mal.

« 5. Sachez que tous les hommes sont frères et fils du même père; ne rompez jamais la paix avec qui que ce soit sous prétexte de nationalité. »

Les conséquences politiques et sociales de cette doctrine sont radicales : l'auteur n'admet ni tribunaux, ni armées, ni frontières; il se prononce pour la suppression de la propriété et le communisme. Et ce n'est pas seulement en paroles qu'il combat l'organisation de la société qui l'entoure; il pratique sa doctrine; il a subi une condamnation pour refus de serment; au milieu du luxe des siens, il vit comme les paysans, dont il a pris les vêtements et avec lesquels il cultive la terre. Entre les semailles et les récoltes il évangélise.

Un nouvel auteur, M. Vselovod Garchine, s'est évidemment inspiré de Tolstoï dans son roman *La Guerre*, récemment traduit par M. Halpérine, et publié avec une vigoureuse préface de Guy de Maupassant.

Il se trouve dans ce livre un bien joli portrait de conscrit, dans la cervelle duquel ne peut entrer la malheureuse théorie, ce cauchemar du jeune soldat :

« Il y a dans ma compagnie une capote grise qui m'intéresse surtout, c'est un pauvre diable qui s'appelle Nikita et qu'on emploie comme brosseur.

« Affublé en soldat, Nikita avait une mine des plus pitoyables ; tantôt son ventre sortait du rang, tantôt, en voulant le rentrer, il projetait ses épaules en dehors et se penchait au point de se jeter à terre. En somme l'autorité, avec tous ses moyens, ne pouvait en faire un troupier présentable.

« Quand on faisait l'exercice de compagnie, le capitaine, après avoir bien secoué Nikita, réprimandait vertement son sergent, qui retombait à son tour sur le malheureux conscrit, lui traduisant son mécontentement par des corvées supplémentaires, jusqu'au jour où il comprit qu'une corvée de plus était pour Nikita plutôt un plaisir qu'une punition. C'était en effet un bon travailleur, et comme la corvée consistait à apporter l'eau et le bois de chauffage, surtout à nettoyer la caserne et à balayer les parquets, cette besogne lui convenait. Pendant qu'il faisait ce travail, il n'avait pas à se préoccuper s'il allait à droite ou à gauche, et il se sentait délivré du poids insupportable de ce que les soldats appellent la théorie, où l'on demande : « Qu'est-ce qu'un soldat ? — Qu'est-ce qu'un drapeau ? »

« Nikita savait fort bien ce que c'est qu'un soldat et ce que c'est qu'un drapeau ; il aurait voulu de tout son cœur faire son devoir de soldat ; il aurait donné tout son sang pour défendre son drapeau, et pourtant il ne pouvait dire, comme l'indique la théorie, ce que c'est qu'un soldat, ce que c'est qu'un drapeau !

« — Un drapeau est un .. laquelle bann... bannière, bégayait-il, se raidissant, tendant son corps comme une corde à violon, levant le menton et clignant de ses paupières sans cils.

« — Imbécile ! lui criait le sergent qui apprenait la théorie aux hommes. Qu'avez-vous donc après moi ! Avez-vous fini de me torturer, lourdauds de moujiks ? Peuh ! Combien de fois faut-il te le répéter ? Allons, dis comme moi : « Le drapeau est la sainte bannière... »

« Nikita ne pouvait même pas répéter ces quatre mots. La figure grimaçante du sergent le terrifiait. Les mots bourdonnaient dans ses oreilles ; devant ses yeux passaient des drapeaux et des flammes. Il n'entendait plus rien, ses lèvres ne bougeaient pas, il restait muet et immobile.

« — Parle donc, par tous les diables ! — « Le drapeau est la sainte bannière... »

« — Le drapeau...

« — Eh bien ?

« — Bannière... ! continuait Nikita d'une voix tremblante, et les larmes lui montaient aux yeux.

« — ... est la sainte bannière ; répétait le sergent furieux.

« — La sainte... laquelle...

« Le sergent allait d'un coin à l'autre, crachait, jurait.
Nikita restait à la même place, dans la même pause,
sans quitter des yeux son chef exaspéré. Sans s'indigner
des injures et des offenses, il se lamentait sur son inca-
pacité et sur l'impossibilité où il était de faire plaisir à
son supérieur.

« — Trois corvées supplémentaires ! s'écriait enfin le
sergent d'une voix épuisée, et Nikita remerciait Dieu de
l'avoir débarrassé pour un temps de l'exercice et de cette
maudite théorie. »

Citons maintenant, pour terminer cette revue littéraire, quelques lignes d'un journaliste russe distingué,
M. Nemirovitch-Dantchenko, dont les *Notes de voyage*
ont excité l'intérêt général lorsqu'elles ont paru dans le
journal *Les Novosti.*

Le lecteur verra comment est appréciée par les Russes
l'occupation allemande de l'Alsace-Lorraine :

« Il est impossible de refuser au Prussien une certaine
dose de tact politique. Il ne le perd que quand il a
affaire à nous autres Russes qui sommes dans ce monde,
paraît-il, uniquement pour lui tirer les marrons du feu.
En Alsace, où il est entré dans la maison d'autrui comme
un maître que personne ne demandait, il s'efforce de
s'insinuer dans les bonnes grâces des annexés. Économe
chez lui jusqu'à la parcimonie, il devient ici large et
généreux, jette l'argent à droite et à gauche et se donne
beaucoup de peine pour être aimable. Dans cette province conquise, il ne marche pas, il glisse; quand il
rencontre un de ses nouveaux compatriotes il esquisse
une révérence et quand il lui adresse la parole il fait la
bouche en cœur. Il se montre toujours d'humeur senti-
mentale et même ne peut retenir une larme d'attendrissement lorsqu'il rencontre un frère annexé qui ne lui
tourne pas le dos et daigne répondre à son salut plus ou
moins courtoisement. Autant le Prussien à Berlin jette
au nez de tout le monde la grandeur et la gloire de son

Vaterland, autant il s'efface à Strasbourg. L'éléphant du
cirque en bonnet de coton et un tablier autour du cou,
une tasse de thé dans sa trompe, n'a pas l'air si bienveillant ni si bon enfant que le Prussien dans cette ville.
Mais tout en marchant comme sur des œufs, le conquérant n'oublie pas que la peau d'agneau qu'il a revêtue
n'adhère pas à sa chair. Sa lourde patte est doublée de
velours et tourne et retourne délicatement le pauvre
petit oiseau aux ailes pendantes tandis qu'il lui prêche
les douceurs d'une amitié mutuelle. Mais que l'oiseau
risque un mouvement, les griffes percent le velours et
font jaillir le sang, tandis que le chat prussien ronronne
toujours sans rien perdre de sa câlinerie et de sa bonhomie presque paternelle...

« La société ferme ses rangs aux jeunes filles qui
épousent des officiers prussiens. J'en ai eu un exemple
sous les yeux dans un village alsacien où je séjournais
chez des amis. Peu avant mon arrivée, une jeune Alsa-
cienne avait déclaré à ses parents qu'elle voulait épouser un officier prussien. Ceux-ci, après avoir tout fait
pour la détourner de son projet, voyant qu'elle restait
inébranlable, la prirent par la main lorsque le jour du
mariage fut venu, et l'ayant conduite sur la place publique où tout le village était rassemblé, lui dirent solennellement : — A dater d'aujourd'hui oublie que tu as été
notre fille, nous sommes des étrangers pour toi. Le
monde est vaste, que Dieu fasse que nous ne nous ren-
contrions jamais. Tu vas à droite et nous à gauche,
sache que la distance qui nous sépare deviendra de jour
en jour plus grande.

« La jeune fille dut traverser la place toute seule pour
se rendre à l'église où l'attendaient son fiancé et les
témoins.

« Lorsque les nouveaux époux sortirent après la bénédiction, ils trouvèrent les rues du village désertes et
toutes les portes et les fenêtres fermées en signe de deuil.
Le lendemain, les jeunes mariés firent une dernière tentative. Ils se présentèrent chez les parents de la jeune alsa-

cienne. Mais le vieux père, toisant son gendre d'un regard de mépris : — Monsieur l'officier, avez-vous un billet de logement? Et il lui ferma la porte au nez...

« J'avoue que c'est avec plaisir que je boucle ma valise pour quitter ce pays; rien de moins réjouissant que de voir sans cesse autour de soi les visages sombres des vaincus, et à côté la mine arrogante et satisfaite des vainqueurs.

« Il semble qu'un nuage noir a enseveli tout entier ce modeste coin de l'Europe. Que cache-t-il sous ses plis ? Quels rêves vont éclore sous son aile ? C'est le secret de l'avenir. Pour le moment, il n'y a qu'une chose certaine : la Prusse, en dépit de sa domination de quinze ans, n'a su se concilier personne, elle n'est pas plus avancée qu'au premier jour et non seulement elle n'a pas fait oublier la France un seul instant, mais elle ne l'effacera jamais du cœur de l'Alsace. » (Trad. Michel DELINES. *La France jugée par la Russie.*)

Au point de vue théâtral, la littérature russe ne compte encore que quelques œuvres importantes, parmi lesquelles nous avons déjà cité la tragédie de *Boris Godounof* de Pouchkine. Dans le même genre, il existe un drame vraiment remarquable du comte Alexis Tolstoï, qu'il ne faut pas confondre avec son parent, Léon Tolstoï.

Le comte Alexis Tolstoï avait déjà publié un roman historique d'un réel mérite, *Le prince Sérébrany*, transportant le lecteur au milieu des événements du règne d'Ivan le Terrible. C'est à la même époque qu'il emprunte le sujet de son drame : *La mort d'Ivan le Terrible*, qui fut représenté pour la première fois le 12 janvier 1866 devant le tsar Alexandre II et dont le succès ne s'est pas démenti depuis lors. Une scène des plus poignantes est celle où Tolstoï met en présence le tsar et un vieux moine, sorti pour la première fois de sa retraite depuis trente ans. Le religieux ne sait rien des meurtres qui ont

ensanglanté ce règne; chacune de ses questions oblige le
tsar à une douloureuse confession :

« Ivan. — Indique-moi les moyens que je dois prendre
pour détourner les malheurs qui menacent mes Etats et
mon trône !

« Le Moine. — Quels malheurs ?

« Ivan. — Comment ! Tu ne les connais pas ? Dieu me
punit de mes péchés. Il a permis au roi de Pologne de
vaincre mes armées. Les Suédois envahissent la Livonie.
Le Khan marche avec ses hordes sur Moscou. Les Tartares se soulèvent. Que dois-je faire ?

« Le Moine. — Que les temps sont changés ! Autrefois,
tu étais la terreur de tes ennemis, tu étais tout puissant
et personne n'osait se soulever contre toi !... A l'heure
de ta naissance, de nombreux ermites étaient venus de
tous les pays prédire ta future grandeur et bénir ton
berceau !

« Ivan. — Oui, mon père, le Seigneur m'a été longtemps favorable, mais aujourd'hui sa main s'est retirée
de moi. Mon trône est ébranlé, et les ennemis m'assail-
lent de toutes parts.

« Le Moine. — Envoie contre eux tes généraux, ils sont
nombreux et habitués à vaincre les païens.

« Ivan. — Saint père, il n'en existe plus de ceux que
tu as connus !

« Le Moine. — Plus un seul ? Où est donc le prince
Gorbaty, qui jadis triompha sur le Volga ?

« Ivan. — Il m'a trahi, je l'ai fait mourir.

« Le Moine. — C'était un bon serviteur. Et le prince
Rapolowsky, le vainqueur des Tartares ?

« Ivan. — Je l'ai fait mourir !

« Le Moine. — Et Théodore, qui a battu les hordes
mongoles et fait prisonnier le fils du Khan ?

« Ivan. — Il voulait me ravir la couronne; je l'ai fait
mourir.

« Le Moine. — Tsar, la vérité n'est pas dans tes paroles.
Tous ces hommes t'ont servi fidèlement ! Mais il restait

le prince Vorolinsky, le premier qui planta la croix sur les remparts de Kazan ?

« Ivan. — Il est mort à la torture.

« Le Moine. — Lui ? Et le vaillant Pronsky qui battit les Lithuaniens à Polotzk ?

« Ivan. — Noyé !

« Le Moine. — Que Dieu te pardonne ! Mais le prince Kourbsky, ton fidèle compagnon à la journée de Kazan ?

« Ivan. — Ne me parle pas de lui ; il m'a abandonné, il m'a trahi, il a été rejoindre mes ennemis en Lithuanie !

« Le Moine. — Autrefois, il m'en souvient, tous t'aimaient, personne ne songeait à te quitter ; on venait de loin pour te servir ! Mais où sont les princes Stcherbaty, Stcherniatef, Obolinsky ?

« Ivan. — Mon père, ne les nomme pas, ils ne sont plus !

« Le Moine. — Et Kaschine ? Boutourline ? Sérébrany ? Morozof ?

« Ivan. — Tous mis à mort !

« Le Moine. — Grand Dieu ! Tous ! sans exception ?

« Ivan. — Tous, mon père, tous !

« Le Moine. — Tu les as tous fait périr ?

« Ivan. — Oui, tous ! Je m'en suis repenti, je n'ai plus longtemps à vivre, mais dis-moi comment sauver mon empire ?

« Le Moine. — Si tu n'étais faible et malade, je te dirais : Lève-toi et conduis toi-même tes soldats au combat pour la sainte cause ! Mais tu es brisé ; je ne reconnais plus en toi le vainqueur de Kazan. Donne le commandement de tes armées à un homme dont le nom réveille la Russie ! Ton fils Ivan doit être maintenant un vaillant guerrier. Envoie-le !

« Ivan. — Moine, l'as-tu donc nommé pour m'insulter ? Tu as osé nommer Ivan ! Je te ferai arracher la langue !

« Le Moine. — Tsar, ta colère ne m'épouvante pas, bien que je n'en connaisse pas le motif. Il y a déjà longtemps, mon fils, que j'attends la mort.

« Ivan. — Pardonne-moi, ô mon père, mais n'as-tu donc

19.

rien entendu ? Aucune nouvelle n'a pénétré dans ta retraite ?

« Le Moine. — La porte en a été close jusqu'à ce jour ; dans ma sombre grotte ne pénétrait que le bruit lointain des orages et le son affaibli de la cloche sainte.

« Ivan. — Mon père, je ne puis suivre ton conseil. Mon fils, Ivan... n'est plus !

« Le Moine. — Alors demande à Dieu son secours !

« Ivan. — Et tu ne me donnes pas d'autre conseil ?

« Le Moine. — Tsar, ordonne qu'on me ramène à ma cellule. »

BIBLIOGRAPHIE

HISTOIRE

D'Anville. *L'empire de Russie, son origine, ses accroissements.* Paris, 1772, in-12.

Balleydier. *Histoire de l'empereur Nicolas,* 2 vol. in-8°, 1857. Paris, Plon.

Baron de Bazancourt, *Cinq mois au camp devant Sébastopol,* in-12. Paris, Amyot, 1855. — *L'expédition de Crimée.* 2 vol. in-8°. Paris, Amyot. s. d.

Dmitri de Boukharow. *La Russie et la Turquie depuis le commencement de leurs relations politiques jusqu'à nos jours,* in-8°, 1877. Paris, Sandoz.

Castelnau. *Essai sur l'histoire ancienne et moderne de la nouvelle Russie,* statistique des provinces qui la composent. Paris, 3 vol. in-8°, 1820.

J. Catéra. *Histoire de Catherine II.* 3 vol. in-8°. Paris, an VIII.

C. F. Chevé. *La Pologne, sa constitution, son histoire et ses démembrements.* Paris, Dubuisson.

Choppin. *Russie.* Bibliothèque de l'*Univers pittoresque,* 2 vol. Paris, 1846.

C. Courrière. *Russie et Pologne.* Dentu.

Marquis de Custine. *La Russie en 1839.* 4 vol. in-8°. Paris, 1843, Amyot.

Adam Czartoryski. *Mémoires et Correspondance Aavec lexandre Ier.* Paris, 1887, 2 vol. in-8°.

Deguignes. *Histoire générale des Huns, des Turcs,*

des Mongols et des autres Tartares, 4 vol. in-4°. Paris, 1758.

Prince P. DOLGOROUKOW. *La vérité sur la Russie*, in-8°. Paris, Franck, 1860.

A. DOVÉRINE. *France et Russie*, in-18, Paris, Librairie illustrée.

Baron DE KORFF. *Avénement au trône de l'empereur Nicolas*, in-8°, 1857. Paris, Duprat.

A. E. *Vie d'Alexandre I°*. Paris, 1826, in-8°.

ESNEAUX et CHENNECHOT. *Histoire philosophique et politique de Russie*. 5 vol. Paris, 1830.

F. DE FONTON. *La Russie dans l'Asie mineure*, in-8°. Paris, 1840.

FOURMESTREAUX. *Etude sur Alexandre II*, in-8°, 1862. Paris.

Général FAY. *Souvenirs de la guerre de Crimée*, in-8°. Paris, 1889, Berger-Levrault.

FERRIER. *La Russie politique et diplomatique*, in-18. Paris, 1886, Dentu.

G... *Le raid du général Gourko dans les Balkans*, in-8°. Paris, 1890. Baudoin.

Le prince GALITZIN. *La Russie au dix-septième siècle*, in-8°. Paris, 1855. — *La Russie au dix-huitième siècle*, in-8°. Paris, 1863, Didier.

La guerre d'Orient, 1877-1878. Revue des opérations militaires, Bruxelles. 1878, Lebègue.

Th. HALLEZ. *Mémoires secrets pour servir à l'histoire de la cour de Russie sous Pierre le Grand et Catherine I°*, d'après les manuscrits du sieur de Villebois, chef d'escadre et aide de camp de Pierre I°, in-8°, 1853. Paris, Dentu.

Histoire de la guerre entre la Russie et la Turquie. 1877-1878. Niort, Favre. s. d. in-8°.

KARAMSINE. *Histoire de l'empire de Russie* trad. Saint-Thomas et Jauffret, 11 vol. in-8°, 1826, Paris, Belin.

A. W. KINGLAKE. *L'invasion de la Crimée*, trad. Karcher, 1863, Bruxelles.]

KLASKO. *Deux chanceliers*. Gortschakof et Bismark, n-8°. Paris, Plon.

KORCSAK-BRANICKI. *Les Nationalités Slaves*, in-8°. Paris, 1879, Dentu.

LABANOFF DE ROSTOFF. *Recueil de pièces historiques sur la reine Anne, épouse d'Henri I*[er], in-8° de 60 pages, 1825.

Paul LACROIX. *Histoire de la vie et du règne de Nicolas I*[er], *empereur de Russie*, 4 vol. 1870, Mellier.

De LAMARTINE. *Histoire de la Russie*. 2 vol. in-8°, 1855, Paris.

Amédée LE FAURE. *Histoire de la guerre d'Orient*. 1877-78, 2 vol. in 8°, 1878, Paris, Garnier.

LÉOUZON LEDUC. *La question russe, la Russie devant l'Europe*, in-12, 1853, Paris. — *La Russie et la civilisation européenne*. in-12. Paris, 1854. — *L'empereur Alexandre II*. 1855, in-12. Paris.

LESUR. *Des progrès de la puissance russe depuis son origine jusqu'au commencement du dix-neuvième siècle*, in-8°. Paris, 1812, Fantin.

Ch. LÉVESQUE de l'Institut. *Histoire de Russie*. 8 vol. in-8° avec atlas. Paris, 1812, 4° édition.

Gén. DE MANSTEIN. *Mémoires sur la Russie* contenant les principales révolutions de cet Empire. 2 vol. in-8°, 1772, Lyon.

Gustave MARCHAL. *La guerre de Crimée*, in-4°, 1889. Paris, Firmin-Didot.

Capitaine MARGERET. *Estat de l'Empire de Russie et grand duché de Moscovie* de 1590 à 1606.1840 in-12. Paris, Potier.

Le major MASSON. *Mémoires secrets sur la Russie*. Catherine II et Paul Ier. 4 vol. in-8°, 1800, Amsterdam.

P. MÉRIMÉE. *Episode de l'histoire de Russie, le faux Démétrius*. in-18, 1853. Paris, M. Lévy. — *Les Cosaques d'autrefois*, in-18, 1865. Paris, M. Lévy.

Paul DE MOLÈNES. *Œuvres*, 6 volumes. Paris, 1885, Jouault.

Maréchal DE MOLTKE. *Lettres sur la Russie*, trad. Marchand, in-18. Paris, Sandoz.

NESTOR. *Chronique* traduite et accompagnée de notes, par Louis Paris, 2 vol. in-8°. Paris, 1835.

Chronique de Nestor, trad. Louis Léger, Paris, 1884, Leroux.

Serge NOSSOFF. *Dans l'attente de la guerre.* Carnet d'un diplomate russe. Paris, Perrin, 1887, in-12.

NOUZAFFER PACHA. *Défense de Plevna*, in-8°. Paris, 1889.

Comte ORLOFF. *Fables de Krilof*, traduction en vers, 2 vol. in-8°. Paris, 1825.

OSMAN PACHA *et la défense de Plevna*, in-12. Paris, 1890.

PERRET. *Récits de Crimée*, in-8°, 1888, Paris, Bloud et Barral.

Léonce PINGAUD. *Les Français en Russie et les Russes en France*, in-8°. Paris, Perrin et Cie.

POUCHKINE. *Le faux Pierre III* trad. du prince Galitzin, in-12. Paris, Plon.

Alph. RABBE. *Résumé de l'histoire de Russie*, in-12. Paris, 1825.

Alfred RAMBAUD. *Histoire de la Russie depuis ses origines*, in-18. 1884. Paris, Hachette. — *Français et Russes, Moscou et Sébastopol*, in-12, 1877, Berger-Levrault.

Le RASKOL. *Essai historique et critique sur les sectes religieuses en Russie*, in-8°. Paris, 1859.

Cypr. ROBERT. *Le monde Slave, son passé, son état présent et son avenir.* 2 vol. in-8°. Paris, 1852.

ROMEY et JACOBS. *La Russie ancienne et moderne.* Paris, in-8°, 1855. Furne.

Camille ROUSSET. *Histoire de la guerre de Crimée.* 2 vol. in-8° et atlas, Paris, Hachette.

De RULHIÈRE. *Histoire de l'anarchie de Pologne et du démembrement de cette République.* Paris, 1819, 4 vol. in-8°.

SCHNITZLER. *L'Empire des tsars.* 2 vol. in-8°, 1862,

Paris. — *La Russie en 1812, Rostopchine et Kutusof.* 1863, Paris. — *Les institutions de la Russie depuis les réformes de l'empereur Alexandre II.* 2 vol. in-8°. Paris, 1866, Berger-Levrault. — *La Russie, la Pologne et la Finlande.* Paris in-8°, 1835. — *Histoire intime de la Russie sous les empereurs Alexandre et Nicolas.* 2 vol. in-8°. Paris, 1847.

Comte DE SÉGUR. *Histoire de Russie et de Pierre le grand*, in-8° Paris, 1829.

Albert SOREL. *La question d'Orient au dix-huitième siècle. Les origines de la Triple Alliance*, in-8°. Paris, Plon, 1878. — *Histoire du traité de Paris.* 1873, Paris. — *Essais d'histoire et de critique, Elisabeth et Catherine II, l'Alliance Russe et la Restauration*, in-8°. Paris, Plon.

Vladimir SOLOVIEV. *La Russie et l'Eglise universelle.* Paris, Albert Savine.

STEPNIAK. *La Russie souterraine*, trad. H. Le Roux, 1885. Paris, Jules Lévy.— *La Russie sous les Tsars*, in-8°, 1886. Paris, Savine.

STOLLENWERCK. *Recherches historiques sur les principales nations établies en Sibérie et dans les pays adjacents lors de la conquête des Russes.* In-8°, 1800. Paris.

Joseph TANSKI. *Tableau statistique, politique et moral du système militaire de la Russie*, in-8°. Paris, 1833. — *L'entrée des Russes à Paris et l'armée russe.* In-8°, 1864, Dentu.

Am. THIERRY. *Histoire d'Attila et de ses successeurs.* 2 vol. in-8°, 1856, Paris, Didier.

L. THOUVENEL. *Nicolas Ier et Napoléon III. Les préliminaires de la guerre de Crimée.* Paris, Calmann-Lévy.

Léon TIKHOMIROV. *La Russie politique et sociale*, Paris 1886, Savine. — *Conspirateurs et policiers.* Paris 1888, Savine.

TOOKE. *Histoire de l'empire de Russie sous Catherine II.* 6 vol. 1801, Paris.

TOURGUÉNEF. *La Russie et les Russes.* 3 vol. in-8°, 1847, Paris, Ledoyen.

N. Tsakni. *La Russie sectaire.* In-12,1888, Paris, Plon.

Arminius Vambéry. *La lutte future pour la possession de l'Inde.* Paris, Henry du Parc.

Aug. Viquesnel. *Coup d'œil sur quelques points de l'histoire générale des peuples Slaves.* In-8°. Paris, 1865.

Voltaire. *Histoire de Charles XII. — Histoire de la Russie sous Pierre le Grand. — Correspondance.*

Mackensie Wallace. *Les sociétés secrètes en Russie.* Revue scientifique, 29 décembre 1877. — *La Russie, le pays, les institutions, les mœurs,* trad. H. Bellenger, 2 vol. in-8°, 1877, Paris, Decaux.

Kalixt de Wolski. *La Russie juive,* Paris 1887, Savine.

GÉOGRAPHIE

Adolphe Badin. *Saint-Pétersbourg et Moscou.* Paris, 1891.

Herbert Barry. *La Russie contemporaine.* Paris, 1873, Germer-Baillière.

Bernoville. *Voyage à la chaine du Caucase.* In-8°. Paris, 1875, V° Morel.

G. Bonvalot. *En Asie centrale, de Moscou en Bactriane.* In-18. Paris, Plon. *Du Kohistan à la Caspienne.* In-18. Plon.

Boulanger. *Le bassin du Donetz.* In-8°. Paris, 1868, Guillaumin.

Edgar Boulangier. *Notes de voyage en Sibérie.* Paris, Société d'éditions, 4, rue Antoine-Dubois.

Burnaby. *Une visite à Khiva.* In-18. Paris, Plon, 1877.

E. Cotteau. *De Paris au Japon à travers la Sibérie.* Paris, Hachette.

Courrière. *La Russie moderne.* Revue britannique, 1874-1875

Demidoff. *Voyage dans la Russie méridionale et la Crimée.* 1854, Paris.

Hepworth Dixon. *La Russie libre.* Paris, Hachette.

Figurey et Corbier. *La société russe, par un Russe.* 2 vol. in-8°, 1877, Paris, Dreyfous.

C. de FURTH. *Un Parisien en Asie*, voyage dans la Mandchourie russe et sur les bords de l'Amour. Paris, 1886.

De FONTENAY. *Voyage agricole en Russie*. In-18. Paris, 1872.

A. GATTEYRIAS. *A travers l'Asie centrale*. In-8°. Paris, Degorce-Cadot.

Théophile GAUTIER. *Voyage en Russie*, nouv. édit. Paris, 1884, Charpentier.

F. DE GILLES. *Lettres sur le Caucase et la Crimée*. Paris, in-8°, 1859.

Aug. DE HARTHAUSEN. *Etudes sur la situation intérieure de la Russie*. 3 vol. in-8". Paris, 1853 Amyot.

Mme HOMMAIRE DE HELL. *Les steppes de la mer Caspienne*. Didier et Cie, Paris.

HOPPÉ. *La Russie inconnue*, in-8°. Paris, 1883, Dentu.

Aug. JOURDIER. *Des forces productives, destructives et improductives de la Russie*, in-8". Paris, 1861, Franck.

KARAZINE. *Le pays où l'on se battra. Voyage dans l'Asie centrale*, trad. Lwoff et Teste, Paris, Dreyfous.

Comte DE KECHBERG. *Les peuples de la Russie*. 2 vol Paris, 1813.

KOECHLIN-SCHWARTZ. *Un touriste au Caucase*. 1881, Paris, Hetzel.

Colonel KOUROPATKINE. *Les confins anglo-russes dans l'Asie centrale*, trad. Le Marchand, in-12. Paris, 1879, Dumaine.

LANIER. *Choix de lectures géographiques*. Europe, Asie, Paris. V° Bélin.

F. DE LANOYE. *La Sibérie* d'après les voyageurs les plus récents, in-18, 1879. Paris, Hachette.

LEGRELLE. *Le Volga*, in-18°. Paris, 1879, Hachette.

LÉOUZON LE DUC. *La Russie contemporaine*. 1853, Paris, Hachette. — *Impressions et souvenirs de voyage*. Finlande, Russie, Paris, Delagrave.

A. LEROY-BEAULIEU. *L'Empire des tsars et les Russes*. 3 vol. in 8°, 1885, Paris, Hachette. — *La colonisation russe. (Economiste français*, 30 août 1879).

E. DE LESSEPS. *Journal historique du voyage du Kamtchatka en France.* 2 vol. in-8°. Paris, 1790.

Al. DE LEVCHINE. *Description des hordes et des steppes des Kirghis-Kazaks.* Trad. Ferry de Pigny, in-8°. Paris, 1840.

Xavier MARMIER. *Lettres sur la Russie, la Finlande et la Pologne.* 1852. *Voyages et littérature.* Paris, Hachette.

Henri MARTIN. *La Russie d'Europe,* in-8°, 1866. Paris, Furne.

Joseph MARTIN. *Voyage dans la Sibérie orientale.* Bull. de la Société de Géographie, 1887.

V. MEIGNAN. *De Paris à Pékin par terre.* Sibérie, Mongolie, in-18. Paris, Plon

MEYENDORF. *Voyage d'Orenbourg à Bokhara,* in-8°. Paris, 1826.

A. MEYLAN. *A travers les Russies.* 1880. Paris, Fichbacher.

H. MOSER. *A travers l'Asie centrale,* in-8°. Paris, Plon.

Napoléon NEY. *En Asie centrale à la vapeur.* Paris, Garnier.

NITROF. *Au pays des roubles.* 1891. Paris, Lesoudier.

L. OLIPHANT. *Saint-Pétersbourg et Moscou.* Paris, 1854, Librairie nouvelle.

E. ORSOLLE. *Le Caucase et la Perse,* in-18. Paris, Plon.

PALLAS. *Voyages dans les gouvernements méridionaux de la Russie.* 2 vol. in-4° et atlas, Paris, 1805. — *Voyages dans plusieurs provinces de la Russie et dans l'Asie septentrionale.* 8 vol. in-8°.

PIOTROWSKI. *Souvenirs d'un Sibérien,* in-8°. Paris, 1863, Hachette.

Marina POLONSKY. *Causes célèbres de la Russie,* Paris, 1888. Savine.

Comte J. POTOCKI. *Voyages dans les steppes d'Astrakan et du Caucase.* 2 vol. in-8°. Paris, 1829.

Elisée RECLUS. *L'Europe scandinave et russe,* in-8°. *L'Asie russe, Caucasie, Turkestan, Sibérie.* Nouvelle géographie universelle, Paris, Hachette.

Léon DE ROSNY. *Le Pays des dix mille lacs*, quelques jours de voyage en Finlande. Paris, Ollendorf.

DE SABIR. *Le fleuve Amour*, in-4°. Paris, 1861, Kugelmann.

O. SACHOT. *La Sibérie orientale*, in-18, 1875. Paris, Ducrocq.

Mme CARLA SÉRÉNA. *Voyage aux pays des Kalmouks et des Kirghis*, in-8°. Paris, 1883, Charpentier. — *Mon voyage de la Baltique à la mer Caspienne*, in-18, 1881. Paris, Dreyfous.

L. DE TÉGOBORSKI, membre du Conseil de l'Empire. *Etudes sur les forces productives de la Russie*, 4 vol. in-8°, 1855. Paris, Renouard.

G. THOMAS. *Du Danube à la Baltique*. Paris. 1890, Berger-Levrault.

TISSOT. *La vie en Sibérie*, in-18. Paris, 1881, Dentu. — *La Russie et les Russes*, impressions de voyage in-8°, 1882, Dentu.

Le TOUR DU MONDE, nouveau journal des voyages, Hachette et Cie.

Année 1860 : OUVAROVSKI. *Les Yakoutes;*
— 1861 : BLANCHARD. *Saint-Pétersbourg; De Tiflis à Stavropol;*
— 1863 : KRUSENSTEIN. *La mer de Kara;*
— 1864 : Mme DE BOURBOULON. *De Shanghaï à Moscou;*
— 1865 : D'HENRIET. *Livonie, Esthonie, Courlande;*
— 1866 : DE BLOSSEVILLE. *Quatorze mois de captivité chez les Turcomans;*
— 1867 : MOYNET. *Le Volga;*
— 1868 : VÉRESCHAGUINE. *Le Caucase;*
— 1873 : — *Voyage dans l'Asie centrale;*
— 1877 : NORDENSKIOLD. *La nouvelle Zemble;*
— 1878 : DE MÉLY. *Quatre mois en Russie;*
— 1879 : Mme DE UJFALVY. *D'Orenbourg à Samarcande;*
— 1880 à 1884 : Mme CARLA SÉRÉNA. *Le Caucase;*

Année 1882 : NORDENSKIOLD. *Voyage de la Véga autour de l'Asie ;*

— 1887 : Edgar BOULANGIER. *Voyage à Merv ;*

— ... Charles RABOT. *Explorations en Laponie ;*

— 1891 : Mme CHANTHE. *A travers l'Arménie russe.*

DE UJFALVI. *Expedition scientifique française en Russie, en Sibérie et en Turkestan.* 5 vol. in-8°, 1885. Paris, Leroux.

Arminius VAMBÉRY. *Voyages dans l'Asie centrale*, de Téhéran à Khiva, Bokhara et Samarcande. Paris, 1866, Hachette.

VERESCHAGINE. *Souvenirs.* (Enfance, voyages, guerres) Paris 1888, Savine.

Melchior DE VOGUÉ. *Dans la Steppe.* Revue des Deux-Mondes, 1er décembre 1884. — *En Crimée,* même Revue, 1er décembre 1886. — *Spectacles contemporains,* Paris, Colin.

DE WRANGEL. *Le Nord de la Sibérie.* Voyage parmi les peuplades de la Russie asiatique. Trad. Galitzin. 2 vol. in-8°. Paris, Amyot, 1843.

LITTÉRATURE

Al. BOUGEAULT. *Histoire des littératures étrangères,* in-8°. Paris. Plon.

J. N. CHOPIN. *Choix de nouvelles russes,* de Lermontof, Pouchkine, von Weisen, etc., in-12. Paris, 1853.

CHTCHÉDRINE. *Les Messieurs Golovleff,* Paris, 1888. Savine. *Poché Khonié d'Anton,* Paris, 1891. Savine.

Pierre de CORVIN-NEWSKY. *Histoire du théâtre en Russie,* Paris. 1890. Savine.

COURRIÈRE. *Histoire de la littérature contemporaine en Russie.* Paris, 1875, Charpentier.

DANILEWSKI. *Basile Mirovitch,* trad. Romald, Paris, 1880, Fichbacher. — *Potemkine au Danube.* m. trad. 1881, Fichbacher. — *La princesse Tarakanoff,* trad. Olivier, 1888. Paris, Dupret.

Michel DELINES. *La France jugée par la Russie.* —

L'Allemagne jugée par la Russie. — *La Terre dans le roman russe.* 3 vol. Paris, Henry du Parc. — *Tourguenef inconnu.* 1888. Paris, Librairie illustrée.

DOSTOIEWSKI. *Les Pauvres gens,* trad. Dérély. Paris, Plon. — *Souvenirs de la maison des morts,* trad. Neyroud. Paris, Plon. – *Crime et Châtiment.* trad. Dérély. 2 vol. in-18. Paris, Plon. — *Humiliés et Offensés,* trad. Humbert, in-18. Paris, Plon. — *Krotkaïa,* — *L'Esprit souterrain,* trad. Halpérine et Morice. Paris, Plon. — *L'idiot,* 2 vol. in-18°. — *Le joueur et les nuits blanches.* — *Les possédés.* — *Celle d'un autre.* 3 vol. in-18°. Paris, Plon. — *Les précoces,* trad. Halpérine. Paris, 1889, Havard. — *Ame d'enfant,* trad. Halpérine. Paris, Flammarion.

Ernest DUPUY. *Les grands maîtres de la littérature russe au dix-neuvième siècle.* 1885, Paris, Lecène et Oudin.

G. EICHHOFF. *Histoire de la langue et de la littérature des Slaves.* Paris, 1839, Cherbuliez.

DE BARGHON FORT-RIOU. *Le chant d'Igor,* trad. Paris, lib. gén. 1877.

Prince GALITZIN. *Le conteur russe.* Fables et légendes. Paris, 1846, Amyot.

Vsélovod GARCHINE. *La guerre,* trad. Halpérine, Paris, 1889, Havard.

Nicolas GOGOL *Les veillées de l'Ukraine,* trad. Halpérine. Paris, Flammarion. — *Nouvelles russes,* trad. Mérimée. Paris, Calmann Lévy. — *Tarass Boulba,* trad. Viardot. Paris, Hachette. Même ouvrage, trad. Michel Delines, Flammarion. — *Les âmes mortes,* trad. Charrière. Paris, Hachette, 2 vol. in-18°, trad. Mareau, in-8°. Illust. Paris, 1858. — *Le reviseur.* Trad. Mérimée, in-12. 1853.

Ivan GONTCHAROFF. *Oblomoff,* trad. Artamoff et Deulin. Paris, Didier. — *Marc le nihiliste,* trad. Gothi, Paris, Plon.

GRIBOIEDOF. *Le malheur d'avoir de l'esprit,* trad. Legrelle. Paris.

Krestovsky. *Madame Ridnieff*, trad. Dérély, in-18°. Paris, Plon. — *Vériaguine*, trad. Dérély. Paris, Savine.

Krilof. *Fables*, trad. en vers de Charles Parfait. Paris, 1867, Plon. *Le Lafontaine russe*, sa vie et ses fables, par Alfred Bougeault, 1860.

Louis Léger. *Cyrille et Méthode*. Paris, 1868, Franck. — *Esquisse sommaire de la mythologie slave*. Paris, Leroux. — *Le monde slave*. Paris, 1873, Didier. — *Etudes slaves*. — *Contes slaves*. Leroux. — *Russes et Slaves*. 1890, Hachette. — *Les Slaves au dix-neuvième siècle*. Paris, 1885, Cerf. — *Grammaire russe*, in-8°, 1886, Paris, Maisonneuve.

Lermontof. *Un héros de notre temps*, trad. Villamarie, Paris, 1887, A. Savine. — *Le Démon*, trad. en vers par Pelan, d'Angers, 1886, 2ᵉ édit.

Tardif de Mello. *Histoire intellectuelle de l'empire de Russie*, in-8°. Paris, 1854.

Isaac Pavlovski. *Souvenirs sur Tourguénef*, Paris, 1887. Savine.

Pisemsky. *Mille âmes*, trad. Dérély, 2 vol. in-18. Paris, Plon. — *Les faiseurs*, trad. Dérély, Paris, Plon. — *Dans le tourbillon*, trad. Dérély. Paris, 1881. — *Le péché de vieillesse*, trad. Dérély. Paris, 1888, Mourlon. — *Théâtre*. 2ᵉ édit. Paris, A. Savine.

Pouchkine. *Œuvres choisies*, trad. Dupont, 2 vol. in-8°, 1846, Paris. — *Les Bohémiens*. — *La dame de pique*. — *Le Hussard*, trad. Mérimée. Paris, Calmann-Lévy. — *La fille du capitaine*. Paris, Hachette. — *Doubrowski*, trad. Halpérine. Paris, Flammarion. — *Boris Godounof*, trad. Tourguénef, in-12, Paris, 1862.

Ralston. *Contes du peuple Russe*. Paris, 1876.

Rambaud. *La Russie épique*, in-8°, 1876, Paris, Maisonneuve.

Th. Rechetnikof. Ceux de Podlipnaia, trad. Legrand. Paris, 1888, Savine.

Salow *Nouvelles*, bibl. des meilleurs écrivains étrangers. Paris, Hachette.

L. Sichler. *Histoire de la littérature russe*. Paris,

1887, Dupret. — *Contes russes* traduits et illustrés. Paris, Leroux.

Ch. Simond. *Etudes de littérature étrangère.* — *Le roman russe.*

Sollohoub. *Le grand monde russe,* trad. E. de Lonlay. Paris, Librairie nouvelle, 1854.

Léon Tolstoï. *Les cosaques.* — *Souvenirs de Sébastopol.* Paris, Hachette. — *La guerre et la paix.* 3 vol. Paris, Hachette. — *Mes Mémoires.* — *Enfance, Adolescence, Jeunesse,* trad. Halpérine, Paris, Didier. — *Katia* trad. d'Hauterive. — *A la recherche du bonheur,* trad. Halpérine. — *La Mort.* — *Deux générations,* trad. Halpérine. Paris, Didier. — *Scènes de la vie russe.* — *Pourquoi on tient à la vie.* Paris, Gautier. — *Anna Karénine* 2 vol. Paris, Hachette. — *Le roman du mariage,* trad. Michel Delines. Paris, Flammarion. — *La sonate à Kreutzer,* trad. Halpérine. Paris, Flammarion. — *Le prince Nekhlioudov,* trad. Halpérine. Paris, 1888, Perrin. — *Dernières nouvelles,* trad. Tsakny, Nouvelle librairie Parisienne, Savine. — *Napoléon et la campagne de Russie,* trad. Michel Delines, Paris, 1888, Westhausser. — *Le progrès et l'instruction publique en Russie,* trad. Tseytline et Jaubert. Paris, Savine. — *Pamphile et Julius.* Paris. — *De la vie.* — *Le travail,* trad. Tseytline et A. Pagès. Paris, Flammarion. — *Marchez pendant que vous avez la lumière,* récits du temps des premiers chrétiens, trad. Smith, Paris, 1891. — *Les décembristes.* Paris, Savine. *Que faire?*—*Ce qu'il faut faire.*—*Ma confession.*—*Pour les Enfants.* — *L'Ecole de Yasnaïa-Poliana.* — *La Liberté dans l'Ecole.* — *La puissance des ténèbres.* Paris, Savine, 1887-1890. — *Ma Religion,* 1885, Fischbacher.— *Contes pour le peuple.* Paris, Gautier.

Alexis Tolstoï. *La mort d'Ivan le Terrible,* trad. Tseytline et Jaubert, in-18. Paris, Savine, 1889. — *Le prince Sérébrany,* trad. Galitzin, Paris.

Nicolas Tolstoï. *La Vie,* 2e édit. Paris, Savine.

Ivan Tourguénef. **Récits d'un chasseur. Paris,**

Flammarion — *Scènes de la vie Russe*, trad Marmier. Paris, Hachette. — *Nouvelles scènes de l vie Russ*, trad. Viardot, Paris, Hachette. — *Mémoires d'un seigneur Russe*. 2 vol. trad. Charrière. Paris, Hachette. — *Un Bulgare*, trad. Halpérine. Paris Hetzel. — *Pères et enfants* Paris. 1863. Charpentier.—*Premier amour.*Paris, Flammarion. — *Terres vierges*. Paris, Hetzel.

M. DE VOGUÉ. *Le roman Russe*. Paris, Plon.

ARMÉE

R. BRIX. *Organisation et composition de l'armée Russe au commencement de 1862*, trad. de l'allemand par Heydt, in-8°. Paris. 1862.

Th. CAHU. *L'Europe en armes*, Paris, 1889, Savine.

DALLY. *Les armées étrangères en campagne.* Paris, 1885, Publication de la réunion des officiers.

DICK DE LONLAY. *L'armée Russe en campagne*, in-8°. Paris, 1888, Garnier.

DRAGOMIROV, trad. Fraenkel. *Memento du soldat. — Manuel pour la préparation des troupes au combat.* Paris, Baudoin.

FRAENKEL *Cours pratique de tir à l'école des officiers d'artillerie russe.* Paris, 1888, Berger-Levrault.

Général KAULBARS. *Les escadrons de découverte.* Paris, 1889. Berger-Levrault.

Paul MARIN. *Français et Russes vis-à-vis de la Triple Alliance.* La Russie, ses forces militaires. Paris, Baudoin.

Souvenirs de Russie. L'armée et le soldat russe. Paris, 1888. Revue du Cercle militaire.

WEIL. *Les forces militaires de la Russie*, in-18. Paris, 1880, Dumaine.

FIN

TABLE DES MATIÈRES

LITTÉRATURE

Imp. du Progrès. — Cʜ. Lépicᴇ, 7, rue du Bois, Asnières.